WILLEMIJN VAN DIJK

VIA ROMA

Willemijn van Dijk, geboren 1984, ist Althistorikerin und Journalistin und hat zudem italienische Sprache und Literatur studiert. Rom kennt sie wie ihre Westentasche. Sie schreibt einen Blog über die Antike und ist Autorin einer Biographie des römischen Kaisers Tiberius.

WILLEMIJN VAN DIJK

VIA ROMA

DIE GESCHICHTE ROMS
IN 50 STRASSEN

Aus dem Niederländischen von
Nathalie Lemmens

Deutsche Verlags-Anstalt

Die Originalausgabe erschien 2015 unter dem Titel *Via Roma.*
De Geschiedenis van Rome in 50 Straten bei Ambo Anthos, Amsterdam.

Sollte diese Publikation Links auf Webseiten Dritter enthalten,
so übernehmen wir für deren Inhalte keine Haftung, da wir uns diese
nicht zu eigen machen, sondern lediglich auf deren Stand zum Zeitpunkt
der Erstveröffentlichung verweisen.

N ederlands letterenfonds dutch foundation for literature   Die Übersetzung dieses Buches wurde von der niederländischen Stiftung für Literatur gefördert.

MIX
Papier aus verantwor-
tungsvollen Quellen
FSC® C014889
FSC www.fsc.org

Verlagsgruppe Random House FSC® N001967
1. Auflage
Copyright © 2015 Willemijn van Dijk
Copyright © der deutschsprachigen Ausgabe 2017
Deutsche Verlags-Anstalt, München, in der Verlagsgruppe
Random House GmbH, Neumarkter Straße 28, 81673 München
Alle Rechte vorbehalten
Redaktion: Jonas Wegerer, Freiburg
Einbandgestaltung: Büro Jorge Schmidt, München
Einband vorne: © Bridgeman Images, Bild-Nr.: 96886
View of the Spanish Steps or Scalinata, designed by Francesco De Santis
(1693–1740) 1723–26, the Fontana della Barcaccia, designed by Pietro Bernini
(1562–1629) and the church of Trinita dei Monti seen from the Via Condotti
Einband hinten: © Bridgeman Images, Bild-Nr.: 702394
View of Rome over the Porta del Popolo, lithograph by J. Arnout
(colour litho) by Guesdon, Alfred (1808–1876); Gabinetto Comunale
delle Stampe, Rome, Italy – AUSSCHNITT
Typografie und Satz: DVA/Andrea Mogwitz
Gesetzt aus der Adobe Garamond
Karten: © OpenStreetMap.org-auteurs
Druck und Bindung: Friedrich Pustet, Regensburg
Printed in Germany
ISBN 978-3-421-04780-9
www.dva.de

Dieses Buch ist auch als E-Book erhältlich.

EINLEITUNG

WIE ENTSTEHT EINE STADT

*»Denn mag auch ganz Rom in Trümmern liegen,
so kann doch nichts, was vollständig erhalten ist,
damit verglichen werden.«*
Magister Gregorius,
Besucher Roms im zwölften Jahrhundert

WIE ENTSTEHT EINE Stadt? In den meisten Reiseführern liest man, Rom sei am 21. April 753 v. Chr. gegründet worden. Eine verdächtig genaue Angabe, die oft ungeprüft übernommen wird – und gedenken nicht die Römer selbst jedes Jahr am 21. April der Gründung ihrer Stadt? Niemand scheint sich über die absurde Vorstellung zu wundern, eine Stadt könne an einem einzigen Tag gegründet werden. Natürlich finden sich in der Vergangenheit Beispiele für Kolonien, die aus dem Nichts heraus entstanden, aber selbst in diesen Fällen war die tatsächliche Gründung eher ein historischer Prozess als ein historisches Ereignis. Rom war keine Kolonie, und es wurde auch nicht an einem Tag erbaut. Der mythische Charakter vieler der Geschichten, die sich um die Gründung des *caput mundi* ranken, lässt es bereits erahnen: Am 21. April 753 v. Chr. existierte Rom noch nicht.

Das heißt, die Stadt Rom existierte noch nicht. Das traditionell überlieferte Gründungsjahr ist eine Erfindung der Antike, welche überdies auf einem Rechenfehler zu beruhen scheint.

Ab wann spricht man eigentlich von einer Stadt? Das ist eine Frage, die auch Archäologen Kopfzerbrechen bereiten kann. Wann wird aus einer Ansammlung von Hütten ein Dorf, wann wird das Dorf zu einer Stadt? Für die Zeit, aus der noch keine Dokumente über offizielle Stadtrechte in Staatsarchiven aufbewahrt werden, wenden sich Archäologen den materiellen Überresten zu: Sie suchen nach einem ersten, am liebsten steinernen, Beweis für eine Form gemeinschaftlicher Bautätigkeit monumentalen Umfangs. Aber geht dem nicht noch etwas voraus? Kann man bereits von städtischen Merkmalen sprechen, wenn zum ersten Mal ein gewisses Gemeinschaftsgefühl erkennbar wird, welches das Tun bestimmt – das gemeinsame Verteidigen von Haus und Herd etwa oder die Aufnahme von Handel in Gestalt eines örtlichen Markts?

Auch wenn ein solches Gemeinschaftsgefühl unbestreitbar wichtig ist, um die Grundlagen für die Entstehung einer Stadt zu schaffen, kann man ein *Gefühl* natürlich unmöglich im archäologischen Bestand wiederfinden. Leider stehen uns für die früheste Phase von Bebauung und Aktivität im noch vollkommen unbedeutenden Rom des achten Jahrhunderts vor Christus kaum schriftliche Quellen zur Verfügung, aus denen wir ein solches Gemeinschaftsbewusstsein herauslesen könnten, zumindest keine zeitgenössischen Quellen. Ausgrabungen belegen, dass Rom in jedem Fall älter ist, als die meisten römischen Geschichtsschreiber der

Antike selbst glaubten: Die frühesten Zeugnisse einer Besiedelung reichen weit zurück. Obwohl Historiker und Archäologen alles in allem nur wenig über das im frühen ersten Jahrtausend vor Christus sichtbar werdende Städtchen am Tiber wissen, ist es doch möglich, sich ein Bild von der Entstehungsgeschichte zu machen, indem man den Blick über den Gründungsmythos von Romulus, Remus und der Wölfin hinaus richtet – eine Geschichte, die zwar noch immer eine faszinierende Lektüre darstellt, aber unverkennbar vor allem darauf abzielte, Rom von Beginn an in den Mittelpunkt der Welt zu rücken.

Eine Gemeinschaft kann schlecht allein existieren. Sie gewinnt erst dann eine Daseinsberechtigung, wenn mehrere Menschen etwas gemeinsam haben (oder zu haben glauben) und sich gleichzeitig signifikant anders fühlen als die Mitglieder anderer Gruppen. Es ist insofern ein relationaler Begriff, als eine Gemeinschaft ebenso sehr durch sich selbst existiert wie durch eine oder mehrere fremde Gruppen, gegen die sie sich abgrenzen oder in denen sie sich spiegeln kann. Ein offener Blick auf die Geschichte ist daher vielleicht besser, ein Blick, der dreihundertsechzig Grad umfasst und keine Grenzen sieht. Denn wo genau stand die Wiege der Ewigen Stadt, in was für einer Welt wurde Rom geboren?

Mit dieser Frage beginnt mein Streifzug durch die Straßen der Ewigen Stadt. Ausgehend vom Tiber, frage ich mich, welche Geschichten hinter jenen marmornen Straßenschildern stecken, welches kleine Puzzlestück des gewaltigen römischen Erbes von der Gründung der Stadt bis zur Gegenwart sich jeweils in ihnen verbirgt. Die einheitlichen kleinen Schilder mit den erst seit 1798 mehr oder weniger

»dauerhaften« Straßennamen vermitteln in gewisser Weise Ruhe, sie bieten einen ersten Zugriff auf das, was zunächst wie ein unbegreifliches historisches Labyrinth erscheint.

Fast jeder Rombesucher der vergangenen zweitausend Jahre stöhnte – und stöhnt heute noch – darüber, dass die unzähligen Monumente und Kunstschätze so überwältigend sind und die historischen Schichten, die sich hinter jedem Stein verbergen, einem manchmal zu viel werden können. »Was in Rom von einem verlangt wird«, schrieb der Den Haager Antikenverehrer Louis Couperus 1894 in sein Reisetagebuch, ist »zunächst eine profunde Kenntnis der Vergangenheit – sowohl der Welt- als auch der Kunstgeschichte – von Romulus bis Bernini. Darüber hinaus muss man versiert sein in den römischen Topografien, [...] sodass man beispielsweise beim Betreten des Petersdoms sofort auch an den Circus Neros und die Basilika Konstantins denkt.«

Wer Rom besucht, wird nicht nur unter Monumenten und tausenden Schichten von Vergangenheit begraben. Wie schwebende Geister umkreisen zahllose Mythen, Anekdoten und volkstümliche Erzählungen die greifbaren Überreste der Antike, des Mittelalters, der Renaissance und des Barock. Geschichten über die Rivalität zwischen den Architekten Bernini und Borromini, die dem Vernehmen nach sogar in Marmor verewigt wurde, über wahnsinnige Kaiser und Päpste und ihre gefügigen Opfer, über hoffnungslose Liebe und grauenvolle Verbrechen, über Erzengel und Dämonen. Durch Jahrhunderte volkskundlicher Überlieferung und Mythenbildung bahne ich mir einen Weg und suche, mit den marmornen Straßenschildern als willkürlich mäanderndem Ariadnefaden, nach der wahren Geschichte der Vergangenheit Roms – der einzigen Stadt auf der ganzen Welt, bei der man nur *urbs* (»die Stadt«) zu sagen braucht, und schon weiß jeder, dass von ihr die Rede ist.

»Ob ich etwas tue, was die Mühe lohnt, wenn ich die Angelegenheiten des römischen Volkes vom Anbeginn der Stadt an ausführlich aufzeichne, weiß ich nicht recht, und wenn ich es wüsste, würde ich es wohl nicht zu sagen wagen. Denn ich sehe, dass es ein alter und vor allem ein allbekannter Stoff ist …« Mit diesen Worten beginnt Titus Livius' Magnum Opus *Ab urbe condita* (*Von der Gründung der Stadt an*), das er um den Beginn unserer Zeitrechnung verfasste. Mehr als zweitausend Jahre Historie trennen uns von dem römischen Geschichtsschreiber, doch nirgends habe ich bessere und passendere Worte gelesen, um eine Geschichte Roms einzuleiten.

Geschichte ist niemals abgeschlossen, und eine vollständige Geschichte Roms kann per Definition nicht geschrieben werden. In diesem Buch geben die Plätze und Straßen Rhythmus und Richtung vor, rücksichtslos donnern sie an zahllosen Ereignissen und Persönlichkeiten vorbei, lassen sie links und rechts des Weges liegen. Ganz im Geiste von Livius' Einstiegsworten möchte ich vor allem mein grenzenloses Interesse an und meine Liebe zu Rom teilen und auf meine eigene, bescheidene Manier der Ewigen Stadt die Ehre erweisen.

Wie so viele Autoren vor mir bin auch ich eine Außenstehende: Meine Schulzeit führte mich als Teenager erstmals nach Rom. Als ich mit sechzehn Jahren als Tochter frankophiler Eltern zum ersten Mal den Zug nach Italien nahm, nach Rom fuhr und in der *stazione* Termini ausstieg, verspürte ich die gleiche Euphorie, die Goethe am 1. November 1786 in seinem Tagebuch festhielt: »Ja, ich bin endlich in dieser Hauptstadt der Welt angelangt!« Unter dem ersten römischen Sonnenstrahl gelobte ich mir feierlich, für einen längeren Zeitraum zurückzukommen. Ich kam zurück, mit einem Stipendium und einem riesigen Berg an Erwartungen. Und ich sollte immer wieder zurückkehren. Es war der Beginn einer Entdeckungsreise ohne festes Ziel, der Beginn eines fortwährenden Kennenlernens der tausend Gesichter Roms. Bis zum heutigen Tag übertrifft die Stadt noch immer all meine Erwartungen.

Die Verwandtschaft, die ich beim Lesen von Livius' Worten empfinde, beruht auf der persönlichen Genugtuung, die es mir bereitet, trotz der erhabenen Gesellschaft auch selbst dazu beizutragen, Straße für Straße und Platz für Platz die Erinnerung an Rom zu bewahren. Für mich gibt es kein größeres Vergnügen, als durch die römischen Straßen zu streifen. Ich lade Sie ein, es mir gleichzutun, und nehme Sie gerne mit. Lassen Sie uns am Tiber beginnen.

I. DER TIBER

NÄHER ALS AN den Ufern des Tibers kann man der Geburt Roms nicht kommen. Um erste frühe Hinweise auf eine kleine Ansammlung von Hütten zu finden, die zur Ewigen Stadt heranwachsen sollte, folgen wir dem einzigen »Weg«, von dem wir mit Bestimmtheit wissen, dass er im achten Jahrhundert vor Christus schon dort war: dem Fluss, der sich quer durch das Zentrum von Rom schlängelt. Das erste Mal sah ich diesen mächtigen Strom vom Ponte Garibaldi aus unter mir dahintosen – wenngleich ich den Namen der Brücke damals noch genauso wenig kannte wie den Rest der Stadt.

Ich denke oft zurück an meine allerersten Spaziergänge durch Rom. Den Weg nicht zu kennen, orientierungslos herumzuirren, das alles steigerte noch den überwältigenden Eindruck, den die unzähligen Monumente und Ruinen auf mich machten. Heute kenne ich jede einzelne Windung dieses Flusses im Schlaf, aber damals schien der Tiber stets plötzlich irgendwo aufzutauchen. Ich weiß noch, wie sehr mich nicht nur der Gedanke beeindruckte, dem Fluss gegenüberzustehen, mit dem alles begonnen hatte, sondern auch die bizarr geformte Tiberinsel, die ich dort vor mir sah.

Der Tiber gilt bei fast allen Historikern als ein, wenn nicht gar der entscheidende Faktor, der es Rom ermöglichte, sich von seinen Nachbarn abzuheben und sie letztlich zu übertreffen. Denn Nachbarn gab es reichlich, und einige von ihnen hatten, archäologisch gesprochen, schon sehr viel mehr vorzuweisen als die »Römer«. Soweit wir wissen, lebten im Norden Etrusker, im Osten Sabiner, Volsker, Herniker und Aequer und im Süden griechische Siedler. Der Ort, an dem sich Rom erheben sollte, lag in Latium, dem Gebiet der Latiner. Eine Furt bei jener seltsam geformten Insel im Tiber bot den ersten Bauern, die sich hier dauerhaft niederließen, einen strategischen Vorteil: Sie kontrollierten nicht nur den Flussübergang, sondern darüber hinaus auch den Kreuzungspunkt zweier stark frequentierter Handelswege. In ost-westlicher Richtung verlief eine wichtige Salzroute, an die bis zum heutigen Tag die Via Salaria (von *sale*, Salz) erinnert. Über die Tibermündung wurde das kostbare Salz von den Salinen an der Küste ins Landesinnere transportiert. Am Fuß des Apennin werden Bauern und Hirten sehnsüchtig auf das »weiße Gold« gewartet haben, mit dem sie Tierhäute, Fleisch und andere verderbliche Waren konservieren konnten. Dort, wo später Rom entstehen sollte, kreuzte diese Salzroute die wichtigste Nord-Süd-Verbindung Italiens, die vom griechisch kolonisierten Süden des Stiefels (Magna Graecia) in das etruskische Gebiet im Norden führte, das in etwa die heutige Toskana umfasst.

Es ist aufschlussreich – nicht im Hinblick auf den Wahrheitsgehalt, wohl aber darauf, wie Beurteilungen stets durch den jeweiligen Zeitgeist beeinflusst werden –, dass heutige Historiker den Fokus vor allem auf die wirtschaftlichen Vorteile der Furt am Tiber legen, an der Rom entstand, während Geschichtsschreiber aus dem alten Rom, insbesondere aus der Zeit der späten Republik (dem ersten Jahrhundert vor Christus), in ihren Analysen der Entstehung Roms gerade die militärisch-strategischen, ja sogar die moralischen Vorteile in den Vordergrund rückten. Cicero (106–43 v. Chr.) etwa schrieb, der Ort sei gewählt worden, da er so geschützt liege und gut zu verteidigen sei: nicht direkt am Meer, wo jederzeit Angriffe durch fremde Völker oder Piraten drohten (und damit auch die Gefahr des Sittenverfalls), zudem habe der nahe gelegene Palatin, einer der sieben Hügel am Tiberufer, einen leicht zu verteidigenden Siedlungsplatz geboten.

Am westlichen Hang des Palatins, dort, wo der Fuß des Hügels fast an das Wasser des Tibers heranreicht, werden die frühesten Bewohner erstmals archäologisch sichtbar. Bei Ausgrabungen stieß man dort auf die Überreste mehrerer Gruppen von Wohnhütten aus dem neunten und achten Jahrhundert vor Christus, die auf eine Verschmelzung kleiner Dörfchen hindeuten, welche sich nicht sonderlich von anderen Siedlungen im umliegenden Hügelland unterschied. Zwar reichen die Keramikfunde im Tibertal bis in das zehnte, in einigen Fällen sogar in das vierzehnte Jahrhundert vor Christus zurück, aber nun, im achten Jahrhundert, tauchen neben den Hüttengruppen auch kleine Abfallgruben voller Opfergaben auf, die einen vorsichtigen Hinweis auf frühe Formen gemeinschaftlicher ritueller Aktivitäten liefern. Das mag zunächst nicht so spannend klingen, aber es ist ein erster Strohhalm, um, archäologisch betrachtet, von Zusammengehörigkeit sprechen zu können. Religiöse Handlungen wurden offensichtlich nicht länger ausschließlich unter der Leitung des eigenen Familienoberhaupts innerhalb der Familienverbände ausgeführt, die die Hüttendörfer bewohnten; sie wurden nun auch gemeinsam mit den Nachbarn gefeiert, an Treffpunkten, die als heilig betrachtet wurden.

In den Gräbern, die in der Umgebung der Hütten (neben dem Palatin beispielsweise auch auf der Velia und dem Quirinal) entdeckt wurden, etwa in jenem Tal, in dem Touristen heute die Überreste des Forum Romanum bewundern, fanden die Archäologen hauptsächlich Keramik, aber auch Bronzeartefakte. Der Inhalt der Gräber ähnelte dem, was in jener Zeit auch an vielen anderen Orten Mittelitaliens den Toten mitgegeben wurde. Einige Grabstätten enthielten jedoch mehr Luxus- und Prestigeobjekte als andere, weshalb wir annehmen können, dass es Unterschiede in Reichtum und (sozialem) Status gab. Darüber hinaus ließen sich zwei verschiedene Bestattungsrituale feststellen: *fossa*- und *pozzo*-Gräber, also Gruben, in denen Leichname beerdigt wurden (Körperbestattung), und Löcher, in denen man Ascheurnen beisetzte (Feuerbestattung). Die meisten Archäologen gehen davon aus, dass die unterschiedlichen Rituale auf die Existenz verschiedener Gruppen hindeuten, genauer gesagt auf eine gewisse Anzahl (sieben?) separater Hügeldörfer.

Die Bauerngemeinschaft, die sich am Tiberufer niederließ, scheint ein für diese Zeit und diese Region typisches Dörfchen gebildet zu haben, dessen Einwohner die lokale dunkle, matte und eher grobe Keramik verwendeten. Weitere

Keramikfunde zwischen Palatin und Tiber, auf dem Gelände, das später Forum Boarium genannt werden sollte, deuten zudem auf ein offenes Verhältnis zur Außenwelt hin: An den Ufern des Tibers, einer Handelsroute *par excellence*, handelte man mit Tonwaren aus der griechischen Welt, Italien und Übersee. Außerdem wurden Hinweise auf einen Herkules-Kult entdeckt, den Beschützer der Hirten und Händler. Forscher vermuten, dass die Verehrung des Herkules durch die Phönizier eingeführt wurde, bei denen Herkules unter dem Namen Melqart bekannt war. Alles in allem scheint sich das Forum Boarium bereits in der Entstehungsphase der Siedlung am Tiber zu einer Art Marktplatz entwickelt zu haben, einem Ort des Austauschs und der Handelskontakte mit nah und fern.

Ein kleines Hügeldorf auf dem Palatin mit einigen Nachbardörfern, etwa auf dem Quirinal, dem Kapitol und der Velia, wo vergleichbare Überreste aus dem neunten und achten Jahrhundert vor Christus gefunden wurden. Sie alle wurden bewohnt von bäuerlichen Selbstversorgern, die ihr Land bestellten, Vieh hielten und sich die Weiden vielleicht noch mit ein paar Hirten teilten. Die Hügeldörfer verfügten über eine gemeinschaftliche Begräbnisstätte und einen Markt, durch den sie mit fernen Orten in Verbindung standen. Es gab Unterschiede in Status und Reichtum, vollkommen egalitär war die Dorfbevölkerung nicht. Was man aber offenbar gemeinsam vollzog, waren bestimmte Kulthandlungen, Rituale, bei denen Opfergaben dargebracht wurden. Auch wenn eine Geschichte mit einem hübsch genauen Datum, dem 21. April 753 v. Chr., einer Wölfin und zwei Brüdern namens Romulus und Remus, die einander nicht das

Schwarze unter den Fingernägeln gönnten, spannender sein mag, so war dies doch, in ein paar Sätzen zusammengefasst, die Art und Weise, wie eine Weltmacht geboren wurde: langsam, schrittweise und alles in allem ziemlich unspektakulär. Das ist nicht sehr romantisch, aber selbst Livius, der den Gründungsmythos von Romulus und Remus in seinem *Ab urbe condita* so ausführlich und reizvoll schildert, muss ganz nebenbei einräumen, dass Rom in Wahrheit von »kleinen Anfängen« ausging.

Im Grunde gibt es für Touristen keine Möglichkeit mehr, diesen Anfängen Roms heutzutage noch irgendwo zu begegnen. In dem Gewirr aus jahrhundertealten archäologischen Überresten und grünen Bäumen auf dem Palatin ist das früheste Rom für den Laien kaum noch auszumachen, und sollte es ihm tatsächlich gelingen, sich in all den einander überlagernden Jahrhunderten zurechtzufinden, steht er deswegen noch lange nicht einem greifbaren Stückchen Rom aus der Entstehungszeit gegenüber. Es sind vor allem die Jahrhunderte später errichteten monumentalen Bauten der Kaiserzeit, deren Gerippe noch sichtbar auf der Hügelkuppe liegen. Die Hütten der ersten Bewohner, von denen ohnehin kaum mehr als Pfostenlöcher erhalten sind, wurden im wahrsten Sinne des Wortes überwuchert und überbaut. Unten auf dem Forum Boarium findet man ebenso wenig sichtbare Zeugnisse der frühesten Geschichte. Die dortigen Tempel gehören zwar zu den ältesten noch erhaltenen Bauwerken Roms, doch auch sie wurden nicht von den ersten Siedlern errichtet. Allein der Name der Furt am Fluss erinnert noch an die Marktfunktion, die das Forum Boarium seit den ersten Anfängen innehatte.

So bleibt nur ein einziges greifbares, sichtbares, fühlbares und hörbares Element, das die beinahe dreitausend Jahre, welche uns von den ersten Römern trennen, überdauert hat: der Tiber. Damals konnte er frei fließen – und daher auch regelmäßig über seine Ufer treten. Inzwischen ist er von Dämmen gezähmt und dem Willen der Stadt unterworfen. Und so sollte es in den noch in weiter Ferne liegenden Glanzzeiten des Römischen Reichs der halben Welt ergehen.

II. VIA DI MONTE TARPEO

DER ERSTE VERRAT AN DER STADT

DAS SCHMALE STRÄSSCHEN schlängelt sich den Südhang des Kapitols hinauf. Eigentlich liegt die Via di Monte Tarpeo recht versteckt, doch es gibt keine Straße im Zentrum von Rom, die die Touristen noch nicht entdeckt hätten. Und so stehen die Chancen gut, links und rechts von Segway-Fahrern überholt zu werden, während wir unterwegs zu einem der schönsten Ausblicke Roms die Straße hinaufspazieren, den einzigen Weg auf den Kapitolshügel, der auf zwei Rädern zu bewältigen ist. Der Aufstieg zu Fuß ist zwar anstrengender, aber dafür hat die Belohnung, die einen oben erwartet, auch einiges zu bieten.

Wann sich die Gewohnheit eingebürgert hat, einmal oben angelangt, über die Schulter mit Münzen auf den Architrav zu zielen, der sich ein paar Meter unterhalb des Geländers befindet, ist nicht bekannt, aber es ist an dieser Stelle auch empfehlenswerter, sich einfach dem Forum Romanum zuzuwenden. Vor allem im sanften Licht eines Frühlingsabends raubt das alte Tal mit dem majestätischen Kolosseum im Hintergrund jedem Betrachter den Atem. Dort unten, zwischen den Trümmern der römischen Vergangenheit, wird der Besucher leicht von einem Gefühl der Mutlosigkeit erfasst, und durch das Gewirr der verschiedenen historischen Schichten ist es nahezu unmöglich, sich vorzustellen, wie es hier einmal ausgesehen hat. Aber von der Via di Monte Tarpeo aus, mit den Ruinen zu unseren Füßen, scheint es, als erwachte vor unseren Augen alles zum Leben, als verschmölzen alle Säulen, Mauerreste, Straßen, Bogen und Tempelfragmente zu einem perfekt zusammenhängenden Ganzen. Dem vergangenen und zu Ruinen verfallenen Versprechen grenzenloser Macht.

Wie vollzog sich der Übergang von der Handvoll Hügeldörfer am Tiber zu einer kleinen Stadt? Und wie verwandelte sich ein Tal voller Gräber in das tosende Zentrum ebendieser Stadt? In genau diese »Übergangsphase«, bei deren Erforschung Historiker bis heute weitgehend im Dunkeln tappen, verweist die sich hügelaufwärts windende Via di Monte Tarpeo. Der *Mons Tarpeius* erscheint bei einer Reihe römischer Autoren – unter anderem Varro, Livius und Sueton – als der »ursprüngliche Name« des Kapitols. Manchmal wird der ganze Hügel so bezeichnet, manchmal auch nur seine südwestliche Spitze. Sämtliche römischen Geschichtsschreiber und Chronisten erwähnen diesen kleinen Ausläufer des Kapitols, weil mit ihm eine recht grausige altrömische Sitte verbunden war. Denn der »Tarpejische Felsen« (die lateinischen Bezeichnungen variieren von *mons*, *arx* und *saxum* bis hin zu *rupes)* am südwestlichen Ende des Hügels war die Stelle, wo vor den Augen einer gespannt wartenden Menge »Verbrecher hinabgeworfen wurden«, wie der griechische Autor Plutarch in seinem *Leben des Sulla* trocken und beiläufig bemerkt.

Orte wurden im alten Rom nicht zufällig gewählt, und hinter jeder Bezeichnung verbirgt sich eine jahrhunderte-alte Geschichte – so jedenfalls wollen es uns die römischen Autoren gern glauben machen. Ihnen zufolge wurde der Hinrichtungsfelsen nach dem berüchtigtsten Verräter der Geschichte der Stadt benannt, einem habgierigen Menschen, der Schande über alles brachte, was Rom verkörperte. Sein Name war Tarpeia, und es handelte sich natürlich um eine Frau. Tarpeia, eine scheinbar fromme, unschuldige Person, war eine Priesterin der Göttin Vesta, eine sogenannte Vestalische Jungfrau, die ein strenges Keuschheitsgelübde abgelegt hatte, und Tochter des römischen Befehlshabers Spurius Tarpeius. Ihrem makellosen Ruf zum Trotz gelang es Titus Tatius, dem Anführer des benachbarten Volks der Sabiner, der es auf das junge römische Städtchen abgesehen hatte, sie mit der Aussicht auf Gold zu bestechen. Er brauchte Hilfe, um mit seinen Männern den inzwischen befestigten Kapitolinischen Hügel zu erstürmen, auf dem sich die römischen Truppen verschanzt hatten. Tarpeia hielt ihr Versprechen und schmuggelte den Feind in die Stadt – woraufhin sie von den Sabinern auf der Stelle mit jenen feindlichen Kriegswaffen getötet wurde, die sie selbst in die Mauern eingelassen hatte.

Jeder, der – heute genau wie im Rom der Republik und Kaiserzeit – diese Geschichte liest oder hört, weiß, dass Rom den Kampf gewinnen wird. Aus den frühesten Auseinandersetzungen mit benachbarten Völkern gingen die Römer stets als Sieger hervor, dieser Teil der Geschichte ist unbestreitbar wahr. Die Sabiner wurden geschlagen, und die Römer entdeckten den Leichnam der Verräterin, die sie an den Rand einer Niederlage gebracht hatte. Sie warfen ihren Körper von dem Felsen, der fortan ihren Namen tragen sollte. In den ersten, im fünften Jahrhundert vor Christus erlassenen römischen Gesetzen wurde festgelegt, dass Verräter und sonstige Verbrecher künftig dasselbe Schicksal erleiden sollten wie Tarpeia. Soweit uns aus schriftlichen Quellen bekannt ist, wurde der letzte Verbrecher im Jahr 43 n. Chr. vom Tarpejischen Felsen gestürzt, danach wurde diese Form der Bestrafung verboten. Der Name Mons Tarpeius überdauerte vermutlich noch eine Weile – wir finden ihn in einer Inschrift aus der Mitte des dritten Jahrhunderts wieder. Und im heutigen Straßennamen Via di Monte Tarpeo.

Die Geschichte der Tarpeia wurde uns durch zwei Männer überliefert, die im ersten Jahrhundert vor Christus geboren wurden: den Dichter Properz und den Geschichtsschreiber Livius. Wie zahllose andere Geschichten über die Zeit kurz nach der Gründung Roms trägt auch diese legendenhafte Züge – immerhin lagen die Ereignisse schon damals mehrere Jahrhunderte zurück. Sie sind elegante Lösungen für ein Problem, vor dem nicht nur die römischen Geschichtsschreiber, sondern auch ihre Nachfolger standen (und immer noch stehen): Niemand weiß genau, wie sich der Übergang von der Ansammlung einiger Bauerndörfer hin zu der kleinen, ehrgeizigen Stadt Rom vollzog. Schriftliche Zeugnisse gibt es erst seit dem Ende des sechsten Jahrhunderts vor Christus, nach der Weihe des Tempels des Jupiter Optimus Maximus und dem Entstehen der Republik. Viel mehr, als dass sich die kleine Stadt Rom im sechsten Jahrhundert in Bezug auf Aussehen und Struktur nicht wesentlich von ihren griechischen Pendants, bei denen es sich ebenfalls um Aristokratien handelte, unterschied, kann niemand mit Gewissheit sagen.

Der Versuch, diese Lücke zu füllen, hat, unter anderem bei Livius, zur Konstruktion einer sogenannten »Königszeit« geführt, einer etwas mehr als zwei Jahrhunderte währenden Phase (von 753 bis 509 v. Chr.), in der stets neue Könige (*rex*, Plural *reges*) an der Spitze der Stadt standen. Livius zufolge gab es insgesamt sieben von ihnen, und diesen sieben Königen wurden unterschiedliche religiöse, politische, administrative und militärische Maßnahmen zugeschrieben, die den Grundstein legten zu dem, was sich nach und nach zu einer »ernstzunehmenden« Stadt entwickelte. Diese verschiedenen Handlungsstränge, zu denen neben der Geschichte der Tarpeia beispielsweise auch der berühmte Raub der Sabinerinnen gehört, werden inzwischen als faszinierende Dichtungen bewertet, als das Produkt einer fantasievollen, bedeutungsreichen oralen Tradition.

Natürlich haben Archäologen im Boden nach den frühesten Jahrhunderten Roms gesucht, und sie konnten, mit aller gebotenen Vorsicht, feststellen, dass Rom im sechsten Jahrhundert vor Christus tatsächlich allmählich größer und wahrscheinlich auch mächtiger wurde als die umliegenden kleinen Stadtstaaten. Dies deckt sich zumindest teilweise mit der Periode, die die alten Autoren als Königszeit bezeichnen. Was sich vor dem sechsten Jahrhundert, also in der Zeit von Livius' ersten drei Königen, abspielte, ist schwer zu sagen. Wenn wir von den archäologischen Funden ausgehen, gleicht Rom in jener Phase noch jedem beliebigen anderen kleinen Ort in Mittelitalien. Wo es signifikante Unterschiede gibt, wirken sie sich für die aufstrebende Stadt am Tiber eher nachteilig aus: Sowohl im nördlich gelegenen

Etrurien als auch südlich von Rom finden sich Orte, die viel wohlhabender waren, mehr städtische Strukturen aufwiesen und eine stärker differenzierte aristokratische Elite besaßen. Sicher gab es auch im Rom des siebten Jahrhunderts vor Christus schon eine soziale Hierarchie, wie beispielsweise aus dem Fund von Bronzewaffen in einem Grab auf dem Esquilin hervorgeht, doch sollte sich diese erst später zu einem komplexeren Gefüge entwickeln. Wie es Rom gelang, seine Nachbarn zu überflügeln, wird wohl für immer ein Rätsel bleiben. Eine lineare Entwicklung ohne Auf und Ab wird es sicher nicht gewesen sein. Womöglich haben sich schlichtweg die landwirtschaftlichen Techniken verbessert, woraufhin der Handel aufblühte, die Bevölkerungszahl zunahm und die Hügeldörfer nach und nach zusammenwuchsen. Zunehmende gemeinschaftliche Aktivitäten, etwa bei Verteidigung, Handel, Ritualen und Kulthandlungen, entwickelten sich auf diese Weise beinahe von selbst.

Der erste Nachweis eines gemeinsamen »städtischen« Bewusstseins erscheint irgendwo in der Zeit zwischen 650 und 575 v. Chr., als das sumpfige Tal, das später zum Forum Romanum werden sollte und auf das man so wunderbar von der Via di Monte Tarpeo hinunterschauen kann, trockengelegt und befestigt wurde. Damit war der Weg für eine neue Phase in der Frühgeschichte Roms bereitet. Um von einer Ansammlung einzelner Dörfer zu einer kleinen Stadt heranzuwachsen, brauchte Rom letztlich nicht viel mehr zu tun als sich auszudehnen und zu verschmelzen. Um von einer kleinen Stadt zur Weltmacht heranzuwachsen, war jedoch mehr vonnöten. Angefangen mit ein wenig Hilfe von außen.

III. VIA DEL VELABRO

DIE ETRUSKER IN ROM

DASS ROM AUF (sieben) Hügeln erbaut wurde, scheint so gut wie gesichert. Nicht nur Ausgrabungen weisen in diese Richtung, auch die seltenen schriftlichen Zeugnisse sprechen von *montani* – »Bergbewohnern«. Diese *montani* sollen, dem Autor Festus zufolge, der im zweiten Jahrhundert nach Christus lebte, schon im frühesten Rom alljährlich ein Septimontium genanntes Fest oder Ritual gefeiert haben, was zu bestätigen scheint, dass Rom in der Tat auf sieben Hügeln entstand. Wenn man den Blick von diesen sieben Hügeln aus schweifen lässt und sich die heutigen Begrenzungen wegdenkt, erkennt man, dass sie im Grenzgebiet zwischen Latium und Etrurien (etwa der heutigen Toskana) lagen. Etwas nördlich des Tibers begann das Territorium von Veji, einer etruskischen Stadt. Es ist durchaus denkbar, dass sich die früheste Bevölkerung Roms aus Latinern, Etruskern und beispielsweise Sabinern zusammensetzte.

Einer der wenigen Orte in Rom, an denen man einen Hinweis auf die mutmaßlich etruskische Vergangenheit der Stadt findet, ist die Via del Velabro. Dabei handelt es sich um ein etwas verstecktes, unbedeutendes Sträßchen, das sich achtlos zwischen Palatin und Kapitol dahinschlängelt. Hinter dem Straßennamen aber verbirgt sich eine ferne, längst untergegangene Geschichte. Velabro oder Velabrum ist der antike Name des Tals zwischen dem Forum Romanum und dem Forum Boarium und wurde wahrscheinlich aus dem Etruskischen abgeleitet. Wenn wir die heutige Via del Velabro entlangschlendern, treffen wir unter anderem auf San Giorgio in Velabro, ein uraltes Kirchlein, das bereits unter Papst Leo II. (682–683) erbaut, aber erst während des Pontifikats des griechischen Papstes Zacharias (741–752) dem heiligen Georg geweiht wurde. Diese Kirche war übrigens nicht der erste Bau an dieser Stelle – sie wurde auf den Fundamenten einer kleinen Unterkunft griechischer Mönche errichtet, die ihrerseits wiederum auf römischen Überresten ruhte. Die Worte von Louis Couperus, der in seinem *Brief aus Rom* beklagte, wie viel historisches Wissen von einem Menschen verlangt werde, wenn er Rom besucht, erweisen sich auch hier wieder als treffend: Selbst in den unbekanntesten Ecken der Stadt stößt man auf ihre berühmten historischen Schichten. Gleich neben der Kirche erhebt sich stolz eine greifbarere Erinnerung an die Antike. Trotz seines guten Erhaltungszustands schenken die meisten Vorübergehenden diesem Bogen nur wenig Beachtung. Es ist der *arcus constantini*, besser bekannt als der Janusbogen, der Bogen des doppelköpfigen Schutzgottes der Türen und Tore, nach dem der erste Monat unseres Jahres benannt wurde. Er wurde wahrscheinlich im vierten Jahrhundert durch oder zu Ehren von Kaiser Konstantin errichtet.

Durch das Velabrum-Tal verlief im frühesten Rom der Vicus Tuscus oder die »Etruskerstraße«. Sie verband das

Forum Romanum mit dem Forum Boarium, dem Viehmarkt. Heute ist nur noch das erste Stück des Vicus Tuscus zwischen dem Castor-und-Pollux-Tempel (Aedes Castoris) und der Basilica Iulia auf dem Forum zu erkennen. Danach folgte die Etruskerstraße mehr oder weniger dem Verlauf der Via di San Teodoro bis San Giorgio in Velabro. Varro, Livius und Tacitus liefern alle unterschiedliche Erklärungen für die Herkunft des Namens Vicus Tuscus – bei diesen Tusci soll es sich je nach Autor um Verbündete des Romulus gehandelt haben, die sich in dem Tal niederließen, um etruskische Flüchtlinge oder schlicht um Gastarbeiter, die für den Bau der ersten Tempel nach Rom gekommen waren. All diesen Geschichten ist gemeinsam, dass sie nach einer Erklärung für etwas suchen, was wohl für alle Zeit im Dunkeln bleiben wird: Warum kamen die Etrusker nach Rom (oder waren sie etwa schon immer dort gewesen?), und warum lebten sie gerade in diesem Teil der Stadt?

Es gab nicht nur sieben Hügel, auch die Könige, die über das frühe Rom herrschten, waren der römischen Überlieferung zufolge sieben an der Zahl. Die ersten vier, Romulus, Numa Pompilius, Tullus Hostilius und Ancus Marcius, sind historisch betrachtet insofern dunkle Gestalten, als sie hauptsächlich dem Reich der Legenden zu entstammen scheinen. Was natürlich nicht bedeutet, dass die Entwicklung Roms in den ihnen zugeschriebenen Regierungsperioden, dem achten und siebten Jahrhundert vor Christus, stillstand. Was die letzten drei Könige, Tarquinius Priscus, Servius Tullius und Tarquinius Superbus, angeht, so deutet alles darauf hin, dass sie etruskischer Abstammung waren. Ihre Herrschaft umfasst nahezu das gesamte sechste Jahrhundert vor Christus, die

Phase, in der Rom zum ersten Mal als Stadt oder kleiner Stadtstaat in Erscheinung trat: Das Forum Romanum wurde trockengelegt und gepflastert, auf dem Esquilin wurde ein erster Verteidigungswall errichtet, und man begann mit dem Bau der ersten Tempel. Diese Tempel folgten der etruskischen Bautradition und wurden mit in leuchtenden Farben bemalten Terrakotta-Statuen ausgeschmückt. Auch trifft man in dieser Periode häufig auf etruskische Keramik, die dunkelgrauen, glänzenden Bucchero-Gefäße. Die Existenz eines Velabrum-Tals und einer Etruskerstraße passt in diesem Kontext als weiteres Puzzlestück perfekt ins Bild.

IV. VIA DEL TEMPIO DI GIOVE

DER LETZTE KÖNIG

UM 500 V. Chr. endete die römische Königszeit. Das Ende einer Epoche, einer ganzen Staatsform – wie geht so etwas vonstatten? Späteren Geschichtsschreibern, insbesondere Livius, zufolge wurde der letzte König, Tarquinius Superbus, 509 v. Chr. durch Lucius Junius Brutus vom Thron gestoßen. Unmittelbarer Auslöser dafür war ein Familienskandal: die Vergewaltigung der jungen, keuschen Lucretia durch Sextus, den Sohn des Tarquinius Superbus. Mehr als der Tropfen, der das Fass zum Überlaufen brachte, kann dieser Vorfall, sollte er sich tatsächlich zugetragen haben, nicht gewesen sein. Die römischen Könige verfügten zwar über uneingeschränkte Macht, aber sie wurden inzwischen beraten – und eingesetzt – durch den Senat (abgeleitet von *senex*, »alter Mann«), ein Gremium, in dem die Häupter der vornehmsten aristokratischen Familien Roms zusammenkamen. Moderne Historiker vermuten, dass die Tarquinier nicht nur wegen ihrer Grausamkeiten und Skandale verjagt wurden, sondern vor allem, weil Tarquinius, dessen Beiname nicht umsonst Superbus, »der Hochmütige« oder »der Stolze«, war, das angesehene Beratungsgremium kaum noch berücksichtigte. Die Senatoren (zu denen auch Brutus zählte) hatten das Gefühl, kein Gehör mehr zu finden.

So konnte es zu einer Rebellion der Patrizier kommen, der Angehörigen der aristokratischen Oberschicht, die sich im Laufe des sechsten Jahrhunderts vor Christus immer deutlicher herausgebildet hatte. Unter Superbus sahen sie ihren Einfluss zugunsten der königlichen Herrschaft schwinden. Dem König war die Teilung der Macht natürlich ein Dorn im Auge: Er hatte viel mehr davon, den Fokus auf die Gesamtheit seiner Untertanen zu legen, auf die römische Gesellschaft als Kollektiv. In diesem Zusammenhang ließ Tarquinius Superbus in Rom einen großen Tempel erbauen, der Jupiter, dem höchsten Gott der Römer, geweiht war. Besser gesagt, er ließ ihn fertigstellen: Schon Tarquinius Priscus soll mit dem Bau begonnen haben. Der Tempel des Jupiter, *il tempio di Giove*, erhielt drei sogenannte *cellae*, Haupträume des Heiligtums, in denen die Götterbilder standen: In der Mitte die *cella* des höchsten römischen Gottes selbst sowie rechts und links davon die Räume seiner Gemahlin Juno und seiner Tochter Minerva. Wer nach dem Ursprung der Römer sucht, muss sich also fragen, ob von diesem ältesten Tempel der »Romanitas« noch etwas erhalten ist.

Die nach ihm benannte Straße in Rom, die Via del Tempio di Giove, verrät uns etwas über den ursprünglichen Standort des Tempels. Doch um ihm wirklich zu begegnen, müssen wir in die Kapitolinischen Museen. In der Esedra di Marco Aurelio, einem relativ neuen Museumssaal, sind die imposanten Steinblöcke zu sehen, die einst die Fundamente des berühmten Tempels des Jupiter Optimus Maximus bildeten. Wie unter anderem bei Plinius, Livius und

Cicero nachzulesen ist, wurde der Tempel im Laufe der Zeit unzählige Male umgebaut, verschönert und restauriert (83 v. Chr. brannte er den Quellen zufolge sogar vollständig ab), doch das schmälert in keiner Weise die Einzigartigkeit dieser – in Wahrheit natürlich nicht allzu prächtig aussehenden – Grundmauern, die uns in ein Rom zurückführen, das inzwischen zwar zu einer stattlichen lokalen Macht mit einem eindrucksvollen Herrschaftsgebiet herangewachsen war, aber im Lichte der späteren Entwicklungen immer noch in den Kinderschuhen steckte. Rom am Vorabend des Sturzes der Monarchie.

Nachdem die Rebellen den König und seine Familie vertrieben hatten, gründeten sie eine Republik. Die Macht musste neu verteilt, die wichtigsten Aufgaben, die Kriegsführung und das Kommando über die Armee, die Rechtsprechung und das Leiten von Ritualen, in neue Hände gegeben werden. Die politische Macht, also die faktische Herrschaft in Rom, ging nach der Abschaffung des Königtums auf zwei Amtsträger über, die etwa anderthalb Jahrhunderte später den Titel Konsul erhalten sollten. Gemeinsam verfügten sie zwar über dieselbe Macht wie der König, doch war diese beschränkt: Sie konnten die Pläne des jeweils anderen mit ihrem Vetorecht durchkreuzen und durften ihr Amt nur ein Jahr lang bekleiden. Nach dessen Ablauf legten sie Rechenschaft über ihre Amtszeit ab, sodass sie im Nachhinein noch für eventuelle Missetaten zur Verantwortung gezogen werden konnten. Ihnen zur Seite standen zwei Quästoren, die Verwalter der Staatskasse. Senat und Volksversammlung, deren Ursprünge nicht vollständig aufgeklärt sind, die jedoch als Institution zweifellos beide schon zuvor existierten, blieben die wichtigsten beratenden Instanzen, und der Einfluss der ersten – des Rates alter Männer – wuchs weiter an. Und so war es nicht der König, der am Ende des sechsten Jahrhunderts vor Christus den Jupitertempel auf dem Kapitol einweihen durfte, diese Ehre gebührte den ersten republikanischen Führern.

Der Tempel des Jupiter Optimus Maximus sollte sich zum Zentrum des römischen Staatskultes entwickeln, nicht nur während der Republik, sondern auch in der darauf folgenden Kaiserzeit (ab 27 v. Chr.). Religion hatte im alten Rom eine ganz eigene Bedeutung, die viel öffentlicher und politischer war, als wir es uns heute vorstellen können. Beim Tempel wurden im Namen der Konsuln oder des Kaisers öffentliche Opfer dargebracht, und für die vom Schlachtfeld zurückkehrenden Heerführer bildete der Jupitertempel auf dem Kapitol das Ziel jedes offiziellen Triumphzuges durch die Stadt. Darüber hinaus diente der Tempel als Aufbewahrungsort für wichtige Archivalien und prestigeträchtige Besitztümer des Staates. Im Laufe der Jahrhunderte sollte das Römische Reich immer schneller wachsen. Und mit den dadurch erworbenen Reichtümern wurde dieses Urheiligtum Roms ständig verschönert und restauriert, sodass der Kapitolinische Tempel zum Symbol der Macht und Unantastbarkeit Roms werden konnte.

V. PIAZZA DEI CINQUECENTO

EINE MAUER FÜR DIE JUNGE REPUBLIK

WIE VIELE ROMBESUCHER kratzen sich bei der Ankunft mit dem Zug wohl am Kopf und fragen sich: Ist das jetzt die Ewige Stadt? Ob sie nun den ganzen Weg von zu Hause per Zug zurückgelegt haben oder mit dem Leonardo-Express vom Flughafen in die Stadt gekommen sind, für fast alle beginnt Rom an der Stazione Termini und der davor liegenden vielbefahrenen Piazza dei Cinquecento. Während andere europäische Hauptstädte einen monumentalen Hauptbahnhof vorzuweisen haben, erkennt man auf den ersten Blick, dass es sich bei der Stazione Termini nicht gerade um ein jahrhundertealtes Museumsstück handelt. Es ist eines der wenigen Gebäude im Zentrum von Rom, die aus der Zeit nach dem Zweiten Weltkrieg stammen. 1946 begann man mit dem Umbau von Mussolinis früherem Entwurf, und am 20. Dezember 1950 wurde der Bahnhof schließlich feierlich eingeweiht. Seitdem wurde er immer wieder saniert und vergrößert, sodass er sich zu einem der Bahnhöfe mit dem höchsten Passagieraufkommen in Europa entwickeln konnte. 2006 benannte man ihn offiziell nach Papst Johannes Paul II., und einige Jahre später wurde auch eine Statue des Papstes enthüllt, die seitdem die Piazza dei Cinquecento schmückt.

Der Bahnhof Termini ist nicht aus dem Nichts heraus entstanden. An der Stelle, wo heute die riesige Bahnhofshalle steht, weihte der Kirchenstaat zwischen 1856 und 1859 die ersten beiden Bahnstrecken auf seinem Territorium ein: Rom-Frascati und Rom-Civitavecchia. Rom wandelte sich endgültig zu einer modernen Stadt, als der kleine Bahnhof, den der Papst aufgrund des wachsenden Bahnverkehrs bei der Porta Maggiore hatte errichten lassen, durch eine ordentliche Bahnhofshalle ersetzt wurde. 1862 wurde die erste Stazione Centrale delle Ferrovie Romane eröffnet, doch schon bald beauftragte Papst Pius IX. den Architekten Salvatore Bianchi mit einem Neubau. 1870 verloren die Päpste ihre weltliche Macht in Rom, und so wurden die Erweiterungen und Verschönerungen des Bahnhofs unter der Flagge des Königreichs Italien fortgesetzt. Er bekam ein dem neunzehnten Jahrhundert entsprechendes Äußeres und trug fortan den Namen der nahe gelegenen Ruinen der Thermen des Diokletian (*Terme di Diocleziano*) – Stazione Termini war geboren. Der große Platz davor wurde nach den fünfhundert Soldaten benannt, die 1887 in der Schlacht bei Dogali in Abessinien (Äthiopien), bei der die Italiener eine Niederlage erlitten, ihr Leben verloren. Bis 1924 stand auf der Piazza dei Cinquecento ein Denkmal für die Gefallenen. Es wurde später versetzt und steht heute im Garten der Diokletiansthermen.

Die Geschichte des Bahnhofs Termini und der Piazza dei Cinquecento ist also hauptsächlich der jüngeren Vergangenheit zuzurechnen. Und doch können wir, sobald wir die

Bahnhofshalle hinter uns lassen, noch einen Blick auf die frühen Anfänge Roms erhaschen. Wenn wir das Gebäude durch den Hauptausgang an der Piazza dei Cinquecento verlassen, sehen wir zu unserer Rechten die Überreste einer aus gewaltigen Steinblöcken errichteten Mauer. Ein Stadtführer würde eilends berichten, dass es sich um die Mauer von Servius Tullius handelt, die »Servianische Mauer«, erbaut im Auftrag des vorletzten Königs von Rom. Es gibt jedoch wenig Grund zu der Annahme, dass diese traditionelle Zuordnung mehr ist als eine auf wenig Beweisen gründende Mutmaßung; in keiner einzigen antiken Quelle finden sich Belege für die Theorie, dass es Servius Tullius war, der die Stadt befestigen ließ. Was wir jedoch tatsächlich nachlesen können, und zwar wiederum bei Livius, ist, dass zu Beginn des vierten Jahrhunderts vor Christus mit dem Bau der Stadtmauer begonnen wurde (genauer gesagt im Jahr 378 v. Chr.). Sie ist eines der ersten monumentalen Bauprojekte in Rom nach dem fünften Jahrhundert vor Christus – eine Phase, die unter Archäologen als Jahrhundert der Krisen bekannt ist und die etwa um das Jahr 390 v. Chr. in der Plünderung Roms durch die Gallier gipfelte, die bei so ziemlich allen antiken Autoren, die über Rom geschrieben haben, erwähnt wird.

Die Krise ist, so könnte man sagen, archäologisch umgekehrt zurückzuverfolgen: Während im Rom des sechsten Jahrhunderts vor Christus noch einige öffentliche Bauten fertiggestellt wurden und reichlich attische Keramik und Prestigegegenstände in Umlauf waren, verlieren sich im fünften Jahrhundert die Anzeichen für Wohlstand. Die Qualität der Keramik nimmt ab und manche Objekte verschwinden sogar vollständig, zumindest aus dem archäologischen Bestand. In den schriftlichen Quellen, die recht genau Aufschluss darüber geben, was zu welchem Zeitpunkt in Rom gebaut wurde, herrscht über die Zeit nach 484 v. Chr. vielsagendes Schweigen (davor wurden auf jeden Fall noch die Tempel von Jupiter Optimus Maximus, von Castor und Pollux und von Saturn erbaut).

Zu Beginn des vierten Jahrhunderts vor Christus war Rom aller Wahrscheinlichkeit nach noch immer eine mittelgroße Stadt, allerdings eine, die schon wieder im Niedergang begriffen war. Die Auswirkungen des Galliersturms wurden durch antike und moderne Historiker möglicherweise übertrieben, aber es scheint unverkennbar, dass die Stadt schwere Zeiten durchstehen musste. Neuesten Erkenntnissen zufolge war die Plünderung Folge dieser lang anhaltenden Phase zunehmender Schwäche. Der Bau einer vernünftigen Stadtmauer um das Jahr 378 v. Chr. herum (und nicht zu Zeiten von König Servius Tullius) passt in diesen historischen Kontext, insbesondere wenn man bedenkt, dass sich kurz zuvor mit Tusculum die erste Nachbarstadt Rom unterworfen hatte.

Die römische Republik war geboren worden, aufgestanden und gestrauchelt, doch am Anfang des vierten Jahrhunderts vor Christus ging sie voller Zuversicht und Ehrgeiz weiter auf dem einmal eingeschlagenen Weg. Historikern zufolge nahmen in den zwei darauffolgenden Jahrhunderten eine Reihe langfristiger historischer Entwicklungen ihren Ausgang, die sowohl die innere als auch die äußere Politik kennzeichnen sollten. Innerhalb der Stadt boten vor allem die gesellschaftlichen Verhältnisse fortwährend Stoff für

Debatten und Anlass zu Unruhe. Die Patrizier, die führenden Familien, die das politische, gesellschaftliche und wirtschaftliche Leben in Rom bestimmten, bekamen im Laufe der Zeit immer mehr Ärger mit den Plebejern, die gegen die in ihren Augen unberechtigte und übermäßige Machtfülle der Patrizier aufbegehrten. Die inneren Spannungen führten zu einem erbitterten Ständestreit. Auch nach außen hin waren das vierte und dritte Jahrhundert vor Christus von anhaltenden Spannungen geprägt: Verteidigungskämpfe und Expansionskriege waren an der Tagesordnung. Zunächst konzentrierten sich diese vor allem auf Mittelitalien, aber um 272 v. Chr. war die gesamte italienische Halbinsel erobert, die griechischen Kolonien im Süden inbegriffen. Mit jedem unterworfenen Stamm oder Stadtstaat schloss Rom Verträge, die sie in der Regel zu Verbündeten Roms machten. Sie mussten Rom nun zwar Truppen zur Verfügung stellen, behielten aber im Gegenzug ein gewisses Maß an Selbstverwaltung und eine eigene Form des Bürgerrechts. Darüber hinaus wurden überall auf erobertem Gebiet Kolonien gegründet, die mit aus Rom oder Latium stammenden Bauern, ehemaligen Legionären und römischen Bürgern, die keine eigenen Ländereien besaßen, »gefüllt« wurden.

Zurück nach Termini, wo die Überreste der römischen Frühzeit nun etwas mehr Bedeutung bekommen haben. Die »Servianische« Mauer umschloss vermutlich mehr als vierhundert Hektar, und die Bevölkerung umfasste zur Zeit ihrer Erbauung schätzungsweise schon etwa 50000 Menschen. Und das war nur ein Bruchteil dessen, was noch kommen würde. Bis 270 v. Chr. soll die Bevölkerung auf 100000 oder sogar 150000 angewachsen sein, und um 200 v. Chr. lebten

Schätzungen zufolge wahrscheinlich rund 200000 Menschen in der Stadt. Dieses kontinuierliche enorme Wachstum beruhte nicht allein auf der Anziehungskraft Roms, sondern lag vor allem an den ununterbrochenen Eroberungen, als deren Nebeneffekt eine ungeheure Menge von Sklaven in die Stadt kam. Groß angelegte öffentliche Wasserleitungen wie die Aqua Appia (321 v.Chr.) und der Anio Vetus (272 v.Chr.) waren nichts anderes als dringend erforderliche Infrastrukturmaßnahmen, um den steigenden Wasserbedarf in Rom zu decken – und dank des wachsenden Reichtums konnten sie auch finanziert werden. Insgesamt leiteten die beiden Aquädukte jeden Tag fast 250000 Kubikmeter (250 Millionen Liter) Wasser in die Stadt. Und das zu einer Zeit, in der die großen Eroberungsfeldzüge noch vor den Römern lagen.

VI. VIA APPIA ANTICA

DIE EROBERUNG DES MITTELMEERS

DAS KOLOSSEUM IST tagein, tagaus von einem nie versiegenden Strom aus Stadtverkehr und Touristen umgeben, vor dem Pantheon muss man sich in lange Schlangen einreihen, und auch auf dem Forum Romanum drängt sich eine schier endlose Zahl von Besuchern. Darüber hinaus stehen all diese Monumente auch noch inmitten der darauffolgenden jahrhundertelangen Baugeschichte.

Um uns ein besseres – und durch weniger »Rauschen« gestörtes – Bild vom alten Rom zu machen, gehen wir zur Via Appia Antica, einer der ältesten Ausfallstraßen der Stadt, wo alle paar Meter die Erinnerung an die römische Vergangenheit auftaucht. Hier ist es ruhig, und obwohl der Lärm der Stadt immer noch undeutlich zu hören ist und ab und zu ein Grüppchen Touristen vorbeieilt, wähnen wir uns, je weiter wir kommen, immer mehr auf dem Land. Mit nichts als der grünen, von Zypressen und Pinien gesprenkelten Landschaft im Hintergrund erwachen die alten Stelen und Grabstätten zu beiden Seiten der unebenen, mit Karrenspuren durchzogenen Pflastersteine der Via Appia ein klein wenig zum Leben.

Es war der ehrgeizige Beamte Appius Claudius Caecus (»der Blinde«), der 312 v. Chr. die Initiative zum Bau der Straße ergriff. Er wollte eine ordentliche Verbindung in den Süden schaffen, auf der die römische Armee marschieren konnte. Das ist gar nicht so verwunderlich, wenn man bedenkt, dass die römischen Eroberungsfeldzüge immer weiter reichten: Die Hafenstädte im Süden Italiens bildeten das Tor zum gesamten Mittelmeerraum. Appius war in jenem Jahr Zensor und in dieser Eigenschaft nicht nur zuständig für die Volkszählung und das Einteilen der Bevölkerung in Vermögensklassen, sondern auch für die Ausschreibung öffentlicher Projekte. Er ließ den ersten römischen Aquädukt erbauen (die Aqua Appia) und erteilte den Auftrag zum Bau der neuen Straße in den Süden, die er, genau wie den Aquädukt, nach sich selbst benennen ließ.

Fast alle Bauvorhaben der republikanischen Zeit (ca. 500–30 v. Chr.) wurden mit einem Namen verbunden (sofern es sich um öffentliche Arbeiten handelte) oder erinnerten an eine Ruhmestat, meist einen militärischen Sieg, der durch ein Monument oder einen Tempel verewigt wurde. Lediglich von einer Handvoll dieser Monumente sind heute noch Überreste erhalten, und doch sind es vor allem Bauten dieser Art, die es uns ermöglichen, die Entwicklung der frühen Republik einigermaßen zu rekonstruieren. Zudem gibt es für die frühe und mittlere Republik (ungefähr bis zum ersten Jahrhundert vor Christus) nur wenige schriftliche Quellen, erst ab dem zweiten Jahrhundert vor Christus begannen die Römer mit der Aufzeichnung ihrer eigenen Geschichte, und griechische Autoren entwickelten erst dann ein Interesse am Aufstieg Roms, als dieses als ernstzunehmender Machtfaktor in Erscheinung zu treten begann, was etwa um dieselbe Zeit der Fall war.

Appius tat nichts anderes als das, was zu seiner Zeit, dem Ende des vierten Jahrhunderts vor Christus, allgemein üblich geworden war. Als Politiker gehörte er zur Verwaltungselite, die jedoch seit der Gründung der Stadt ihr Gesicht ein gutes Stück verändert hatte. Gesellschaftliche Verschiebungen hatten die strikte Trennung zwischen Patriziern und Plebejern aufgeweicht: Reiche Plebejer waren in der sozialen Ordnung aufgestiegen und bildeten nun zusammen mit den alten aristokratischen Familien die *nobiles*, die neue Oberschicht der Bevölkerung, aus der die Mitglieder des Senats rekrutiert wurden. Alle Angehörigen dieser Oberschicht gehörten zum Stand der *equites* (Ritter), der höchsten Vermögensklasse (ein eigenes Pferd war seit der Königszeit ein Unterscheidungskriterium bei der Bestimmung des Vermögens).

Auch in dieser neuen sozialen Ordnung gab es noch Volksversammlungen (die *comitia centuriata*, die *comitia tributa populi*, die *comitia tributa plebis*, auch *concilium plebis* genannt, und die *comitia curiata*). Seit 494 v. Chr. konnten offizielle Interessenvertreter der *plebs*, sogenannte Volkstribune, mithilfe eines Vetorechts Vorhaben der regierenden Elite verhindern. Der Kerngedanke der Republik blieb bestehen: Es gab keine absolute Macht, und Ruhm, Ehre und Einfluss konnten nur durch Taten und Entscheidungen innerhalb der zeitlich begrenzten Amtszeiten erworben werden, die einem zur Verfügung standen (natürlich immer vorausgesetzt, man war in die richtige Familie hineingeboren worden). Selbstverständlich war es für jemanden wie Appius, einen Spross der vornehmen Claudius-Familie, wichtig, sich während seiner politisch aktiven Jahre einen möglichst guten Namen zu machen, indem er der »öffentlichen Sache« (*res publica*) diente. Mit Bauten wie dem Aquädukt und der Via Appia trug er seinen Teil dazu bei und band zweifellos viele *clientes* (Anhänger und Schützlinge) an sich, wovon auch seine spätere Ernennung zum Konsul zeugt. Wahren Ruhm erwarb man in den Augen der Römer jedoch nur an einem Ort: auf dem Schlachtfeld. Ruhm, der in einem Fall, dem des Feldherrn Scipio Africanus, so weit reichte, dass er noch heute in der italienischen Nationalhymne besungen wird.

Ganz am Anfang der Via Appia Antica, an dem Wegstück, das heute Via di Porta San Sebastiano heißt, liegt das Familiengrab dieses Helden aus der Nationalhymne. 1780 entdeckten zwei Priester, Brüder und Besitzer eines Weinbergs an der Via Appia, beim Umbau ihres Weinkellers zufällig den Eingang zu der Anlage. Heute kann man die Grabstätte auf Anfrage besuchen, aber der Raum lässt kaum noch erahnen, wie er einst ausgesehen haben muss: Schon in den Jahrhunderten vor der Wiederentdeckung war er von Grabräubern geplündert worden, und die Inschriften und Gräber, die bei den Ausgrabungen 1780 aufgezeichnet wurden, brachte man anschließend in die Vatikanischen Museen. Dennoch müssen die beiden Priester, die den Eingang zu den Grabkammern gefunden haben, die gebührende Aufregung verspürt haben, als sie in der Inschrift an einem der Sarkophage den Namen »Scipio« lasen. Immerhin handelte es sich um eine der berühmtesten Familien aus der römischen Historie.

»*Fratelli d'Italia, l'Italia s'è desta. Dell'elmo di Scipio, s'è cinta la testa*« – die italienische Hymne ist ein Kampflied, in dem dazu aufgerufen wird, sich den »Helm des Scipio« aufs Haupt zu setzen, des größten Helden des antiken Rom. Die Scipionen gehörten zur *gens* Cornelia, einem der vornehmsten Geschlechter der römischen Republik, das sich einer langen Reihe von Bauprojekten in der Stadt rühmen konnte und deren Mitglieder immer wieder wichtige Ämter bekleidet hatten. Drei männliche Angehörige aus dem Geschlecht der Cornelier wussten sich ganz besonders auszuzeichnen, und zwar nicht auf der heimischen politischen Bühne, sondern auf fernen Schlachtfeldern.

Nachdem die Vorherrschaft in ganz Italien gesichert war, richtete Rom den Blick auf die Regionen jenseits des Meeres. Dass sie lediglich über eine Landstreitmacht, nicht aber über eine Flotte verfügten, konnte die überseeischen Ambitionen der Römer nicht bremsen. 264 v. Chr. wurde Rom in einen Konflikt auf Sizilien verwickelt: Ehemalige Söldner aus Süditalien hatten sich in Messina niedergelassen und wurden nun von Syrakus angegriffen. Im Angesicht der Bedrohung riefen sie die beiden Großmächte, Rom und das nordafrikanische Karthago, zu Hilfe. Karthago verfügte über eine gefestigte Handelsposition im Mittelmeerraum und erheblichen Einfluss in Sizilien. Rom hingegen war das aufstrebende Reich, das den Karthagern den Handel in Italien und den umliegenden Gebieten immer schwerer machte. Beide Seiten fürchteten die Stärke der anderen, und die Begegnung auf Sizilien musste beinahe zwangsläufig auf eine Konfrontation hinauslaufen. Niemand hatte jedoch erwartet, dass sich dieser Konflikt zu einer über hundert Jahre andauernden Serie kriegerischer Auseinandersetzungen entwickeln würde. Karthago sollte sich als einer der beharrlichsten Gegner erweisen, denen Rom auf seinem langen Weg zur Weltherrschaft begegnen würde.

Zunächst wurde der Streit im sogenannten Ersten Punischen Krieg (264–241 v. Chr.) ausgetragen. »Punisch« ist eine Verballhornung von »phönizisch«, einer alten Bezeichnung für die Karthager. Rom ging als Sieger aus diesem Krieg hervor, und Sizilien wurde zur ersten überseeischen Provinz des Römischen Reichs. Anders als die eroberten Gebiete auf dem italienischen Festland, die als Verbündete Roms unter eigener Verwaltung blieben (und damit noch einen Funken Selbstachtung wahrten), wurden diese und spätere Provinzen sofort der Herrschaft eines römischen Verwalters (*praetor*) unterstellt. Es folgten einige relativ ruhige Jahrzehnte, die Karthago nutzte, um sich von der Niederlage zu erholen und Gebiete in Spanien zu erobern. Danach kam es zu einer weiteren Konfrontation, die sich zu einem der einschneidendsten und erbittertsten Kriege in der römischen Geschichte entwickelte. In diesem Zweiten Punischen Krieg (218–201 v. Chr.) sollten die Römer auch ihrem meistgefürchteten Gegner aller Zeiten begegnen: dem karthagischen Feldherrn Hannibal.

Hannibal beflügelte damals wie heute die Fantasie von Freund und Feind. Nicht nur, weil er so verwegen war, die Römer von Spanien aus anzugreifen und mit einer erfahrenen Armee (inklusive Elefanten) die Alpen zu überqueren; er galt auch als Kopf und treibende Kraft in der Schlacht von Cannae (216 v. Chr.), einem der außergewöhnlichsten militärischen Siege der Geschichte. Hannibal war mit seinen Truppen über die Alpen nach Italien einmarschiert und richtete überall, wo er vorbeizog, beträchtlichen Schaden an.

Mehrmals kam es zu Auseinandersetzungen mit der römischen Armee. Nach einigen bescheidenen Siegen führte er seine Soldaten in das süditalienische Apulien, um dort zu überwintern. Er wählte die kleine Siedlung Cannae, das heutige Canne della Battaglia, als Ausgangsbasis, um von dort aus den Süden Italiens zu erobern. Rom reagierte und schickte die beiden regierenden Konsuln Aemilius Paullus und Terentius Varro nach Apulien, um die Armee in den Kampf gegen den erbarmungslosen Hannibal zu führen.

Der Albtraum, der stets im Hinterkopf der bislang nur Siege gewohnten Römer gelauert haben musste, wurde in Cannae Wirklichkeit. Das zahlenmäßig weit überlegene Heer von Varro und Paullus wurde niedergemetzelt: Von den 86 000 Römern sollen bis zu 70 000 umgekommen sein. Dank seiner taktischen Fähigkeiten gelang es Hannibal, mit einem vergleichsweise schlecht organisierten und ausgehungerten Söldnerheer die gut ausgebildeten und noch besser ausgerüsteten Truppen der Römer bei Cannae zu Fall zu bringen. Es war die größte militärische Katastrophe, die Rom jemals erlebt hatte. Erst als der römische Feldherr Publius Cornelius Scipio später nach Spanien marschierte und die Karthager von dort vertrieb, wendete sich das Blatt und begann sich der endgültige Sieg der Römer abzuzeichnen. Schließlich konnte Scipio Hannibal 202 v. Chr. in der Schlacht von Zama, nicht weit von Karthago entfernt, besiegen, was ihm den Beinamen »Africanus« eintrug. Karthago kapitulierte, und Rom konnte sich Herrscher des Mittelmeers nennen.

Scipio Africanus Maior – der Scipio, auf den in der italienischen Hymne Bezug genommen wird – war aus der

Schlacht von Zama zwar als Sieger hervorgegangen, doch der Friedensvertrag, der anschließend unterzeichnet wurde, hatte die unverschämten Karthager nach Ansicht vieler Römer noch längst nicht tief genug in die Knie gezwungen. »Im Übrigen bin ich der Meinung, dass Karthago zerstört werden muss«, so klang es jahrelang im römischen Senat. Denn mit diesen Worten beendete der konservative Senator Cato der Ältere ungeachtet des eigentlichen Themas beharrlich jede einzelne seiner Reden. Im Dritten Punischen Krieg wurden Catos Worte unter der Führung von Scipio Africanus Minor (dem Enkel des älteren Scipio) im Jahr 146 v. Chr. schließlich Realität: Nach den vernichtenden Kriegsjahren und dem mehr als ein halbes Jahrhundert zurückliegenden Sieg der Römer wurde die nordafrikanische Stadt schließlich doch noch vollständig dem Erdboden gleichgemacht. Sämtliche Einwohner wurden getötet oder in die Sklaverei geschickt. Es war eine Tat voller Symbolik, die sich nicht zuletzt gegen die Figur des Hannibal richtete. Das gesamte Territorium von Karthago wurde zur römischen Provinz Africa.

Schon zu Beginn des dritten Jahrhunderts vor Christus hatte Lucius Cornelius Scipio Barbatus, Konsul im Jahr 298 v. Chr. und Stammvater der Scipionen, an der Via Appia ein monumentales Grabmal für seine illustre Familie errichten lassen. Sein eigener, reich verzierter Sarkophag erhielt natürlich einen prominenten Platz gegenüber dem Eingang (auch wenn er inzwischen in den Vatikanischen Museen steht). Die Wahl des Standortes am Ausgangspunkt der erst einige Jahrzehnte zuvor eingeweihten Via Appia wird kein Zufall gewesen sein. Die Familie war (wie später auch Scipio Africanus) dafür bekannt, kulturellen Einflüssen aus der griechischen Welt gegenüber sehr aufgeschlossen zu sein, und die Via Appia, die Ausfallstraße, die im wahrsten Sinne des Wortes den Weg in diese Welt gebahnt hatte, war das Symbol für die Ausdehnung des Römischen Reichs nach Magna Graecia.

Das Pflaster der Via Appia nutzten, auch wenn es das ursprüngliche Motiv für den Bau der Straße gewesen war, letztlich nicht nur Soldaten, sondern auch Boten, Amtsträger, reichere Bürger, Sklaven und allerlei Handelswaren. Die Straße führte nach Sizilien und Nordafrika, bot jedoch von der Hafenstadt Brundisium aus (dem heutigen Brindisi) auch Zugang zum dichten Handelsnetz des östlichen Mittelmeerraums. Die militärische und ökonomische Bedeutung dieser Route in den Süden wuchs schnell, sodass die Via Appia schon früh den Beinamen *regina viarum* erhielt, die »Königin der Straßen«.

Heute ist die Via Appia vor allem aus zwei Erzählungen bekannt. Die ältere davon entstammt der frühchristlichen Geschichte. Die Via Appia war einst Schauplatz einer Begegnung zwischen Petrus und Jesus. Petrus wollte über die *regina viarum* aus der Stadt fliehen, um der grausamen Christenverfolgung des römischen Kaisers Nero zu entgehen. Auf der Via Appia erschien ihm in einer Vision Jesus, der sich in die entgegengesetzte Richtung auf die Stadt zubewegte. »*Domine, quo vadis?*«, fragte Petrus, »Herr, wohin gehst du?« – »Nach Rom, um noch einmal gekreuzigt zu werden«, lautete die Antwort. Petrus verstand und tat, was von ihm erwartet wurde: Er machte kehrt und ging zurück in die Stadt, um der gepeinigten Christengemeinde beizustehen.

Blutrünstiger und grausamer ist die zweite berühmte Szene, für die die Via Appia den Hintergrund bildet. Stanley Kubricks Film *Spartacus* (1960) erzählt die Geschichte des vom unbeugsamen Spartacus angeführten Sklavenaufstands, der schließlich durch die Legionen des Heerführers Crassus niedergeschlagen wird. Etwa sechstausend Sklaven wurden gefangen genommen und nacheinander ans Kreuz genagelt. Zu Tausenden richtete man die hölzernen Kreuze entlang der Via Appia auf, wo sie als Warnung noch Jahre stehen bleiben sollten.

VII. VIA DI MONTE TESTACCIO

BROT FÜR DIE RÖMER

SEIT DEM AUSBRUCH des Ersten Punischen Kriegs expandierte das Römische Reich in alle Richtungen der bekannten Welt. Außer den Provinzen Sizilien und Africa wurden dem Reich unter anderem noch die Provinzen Asia (die Westküste Kleinasiens), Hispania (Spanien und Portugal) und Macedonia (Griechenland) hinzugefügt. Der mit all diesen Eroberungen einsetzende gewaltige Zustrom von Sklaven, aber auch von Geld und Gütern führte in Rom zu großen Veränderungen. Es wurde mehr und mehr in das investiert, was wir heute »städtische Infrastruktur« nennen würden. Investitionen, die nicht nur das Gesicht der Stadt veränderten, sondern auch für die nötige Beschäftigung sorgten. Zudem reichten die Erträge des Umlands schon lange nicht mehr aus, um die stark angewachsene Bevölkerung zu ernähren: Lebensmittel und Waren aller Art wurden in großem Umfang importiert. Und so genügte auch der alte Hafen an der Tiberfurt im zweiten Jahrhundert vor Christus den Bedürfnissen der Römer nicht mehr. Daher wurde ein Stück flussaufwärts ein neues Hafenareal angelegt: das Emporium.

Alle Güter, die im Seehafen von Ostia ankamen, fanden nun ihren Weg über den Tiber zum neuen Flusshafen und Lagerplatz südwestlich des Aventins. Dank der Forma Urbis Romae, eines marmornen Stadtplans aus der Zeit von Kaiser Septimius Severus (193–211), der nur noch in Fragmenten erhalten ist, wissen wir, dass dieses Gebiet um 200 n. Chr. vollständig mit sogenannten *horrea* bebaut war – Magazinen und Kornspeichern. Die schriftlichen Quellen berichten jedoch, dass an dieser Stelle schon im zweiten Jahrhundert vor Christus die ersten Lagerhäuser errichtet wurden. Genau wie andere infrastrukturelle Bauprojekte, beispielsweise Aquädukte oder Straßen, trugen die Horrea gewöhnlich den Namen des Beamten, der sie angeregt und die nötigen Mittel dafür zusammengetragen hatte. So können die Horrea Galbana, von denen heute noch Überreste zu sehen sind, Servius Sulpicius Galba zugeschrieben werden, der 108 v. Chr. das Amt des Konsuls bekleidete. 122 v. Chr. waren bereits die Horrea Sempronia erbaut worden, benannt nach dem historisch interessanteren – weil aufsehenerregenderen – Volkstribun Gaius Sempronius Gracchus.

Gaius' älterer Bruder, Tiberius Sempronius Gracchus, hatte sich, obwohl selbst zur Oberschicht gehörend, als Volkstribun für die land- und besitzlosen Römer eingesetzt. Sein Ausgangspunkt war jedoch nicht ethischer Natur, vielmehr wollte er in erster Linie dem Mangel an Rekruten für die Armee entgegenwirken: *Ager publicus* (»öffentlicher Boden«) sollte freigegeben und an Besitzlose verteilt werden, damit diese für den Dienst in den Legionen in Betracht kamen. Seine Pläne stießen bei vielen Senatoren, die den *ager publicus* häufig privat bewirtschafteten und

49

dieses Privileg in Gefahr sahen, auf Widerstand. Trotzdem ging Tiberius weiter – zu weit, wie sich herausstellen sollte. Er versuchte sein Gesetz über die Volksversammlung durchzubringen und wollte das ganze Vorhaben aus dem Erbe von König Attalos III. finanzieren (der letzte König von Pergamon hatte das Königreich an der Westküste Kleinasiens in seinem Testament den Römern hinterlassen, woraufhin es in die Provinz Asia umgewandelt worden war). Darüber hinaus stellte er sich nach Ablauf seiner Amtszeit als Volkstribun noch einmal zur Wahl – in den Augen der Senatoren ein klarer Versuch, nach der Alleinherrschaft zu greifen. Und Grund genug für sie, Tiberius Gracchus auf offener Straße zu töten. Übrigens erwies sich sein Agrargesetz als gar keine so unsinnige Lösung für das Rekrutierungsproblem: Letzten Endes wurde es doch noch eingeführt.

Aber der eigentliche Rebell war der jüngere der beiden Brüder, Gaius: Seine Vorstellungen zur Umverteilung von Staatsland und der Verbesserung der Situation der Besitzlosen waren noch viel radikaler. Er schaffte es, sich zweimal in das Amt des Volkstribunen wählen zu lassen, und brachte Gesetzesantrag um Gesetzesantrag durch die Volksversammlung – sehr zum Ärger der konservativen Senatoren, die nicht nur Gaius' politische Ideale fürchteten, sondern vor allem seinen persönlichen Ehrgeiz und seine wachsende Anhängerschaft als Bedrohung auffassten. Eines der berühmtesten Gesetze, das Gaius verabschieden ließ, betraf die sogenannten Getreidesubventionen. Dank staatlicher Zuschüsse wurde der Getreidepreis künstlich stabil und niedrig gehalten, zumindest für römische Bürger. Gut zehn Jahre nach seinem Bruder wurde auch Gaius durch nervöse Senatoren ermordet. Sein Getreidegesetz jedoch blieb ein langfristiger Erfolg.

Nach der Einführung des Getreidesubventionsgesetzes erteilte Gaius Gracchus den Auftrag zum Bau »seiner« Horrea Sempronia im neuen Emporium-Hafen von Rom. Römische Bürger erhielten nun eine monatliche Zuteilung, weshalb in den Provinzen Getreide im Überfluss produziert werden musste. Anschließend wurde es nach Rom verschifft und vor Ort in Speichern gelagert, wo es dann zu einem festen Preis verkauft werden konnte. Es sollte noch ungefähr anderthalb Jahrhunderte dauern, bis die monatlichen Getreiderationen kostenlos an die römischen Bürger verteilt wurden – die erste Hälfte des berühmten römischen Schmierstoffs »Brot und Spiele«.

Von Gracchus' Kornspeicher ist heute nichts mehr aufzufinden. Die wenigen greifbaren Erinnerungen an das Emporium bestehen aus kaum sichtbaren Stufen und gepflasterten schrägen Ebenen, die einst ins Wasser hineinliefen, um das Laden und Löschen der Waren zu erleichtern. Selbst von der Porticus Aemilia, der unmittelbar am Wasser gelegenen Halle, deren gewaltiges Dach von fast dreihundert Pfeilern getragen wurde, ist kaum noch etwas zu sehen. Es ist vielmehr die Via di Monte Testaccio, die denselben Namen trägt wie das gesamte Viertel, die uns in die Zeit mit zurücknimmt, als am Fuß des Aventins Getreide, Öl, Marmor und andere Importgüter von den Booten gelöscht wurden.

In einem Halbkreis windet sich die Straße um den Monte Testaccio. Auf dem Weg dorthin kommen wir, ungefähr an der Stelle, wo einst die Getreideschiffe der Römer gelegen haben müssen, am ehemaligen Schlachthaus (dem *mattatoio*) vorbei, wo die Arbeiter des volkstümlichen Viertels ab 1890 um ihre eigene Ration bettelten. Als Ergänzung zu ihrem sauer verdienten Lohn durften sie die Innereien der geschlachteten Tiere mit nach Hause nehmen. Diese Sitte legte den Grundstein für das, was heute als die typisch römische Küche gilt: Zu Klassikern gewordene Gerichte wie *rigatoni alla pajata* (Pasta mit den Innereien von Kalb und Lamm) und *coda alla vaccinara* (geschmorter Ochsenschwanz) stammen aus Testaccio. Schräg gegenüber dem Schlachthaus steht der Mercato di Testaccio, sichtbares Zeichen für das in letzter Zeit aufpolierte Image des alten Arbeiterviertels, das auch das »neue Trastevere« genannt wird. Die Markthalle wurde auf den Überresten der römischen Lagerhäuser erbaut, und ein Teil davon ist in ihrer Mitte auch heute noch zu sehen.

An der Ecke Via Galvani und Via Nicola Zabaglia halten wir kurz inne. Obwohl wir schon ein Weilchen an dem künstlich aufgeschütteten Hügel entlanglaufen, wird erst hier deutlich, dass es sich tatsächlich um den Monte Testaccio handelt: den »Scherbenberg«. Mit einem Kilometer Umfang und einer Höhe von gut fünfzig Metern besteht er ausschließlich aus Tonscherben. Sein heutiger Name ist abgeleitet von dem lateinischen Wort *testa*, »Scherbe«. Dabei handelt es sich vor allem um die Scherben von Amphoren und *dolia*, großen Tongefäßen, in denen beachtliche Mengen Getreide, Wein, Öl und anderer Waren aus Ostia über den Tiber nach Rom gelangten. Aus allen eroberten Gebieten wurden sie in diesen Gefäßen nach Rom verschifft und, einmal an Land, in die Horrea gebracht. Da bereits verwendete Amphoren laut Gesetz zerschlagen werden mussten, um der Fäulnis vorzubeugen, warfen die Hafenarbeiter die Gefäße auf einen großen Haufen mitten zwischen den Lagerhäusern. Im Grunde ist der Monte Testaccio also nichts anderes als eine riesige römische Müllhalde.

Der Scherbenberg wird schon sehr lange von Archäologen erforscht. Auf zahlreichen Gefäßscherben, meist Stücken vom Henkel oder dem Hals, fanden sie Inschriften, die sorgfältig katalogisiert wurden. All diese Scherben stammen mehr oder weniger aus der Zeit zwischen 150 und 250 n. Chr., aber auch schon vor dieser Zeit wurde Abfall im Hafengebiet abgeladen. Die meisten Archäologen gehen davon aus, dass der Scherbenberg schon im zweiten Jahrhundert so hoch war wie heute. Die in den Berg hineingegrabenen Katakomben, in denen sich vor allem Restaurants und Diskotheken befinden, stammen jedoch aus modernen Zeiten. Ein merkwürdiges Gefühl: Wer sich bei Flavio al Velavevodetto an den Tisch setzt, sieht die Scherben in den Wänden. Sie sind eine unmittelbare Erinnerung an die sich radikal verändernde Welt der alten Römer, die nicht länger in einer Stadt lebten, sondern in einer Metropole. Die sich nicht mehr von ihrem eigenen Land ernährten, sondern zur Deckung ihres täglichen Bedarfs vollständig auf Importgüter angewiesen waren. Rom hatte noch nicht das Aussehen einer Weltstadt, war aber faktisch bereits zum politischen, wirtschaftlichen und gesellschaftlichen Zentrum von etwas herangewachsen, was immer mehr einem Weltreich zu ähneln begann.

VIII. PIAZZA DI PORTA MAGGIORE

DAS GRAB DES RÖMISCHEN BÄCKERS

VOM SCHERBENBERG AUS etwas mehr als vier Kilometer Luftlinie in nordöstlicher Richtung – was auf heutigen Straßen zu Fuß in einer knappen Stunde zu bewältigen ist –, und schon stand man in der Antike wieder außerhalb der Stadtmauern. Heutzutage führt einen der Weg dorthin an den Caracalla-Thermen vorbei, den Ruinen eines eindrucksvollen monumentalen Badehauses, am überwältigenden Kolosseum oder an der gewaltigen Basilika San Giovanni in Laterano. Doch zur Zeit der römischen Republik stand noch keines dieser Bauwerke. Erst im Laufe des ersten Jahrhunderts vor Christus wandelte Rom sein Äußeres, sodass das Erscheinungsbild der Stadt nach und nach mehr dem politischen und ökonomischen Rang entsprach, den sie mittlerweile auf der Weltbühne erlangt hatte – allerdings vollzog sich diese Verwandlung ganz allmählich, und eine Monumentalisierung im großen Stil sollte erst ab dem Moment möglich werden, als der persönliche Ehrgeiz erfolgreicher Politiker und Feldherren immer weitere Höhen erklomm.

Eine Welt jedoch, in der man schon seit Jahrhunderten gewohnt war, Status, Macht und Prestige in Stein auszudrücken, war die der Toten. In Rom durften Verstorbene nicht innerhalb der Stadtmauern beigesetzt werden – das Stadtgebiet galt als heiliger Boden, der nicht durch die Toten verunreinigt werden durfte. Gleichzeitig dienten Grabmonumente denjenigen, die es sich leisten konnten, vor allem der Repräsentation – was sind das Leben und die Erfolge eines Menschen schon wert, wenn niemand da ist, um sich ihrer zu erinnern und sie zu bewundern? Es erscheint daher logisch, dass die reicheren römischen Gräber sich unmittelbar außerhalb der Stadtmauer ballten, zu beiden Seiten der Straßen, die in die Stadt hinein- beziehungsweise aus ihr herausführten. Dort konnten sie im vielbesuchten Rom Tag für Tag auf einen ansehnlichen Strom von Passanten rechnen – ob nun zu Fuß, zu Pferde oder auf einem Wagen. Man kann es mit den großen Reklametafeln vergleichen, die auch heute noch oft an Stellen aufgehängt werden, an denen tagtäglich der Verkehr vorbeifließt.

An solch einem Ort unmittelbar vor der alten Stadtmauer befindet man sich nach dem Spaziergang, mit dem wir dieses Kapitel begonnen haben. Mittlerweile heißt er Piazza di Porta Maggiore, nach dem großen Stadttor, das auch heute noch dort steht, und er ist immer noch eine ebenso belebte Kreuzung wie im alten Rom. Damals trafen an dieser Stelle nicht nur fast alle Aquädukte der Stadt aufeinander, hier kreuzten sich auch die Via Labicana und die Via Praenestina. Die Überreste dieser beiden antiken Straßen sind, genau wie ihr Verlauf, vom Tor aus noch gut zu erkennen. Die Porta Maggiore selbst, in römischen Zeiten Porta Praenestina oder Porta Labicana genannt, wurde 272 n. Chr. in die neue Aurelianische Stadtmauer integriert. Das war nicht ungewöhnlich, entlang der Stadtgrenzen lagen viele Gebäude und Grabmäler, die in der Zwischenzeit ihre Bedeutung verloren hatten, sodass man sie als bequeme Möglichkeit betrachtete, Zeit, Geld und Baumaterial zu sparen. Statt sie abzureißen, wurden solche älteren Bauten, wenn sie exakt in den Verlauf der Mauer passten, einfach in den Verteidigungswall einbezogen.

Das im Auftrag von Kaiser Claudius errichtete Tor ist jedoch nicht das älteste Bauwerk an dieser Stelle. Genau zwischen der alten Via Labicana und der Via Praenestina steht ein auffälliges, an einer Seite schwer beschädigtes Monument, das etwa achtzig Jahre früher erbaut wurde. Selbst den des Lesens unkundigen römischen Passanten (man schätzt den Anteil der Analphabeten auf etwa fünfundachtzig bis neunzig Prozent der Bevölkerung) war wahrscheinlich recht schnell klar, worauf sie hier blickten: das Grab eines Bäckers, der zu Lebzeiten mit seinem Unternehmen ein kleines Vermögen verdient hatte. Wer dazu noch lesen konnte, erfuhr dank der Inschrift auch gleich den Namen des Verstorbenen: Marcus Vergilius Eurysaces. Ein römischer Bäcker mit einer Botschaft.

Woran aber erkannten die Römer, dass hier ein Bäcker lag? Das Grabmal konnte (und kann auch heute noch) wie eine Art steinerner Comic gelesen werden. So erkennt man oben auf dem Fries verschiedene Reliefs, die Szenen aus der alltäglichen Arbeit in einer Bäckerei zeigen (Getreide mahlen, Teig kneten, Brot in den Ofen schieben). Die Tätigkeiten werden durch Arbeiter ausgeführt (wahrscheinlich Sklaven), die unverkennbar anders gekleidet sind als die Toga tragenden Figuren, die bei den wichtigeren Aufgaben – dem Wiegen und dem Verkauf – das Geschehen beaufsichtigen. Die

Friese waren ursprünglich bunt bemalt, wovon noch einige rote und gelbe Farbreste zeugen. Die abstrakteren, beinahe faschistisch anmutenden Verzierungen in Gestalt runder Löcher und runder Säulen oder Röhren auf dem Rest des Grabmals wurden (mit viel gutem Willen) als symbolische Hinweise auf mechanische Knetmaschinen interpretiert.

Marcus Vergilius Eurysaces lebte um die Mitte des ersten Jahrhunderts vor Christus. Sein Beiname, Eurysaces, klingt eher griechisch als römisch, und an keiner Stelle wird erwähnt, wessen Sohn der Bestattete ist, während römische Bürger den Namen ihres Vaters im Allgemeinen durchaus der Inschrift hinzufügten (versehen mit einem »F« für *filius*, »Sohn von«, wie auf dem Pantheon). Daher vermuten die meisten Historiker, dass Eurysaces ein Freigelassener war – ein Römer mit Bürgerrechten also, der einen dreiteiligen Namen führte und es geschafft hatte, zu Wohlstand zu gelangen, aber nichtsdestoweniger ein ehemaliger Sklave. Ganz sicher ist das jedoch nicht: Freigelassene verdeutlichten ihre soziale Stellung in Inschriften häufig durch ein »LIB« oder auch nur ein »L«, das sie ihrem Namen hinzufügten: *libertinus*, »Freigelassener«.

Ob nun Freigelassener oder »gewöhnlicher« Bürger aus der Mittelschicht, Eurysaces war ein reicher und stolzer Mann. Der Text, den man in einem horizontalen Streifen auf halber Höhe seines Grabmals lesen kann, lautet:

EST HOC MONIMENTUM MARCEI VERGILEI
EURYSACIS PISTORIS, REDEMPTORIS, APPARET

Was übersetzt Folgendes bedeuten kann: »Dies ist das Grab von Marcus Vergilius Eurysaces, Bäcker, Unternehmer, er diente [...]«. Über die genaue Bedeutung des letzten Wortes, *apparet*, sind sich die Forscher uneins. Der Satz scheint plötzlich abzubrechen, was die Interpretation noch schwieriger macht. Eine andere schöne Theorie besagt, dass es sich um einen Scherz von Eurysaces handelt: *apparet* soll hier so viel bedeuten wie: »das ist deutlich« (was man auch als »kapiert?« interpretieren könnte). Dank der zahllosen Verweise auf sein Handwerk dürfte es tatsächlich für jeden ziemlich offensichtlich gewesen sein, dass hier ein Bäcker seine ewige Ruhe genoss. Es ist aber auch durchaus denkbar, dass beide Deutungen zutreffen und Eurysaces absichtlich ein ironisches Wortspiel mit doppelter Botschaft in seine Grabinschrift aufnahm.

Von den Getreideladungen, die im Emporium-Hafen aus der ganzen Welt in Rom eintrafen, bis hin zu den detaillierten Abbildungen des Mahlens, Brotbackens, Wiegens und Verkaufens: Es ist kaum zu glauben, wie nah man abseits der ausgetretenen Touristenpfade dem Rom aus der Zeit der Republik kommen kann. Eurysaces Grab wurde 1838 durch Zufall entdeckt, als Papst Gregor XVI. einen Turm abreißen ließ, um das von Kaiser Claudius erbaute Tor von späteren Hinzufügungen zu »befreien«. Es stellte sich heraus, dass in diesem Turm das Grabmal des Eurysaces verborgen war – und obwohl es nicht verwunderlich gewesen wäre, wenn der Papst die Anweisung erteilt hätte, es abzureißen, beschloss er, das Grabmal im Schatten der Porta Maggiore unangetastet zu lassen. Die östliche Seite war zwar durch die Eingliederung des Monuments in den Turm völlig zerstört worden, aber an den drei übrigen Seiten war es noch in recht gutem Zustand. Der Papst und das Schicksal sorgten – glücklicherweise – dafür, dass Eurysaces bleiben durfte.

Bei den Grabungen kamen zahlreiche weitere Funde ans Licht, die darauf schließen ließen, dass entlang der beiden römischen Straßen einst noch sehr viel mehr Gräber lagen. Unter all den Trümmern, die aus der Erde geholt wurden, entdeckte man auch das Grabmal von Eurysaces' Frau. Jedenfalls wollen das sogar die sonst so zurückhaltenden Forscher gerne glauben. In der Nähe von Eurysaces' letzter Ruhestätte fand man damals ein Stück Marmor (welches sich inzwischen im Museo Nazionale Romano befindet) mit der Inschrift:

FUIT ATISTIA UXOR MIHEI / FEMINA
OPITUMA VEIXSIT / QUOIUS CORPORIS
RELIQUIAE / QUOD SUPERANT SUNT IN /
HOC PANARIO

Die Übersetzung dieser Zeilen lautet: »Atistia war meine Gemahlin / im Leben die beste Frau / deren sterbliche Überreste / in diesem Brotkorb liegen.« Darüber hinaus wurden auch zwei marmorne Reliefskulpturen geborgen, die ein Ehepaar in typisch römischer Kleidung darstellten. Ein Paar, das zweifellos in römischer Zeit ein Grabmal geschmückt hatte. Ob es sich dabei um Eurysaces und Atistia handelt, lässt sich heute nicht mehr klären – ganz zu schweigen davon, ob Atistia tatsächlich Eurysaces' Frau war –, aber es macht aus all diesen Bruchstücken doch eine schöne, runde Geschichte. Vielleicht zu schön, um wahr zu sein.

IX. PIAZZA DEL TEATRO DI POMPEO

EIN ANGEMESSENES THEATER FÜR DIE HAUPTSTADT

IM HERZEN DER Stadt, zwischen Campo de' Fiori und
Largo di Torre Argentina, liegt ein kleiner, versteckter Platz,
der uns in das Rom der späten Republik (erstes Jahrhundert
vor Christus) zurückführt – eine Zeit der Krisen und Bürgerkriege. Bevor wir uns zur Piazza del Teatro di Pompeo bege-
ben, die nach einem Theater aus dem Jahr 55 v. Chr. benannt
ist, machen wir einen Spaziergang durch die Via dei Giubbonari und die Via del Biscione. Auf den ersten Blick ist es
kaum zu erkennen, aber der Bogen, den wir dabei laufen,
entspricht mehr oder weniger der halbkreisförmigen Mauer
des Theaters des Pompeius, nach dem der seltsam geformte
kleine Platz gleich hinter der Via del Biscione benannt ist.
Der heutige Straßenverlauf verrät die ursprüngliche Lage des
ersten steinernen Theaters, das je in Rom erbaut wurde –
und dessen Überreste noch immer in den unterirdischen
Geschossen der neueren Gebäude in diesem dicht besiedel-
ten Viertel verborgen liegen. So kann man in einigen Kellern
an der Via di Grotta Pinta noch einen Teil der ursprünglichen Mauern und Gewölbe sehen.

Trotz der bedeutenden Rolle, die Rom nach all seinen

Eroberungen auf der politischen Bühne übernommen hatte, blieb die Stadt selbst bis etwa 200 v. Chr. im Grunde doch ziemlich schmucklos und unscheinbar. Im Vergleich mit den großen griechischen und kleinasiatischen Städten war Rom in keinster Weise eine monumentale Hauptstadt: Noch in der ersten Hälfte des ersten Jahrhunderts vor Christus waren weit und breit kein steinernes Amphitheater, Theater oder Badehaus zu sehen. Theaterstücke und Gladiatorenspiele wurden zwar aufgeführt, allerdings nur vor provisorischen Tribünen, hölzernen Gerüsten, die jederzeit wieder abgebrochen werden konnten. Wie ist es möglich, dass eine so große, reiche und angesehene Stadt, die Hauptstadt eines Imperiums, das seinesgleichen suchte, immer noch eine derart unorganisierte, chaotische Infrastruktur aufwies? Weiter südlich, in Pompeji, verfolgte die Bevölkerung schon seit 80 v. Chr. die Gladiatorenspiele in einem steinernen Amphitheater; Wissen und Können waren also zweifelsfrei vorhanden, allein es fehlte der Wille.

Es waren vor allem die Senatoren, die als rechtschaffene Konservative bewusst sämtliche Pläne für derartige Innovationen hintertrieben. In der republikanischen Welt, in der die Macht für viele erreichbar war, aber stets geteilt und nach einem Jahr wieder niedergelegt werden musste, wurde zwar einerseits eine Alleinherrschaft unmöglich gemacht, gleichzeitig beförderte dies jedoch fieberhaftes Konkurrenzdenken und Prestigedrang. Jeder Amtsträger, jeder Feldherr wusste: Alle errungenen Erfolge können während einer späteren Amtszeit, durch einen späteren Heerführer leicht wieder zunichtegemacht werden. Daher wollten sie eine bleibende Erinnerung an das Erreichte schaffen, indem sie Bauwerke finanzierten und Triumphdenkmäler errichteten – die wohlgemerkt den Namen ihrer Familie tragen sollten. Und genau deshalb stand der Senat solch öffentlichen Bauvorhaben monumentalen Ausmaßes eher skeptisch gegenüber. Ein Triumphbogen oder eine Siegessäule waren akzeptierte Formen der Selbstverherrlichung, aber große öffentliche Bauten wie ein Theater oder Thermen, im Namen eines einzelnen Mannes für das römische Volk erbaut – da wurden die Senatoren nervös. Und ihre Skepsis scheint angesichts der gesellschaftlichen und politischen Entwicklungen im Rom des ersten Jahrhunderts vor Christus durchaus berechtigt gewesen zu sein.

Die kurze Phase zwischen 135 und 121 v. Chr., in der die Brüder Gracchus von sich reden machten, hatte Historikern zufolge großen Einfluss auf die weiteren Entwicklungen: Gewalt wurde zunehmend zu einem gebräuchlichen politischen Mittel, vor allem aber nahm die Spaltung der herrschenden Elite zu. Ein aufschlussreiches Symptom dafür ist die 129 v. Chr. erfolgte offizielle Trennung des Senatorenstands von dem der Ritter, der *equites*. Aber auch innerhalb des Senats gingen die Ansichten auseinander: Es gab dort noch immer zahlreiche Konservative, inzwischen *optimates* (»die besten Männer«) genannt, aber auch stets mehr reformorientierte Politiker, die sich selbst *populares* nannten (abgeleitet von *populus*, »Volk«) und ihre Politik nach dem Vorbild der Gracchen vor allem mithilfe der Volksversammlung betrieben. Die Meinungsverschiedenheiten zwischen den *optimates* und den *populares* sowie die Tatsache, dass Letztere langsam, aber sicher die Oberhand zu gewinnen begannen, sollten den Lauf der römischen Geschichte endgültig verändern.

Erst in diesem neuen gesellschaftlichen Kontext konnte ein Mann wie Gaius Marius (157–86 v. Chr.), ein fähiger Heerführer, der die römische Armee reformierte, so in Erscheinung treten, wie er es tat. Er stammte nicht aus altem Adel, sondern war ein *homo novus*, ein »neuer Mann« (neureich würden wir heute vielleicht sagen) aus dem Ritterstand. Obwohl er sich nicht auf ein eindrucksvolles, jahrhundertealtes Geschlecht berufen konnte, schaffte er es, siebenmal zum Konsul gewählt zu werden. Er sorgte dafür, dass die römischen Soldaten künftig eine Standardausrüstung erhielten, vereinheitlichte die Größe der Legionen (sechstausend Mann, aufgeteilt in zehn Kohorten) und ließ Besitzlose, die er auf Staatskosten ausrüsten ließ, zur Armee zu. Faktisch schuf Marius hiermit die erste echte Berufsarmee der römischen Geschichte.

Die steigenden Staatskosten, der Konsumhunger der Mittelklasse und der Prestigedrang der Elite: All diese Entwicklungen trugen dazu bei, den Imperialismus Roms immer weiter zu befördern. Neue Territorien zu erobern, war der einzig bekannte Weg zu neuen Staatseinnahmen, neuen Handelsmöglichkeiten und neuer Ehre. Dank Marius stieg die Zahl der Rekruten, doch Historikern zufolge kam es dadurch zu Spannungen in den Reihen der römischen Führungsriege. Denn nach einer festgelegten Dienstzeit nahmen viele der neuen Soldaten ihren Abschied, ohne anschließend auf eigenen Besitz zurückgreifen zu können. Veteranen erhielten zwar oft hohe Belohnungen in Form von Geld und Gegenständen, aber was ein Soldat nach einer erfolgreichen Laufbahn vor allem wollte, war ein Stück Land, um darauf zu leben. Schon bald entstand die Idee, Veteranenkolonien zu gründen, aber auch diese stieß unweigerlich auf erbitterten Widerstand im Senat. Genau wie zu Zeiten der Gebrüder Gracchus schreckten die Senatoren vor der Umverteilung von Land zurück, erst recht, wenn es um ehemalige Soldaten ging. Ihre Angst war nicht unbegründet, denn was konnte nicht alles passieren, wenn sich eine Legion in einer gemeinsamen Kolonie vereinte und sich geballt hinter ihren Anführer stellte?

Die Albträume der Senatoren wurden Wirklichkeit, als nach dem sogenannten Bundesgenossenkrieg (91–88 v. Chr.), in dem italische Stämme rebelliert und die Provinzeliten sich eine angesehenere Stellung erkämpft hatten, auch der erste römische Bürgerkrieg ausbrach: Marius war in Konflikt mit einem anderen erfolgreichen Heerführer, Lucius Cornelius Sulla, geraten. Beide Feldherren strebten im Krieg gegen Mithridates von Pontos (am Schwarzen Meer) den Oberbefehl an. Sulla nahm das Heft in die Hand und marschierte mit seinen Soldaten nach Rom, wo er die Stadt einnahm – eine größere, ruchlosere Schandtat war kaum vorstellbar. Anschließend zog er mit seinen Männern gen Osten, wo er den Krieg gegen Mithridates gewann. Marius starb noch vor Sullas Rückkehr. Seine Anhänger bekämpften Sullas Gefolgsleute zwar weiterhin, mussten sich jedoch letztlich geschlagen geben. Sulla wütete in Rom, wie man es nie zuvor erlebt hatte: Dutzende Senatoren und Hunderte Ritter, die nicht auf seiner Seite gewesen waren, kamen auf die gefürchteten Proskriptionslisten, was einem öffentlichen Todesurteil gleichkam. Durch neue Gesetze und Reformen versuchte Sulla seine Position zu sichern. Doch es gelang ihm nicht, eine dauerhafte neue Ordnung zu begründen: Nach seinem

Tod im Jahr 78 v. Chr. erreichten die inneren und äußeren Probleme im Römischen Reich nie gekannte Ausmaße.

Das Machtvakuum und das politische Chaos, die Sulla zurückließ, schufen einen Raum, in dem neue ehrgeizige Männer sich einen Namen machen und versuchen konnten, im Römischen Reich wieder geordnete Zustände herzustellen. Vor allem drei Männern sollten von sich reden machen: der steinreiche Marcus Licinius Crassus, der fähige Gnaeus Pompeius und ein gewisser *popularis* namens Gaius Julius Caesar. Zunächst war es vor allem Pompeius, der bekannt wurde, indem er in aufrührerischen Provinzen wie Sizilien, Nordafrika und Spanien für Ruhe sorgte. Jahrelange militärische Erfolge in den äußersten Winkeln des Römischen Reichs machten ihn zum Star in Rom und bescherten ihm eine solide Anhängerschaft aus treuen Legionären. Nun jedoch drohte sein aufgehender Stern mit dem eines anderen erfolgreichen Heerführers zusammenzuprallen, der für seine Eroberungen, aber auch für seine Großzügigkeit vom »einfachen« Volk geliebt wurde: Caesar. Der Senat ergriff weniger offensichtlich Partei als im Streit zwischen Marius und Sulla – die Schreckensherrschaft und die Proskriptionen hatten sich tief ins kollektive Gedächtnis eingegraben – und beschloss, sich vor allem darauf zu konzentrieren, die Pläne aller drei machthungrigen Männer – Crassus, Pompeius und Caesar – gleichermaßen zu durchkreuzen und ihren Ehrgeiz zu zügeln. Die drei reagierten darauf mit einem cleveren Schachzug: Sie bündelten ihre Kräfte und schlossen sich zu einem Dreigespann (Triumvirat) zusammen.

Während Caesar in Gallien Feldzüge unternahm und Crassus in den Osten geschickt wurde, wo er gegen die

Parther kämpfte, blieb Pompeius in Rom, um dort die Ordnung wiederherzustellen. Die Tatsache, dass 55 v. Chr. der letzte Stein des nach ihm benannten Theaters gesetzt werden konnte, war keine Selbstverständlichkeit – der Senat berief sich wiederholt auf alte Gesetze, um den Bau zu verhindern. Pompeius ließ sich durch den Widerstand der störrischen Senatoren jedoch nicht aufhalten, und der Überlieferung zufolge gelang es ihm, sie hinters Licht führen, indem er auf dem, was sich später als die Tribünen seines Theaters erweisen sollte, mit dem Bau eines Tempels der Venus Victrix begann, der Göttin, die ihn zum Sieg geführt hatte. Den murrenden Senatoren redete er ein, er wolle bloß einen Tempel für die Göttin errichten. Die Tribünen verkaufte er ihnen als Stufen, die zum Tempel hinaufführten. Der Tempel der Venus Victrix wurde auch tatsächlich gebaut, aber als integraler Bestandteil von Roms erstem steinernen Theaterkomplex. Pompeius errichtete sein Theater auf dem Campus Martius (dem Marsfeld), zu jener Zeit noch eine mehr oder minder freie Fläche nördlich des damaligen Zentrums. Der Anblick des gewaltigen, reich verzierten Theaters vor dem Hintergrund dieses noch kaum bebauten Areals muss einen überwältigenden Eindruck gemacht haben.

Das Theater des Pompeius – dessen genaue Lage und Aussehen im Wesentlichen dank eines erhaltenen Fragments der Forma Urbis Romae bekannt sind – war ein riesiger Komplex, der nach Angaben von Plinius dem Älteren 40 000 Zuschauer fasste, heutige Autoren gehen jedoch eher von 17 500 Plätzen aus. Es bestand aus der *cavea*, einer halbkreisförmig ansteigenden Zuschauertribüne, deren Form von den griechischen Theatern übernommen wurde und deren

Verlauf man heute noch in der Via dei Giubbonari und der Via del Biscione erkennen kann, einer Bühne (*scaena*) an der geraden Seite des Halbrunds und einem weitläufigen rechteckigen Bereich hinter der Bühnenwand, in dem sich überdachte Säulengänge und grüne Bäume abwechselten. Der »Heilige Wald«, wie diese grüne Oase hieß, muss ein schöner Ort gewesen sein, um dort bei Regen oder grellem Sonnenschein Zuflucht zu suchen, auch wenn lästerhafte Klatschmäuler behaupteten, es sei vor allem ein geheimer Treffpunkt für Liebespaare und Prostituierte.

Leider ist vom gesamten Komplex des Pompeius-Theaters bis auf den Namen des Platzes auf dem Straßenschild so gut wie nichts mehr zu sehen. Ein kleiner Teil des östlichen Säulengangs wurde am Largo di Torre Argentina ausgegraben, wo sich der Eingang befunden haben muss und wo auch die sogenannte Curia Pompeii lag, ein Versammlungsraum, in dem unter anderem der Senat gelegentlich zusammentrat. So auch am 15. März des Jahres 44 v. Chr. Der unvermeidliche Bürgerkrieg zwischen Pompeius und Caesar – Crassus war im Kampf gegen die Parther gefallen – lag zu diesem Zeitpunkt schon in der Vergangenheit: Pompeius Magnus, wie er inzwischen genannt wurde, hatte an ägyptischen Gestaden den Tod gefunden. Und so war es Julius Caesar, der letzte Überlebende des Dreigespanns, der in der provisorischen Unterkunft des Senats beim Eingang des Pompeius-Theaters an den Iden des März seinem gewaltsamen Ende entgegenging.

Auf einem Stadtplan von Rom aus dem Jahr 1748 sieht man übrigens, dass der kleine Platz, der heute Piazza del Teatro di Pompeo heißt, früher einen ganz anderen Namen trug:

Piazza Pollarola (von *pollame*, was auf Italienisch »Geflügel« bedeutet). An dieser Stelle wurde lange Zeit ein spezieller Geflügelmarkt abgehalten, und bis zum fünfzehnten Jahrhundert wusste kaum jemand, was unter dem Boden des Marktes verborgen lag. Am Haus Nummer 43 lesen wir die Inschrift CECHOLUS DE PICHIS. Ceccolo Pichi wurde durch den Markthandel so reich, dass er es sich 1460 leisten konnte, an diesem Platz einen prächtigen Palazzo erbauen zu lassen. Es bleibt jedoch eine eher bescheidene Form steinerner Selbstdarstellung, verglichen mit den römischen Überresten, auf denen das Haus im fünfzehnten Jahrhundert errichtet wurde.

X. PIAZZA DELLA SUBURRA

DAS RÖMISCHE ROTLICHTVIERTEL

WÄHREND MAN ZWISCHEN den eindrucksvollen römischen Ruinen umherstreift, könnte man sich fragen, was eigentlich von den »normalen« Bewohnern der Stadt erhalten geblieben ist. In einer Welt, die zu fast neunzig Prozent aus Analphabeten bestand, ist die schriftlich festgehaltene Geschichte – jene Quellen, mit denen moderne Historiker arbeiten – per Definition die Geschichte der *happy few* und bildet nur die Spitze des Eisbergs ab. Den steinernen Überresten dieser Spitze begegnet man auf Schritt und Tritt, aber findet man in Rom auch noch irgendwo Spuren des Eisbergs selbst? Die Wohnhäuser, die etwa unter dem Palazzo Valentini entdeckt wurden, gehörten zweifellos reicheren, wenn nicht gar den reichsten Bürgern. Es sind *atrium*-Häuser, wie wir sie auch aus Pompeji oder Ostia kennen. Aber neben den luxuriösen Behausungen der Oberschicht wurden, in Ostia beispielsweise, auch große »Mietskasernen« gefunden, in denen die Ärmeren wohnten und wo das Leben alles andere als angenehm war: Es hagelte Beschwerden über Geruchs- und Lärmbelästigung, und immer wieder kam es zu Streitigkeiten unter den Nachbarn.

Standen auch in Rom solche Wohnblocks, und wenn ja, wo sind sie geblieben? »Laut, nass und schmutzig«, sei es, so schrieb der Dichter Martial in der zweiten Hälfte des ersten Jahrhunderts nach Christus, zumindest in der Subura, einem Wohnviertel im antiken Rom, dessen Name von *sub urbe* abgeleitet war, was wörtlich »unterhalb der Stadt« bedeutete. Sueton (ca. 70–135 n. Chr.) berichtet, dass Julius Caesar anfangs, lange bevor er zu einem gefeierten Feldherren wurde, »in einem schlichten Haus« in der Subura gewohnt habe – wenn auch zweifellos im besseren Teil des Viertels. Erst nach seiner Ernennung zum *pontifex maximus* zog er in seine Dienstwohnung an der Via Sacra um. Ein gutes Jahrhundert später bezog auch Lucius Arruntius Stella, der im Jahr 101 Konsul werden sollte, Martial zufolge ein Haus in der Subura. Beide Herren werden gewiss nicht in einer Mietskaserne gewohnt haben.

Das Subura-Viertel erstreckte sich ungefähr vom heutigen Monti-Viertel bis zum Esquilin und war durch das Argiletum, eine wichtige und viel genutzte Straße, mit dem Forum Romanum verbunden. Eine später gefundene Inschrift (SEBURA MAIORE AD NINFAS) legt nahe, dass das Viertel irgendwann zweigeteilt wurde. Subura Maior wurde zum berüchtigten lärmigen Teil des Viertels, der näher beim Forum Romanum lag. Hier ballten sich Mietwohnungen und Geschäfte. Subura Minor hingegen lag etwas höher, war weniger dicht bevölkert und somit erheblich weniger gefährlich: Die Gebäude waren stattlicher und die Luft gesünder. Straßennamen wie Vicus Patricius und Vicus Cyspius verraten uns, dass die Häuser dort von Senatoren und anderen hochrangigen Familien bewohnt wurden. Der Konsul, der

Martial zufolge in diesem Teil Roms ein Haus kaufte, tat dies unzweifelhaft in Subura Minor.

Mehrstöckige Gebäude müssen in Subura Maior die Regel gewesen sein. Die im Allgemeinen bettelarmen Einwohner Roms lebten in *insulae* (»Inseln«), einer späteren Bezeichnung für die Wohnblocks, die wir auch aus Ostia kennen. Die relativ kleinen, muffigen Räume in einem solchen Hochhaus, das bis zu fünf Stockwerke umfassen konnte, wurden als Wohnungen vermietet. Die besten Wohnungen lagen oben; dort hatte man das meiste Licht und litt am wenigsten unter Straßenlärm und Gestank. Andererseits war es da oben nicht gerade sicher: Baumängel und Holzbauweise führten regelmäßig zu Einstürzen und Bränden. Viel mehr als ein Schlafplatz war so eine kleine Wohnung nicht: essen, trinken, seine Notdurft verrichten, all das tat man häufig außer Haus, in einem *thermopolium* (der antiken Variante eines Schnellimbisses), an Brunnen und in öffentlichen Toiletten. Genau wie die Atriumhäuser waren auch die Wohnblocks nach innen hin ausgerichtet, in der Mitte lag der Hof. Im Erdgeschoss eines Mietshauses wurde nicht gewohnt, hier befanden sich die Auslagen der *tabernae*, kleiner Läden, die ihre Waren oder Dienstleistungen direkt an der Straße feilboten.

Doch in der Subura wurde nicht nur mit Lebensmitteln, Delikatessen und allen Arten von Waren gehandelt. Martial verrät uns, dass die Gegend auch ein bekannter Straßenstrich war, gewissermaßen das Rotlichtviertel des alten Roms. Durch die Subura zu schlendern, muss in der Antike ein lebendiges, aber schmutziges, stinkendes und nicht ungefährliches Erlebnis gewesen sein. Es sind vor allem die

Worte Martials, die dem marmornen Straßenschild PIAZZA DELLA SUBURRA auf einem ansonsten unbedeutenden, menschenleeren kleinen Platz im Monti-Viertel ein wenig Leben einhauchen.

An der Ecke des Gebäudes beim Zugang zur U-Bahn-Station Cavour hängt gleich neben dem Straßenschild der Piazza della Suburra auch eine Inschrift. Der Text gehört zu einer Gedenktafel, die an etwas erinnert, was sich, genau wie die Mietskasernen, nicht mehr an diesem Ort befindet: die Kirche San Salvatore alle Tre Immagini. Zur Zeit von Papst Alexander VI. (1492–1503), dem berüchtigten Rodrigo Borgia, wurde die Kirche offenbar auf Kosten eines gewissen Stefano Coppo restauriert, der bei dieser Gelegenheit folgende Inschrift anbringen ließ:

ALEXANDRO VI PONT MAX
SUBURA
AEDICULAM SALVATORIS TRIUM
IMAGINUM SUBURANI AMBITUS REG
MONTENSIUM NEMEMORIA INTERIRET
STEPHANUS COPPUS GEMINIANENSIS
S IMPEN IN CULCTIOREM FORM
REDEGIT AEDITUOQ ANNUOS SUMPTUS
PERPETUO CONSECRAVIT

Frei übersetzt steht im unteren Teil: »Stefano Coppo aus San Giminiano ließ auf eigene Kosten das Gebäude von Salvatore alle Tre Immagini bei der Subura im Viertel Monti verschönern, damit die Erinnerung nicht verloren gehe, und er segnete die Kirche für alle Zeiten, indem er ihr eine jährliche

Finanzierung zusicherte.« Die Kirche, die Stefano Coppo wieder zu Ehren gebracht hatte, wurde 1884, beim gnadenlosen Bau der großen Verkehrsachse Via Cavour dem Erdboden gleichgemacht. Die Inschrift aber blieb erhalten und fand einen Platz an der Piazza della Suburra.

XI. PIAZZA SALLUSTIO

DAS ROM VON CICERO UND SALLUST

WÄHREND DIE SUBURA kein Vorstadtviertel in der modernen Bedeutung des Wortes war, existierte tatsächlich eine Art *suburbia* am Rande von Rom. In dem eleganten Viertel hinter der Via Veneto, das für die meisten Touristen unbekanntes Terrain ist, gibt es einen Ort, an dem wir noch einen Blick darauf erhaschen können: die Piazza Sallustio.

Gaius Sallustius Crispus, kurz Sallust, stammte aus einer relativ wohlhabenden Familie in der Region Abruzzen. Er lebte zwischen 86 und 35 v. Chr. und war ein Kind seiner Zeit: Nach dem Bundesgenossenkrieg wurden die lokalen italischen Eliten ernster genommen, und dank der gewandelten gesellschaftspolitischen Verhältnisse entstand in Rom mehr Raum für »neue Männer«. Sallust nutzte die neuen Chancen, die sich ihm boten. Er arbeitete sich hoch, machte Karriere in Rom, positionierte sich gegen die Optimaten und profitierte enorm von Julius Caesars erfolgreichen Feldzügen. Unter anderem ernannte ihn Caesar zum ersten Prokonsul der Provinz Nova Africa (Numidien). Dort häufte Sallust auf höchst zweifelhafte Weise ein gewaltiges Vermögen an. Die rücksichtslose Ausbeutung der eroberten Gebiete war ebenfalls ein typisches Phänomen seiner Zeit.

Und doch ist Sallust nicht als Prokonsul oder Politiker in die Geschichte eingegangen, sondern als Schriftsteller und Historiker. Dies hat er vor allem seinen Büchern über den von 111 bis 104 v. Chr. geführten Krieg gegen den numidischen König Jugurtha (*Bellum Iugurthinum*) und die berühmte Verschwörung des Catilina in den Jahren 65 bis 62 v. Chr. (*De coniuratione Catilinae*) zu verdanken. Sallust wurde nicht nur zum bekanntesten Geschichtsschreiber aus der Zeit der römischen Bürgerkriege, sein Werk ist auch aus dem Grund einzigartig, weil er über Ereignisse berichtet, die er selbst miterlebt hat.

Lucius Sergius Catilina war ein Senator aus dem Lager der Optimaten, der frustriert erleben musste, wie seine Bestrebungen, Konsul zu werden, ein ums andere Mal scheiterten. Seine Familie war nicht mehr so vornehm, wie sie es einst gewesen war. Der Glanz des alten Geschlechts war verblasst und Catilinas Vermögen mit der Zeit geschwunden. Sein Zorn erreichte seinen Höhepunkt, nachdem er sich 63 v. Chr. zum dritten Mal erfolglos als Konsul zur Wahl gestellt hatte. Er spürte, dass sich die Stimmung im Senat zunehmend gegen das Triumvirat aus Pompeius, Crassus und Caesar wendete, nutzte die Gelegenheit, sich heimlich mit so ziemlich jedem zu verbünden, der aus irgendeinem Grund unzufrieden war, und bereitete einen Staatsstreich vor.

Es war das Jahr, in dem Marcus Tullius Cicero als Konsul amtierte, auch er ein *homo novus* aus dem Ritterstand, der es unter anderem dank seines rhetorischen Talents geschafft hatte, in das höchste politische Amt aufzusteigen. Die vier

Reden, die er der Verschwörung widmete, sind als Höhepunkte klassischer Rhetorik in die Geschichte eingegangen. Nachdem Cicero das Komplott aufgedeckt und im Senat öffentlich gemacht hatte, hoben Pompeius' Männer Catilinas Bande aus, und die Sache war erledigt. Vor allem die überlieferten Werke von Cicero und Sallust sind der Grund dafür, dass die Verschwörung des Catilina – an sich kein ernsthaft bedrohlicher Vorfall in der römischen Geschichte – überhaupt so berühmt geworden ist.

Auf einer Bank auf der Piazza Sallustio sitzend, wo weit und breit kein Tourist zu sehen ist, könnte man sich fragen, ob Sallust vielleicht manchmal hierher kam, um sich ganz und gar dem Schreiben seiner Geschichtswerke zu widmen. Dieser heute vollständig bebaute Platz war in der Antike ein ruhiger, grüner Ort fernab des hektischen Treibens auf dem Forum. Unter unseren Füßen liegt das, was von Sallusts luxuriösem privatem Landgut am Rande der Stadt, einer von prächtigen Gärten umgebenen Villa mit dem Namen Horti Sallustiani, noch übrig ist. *Horti*, wie die Römer solche privaten Anwesen mit riesigen Gärten nannten, vereinten das Beste zweier Welten: Sie lagen nah genug bei der Stadt, dass man auf nichts verzichten musste, aber weit genug vom Zentrum entfernt, um vom schlimmsten Gedränge und Gestank verschont zu bleiben.

Es müssen die gewaltigen, in Afrika angehäuften Reichtümer gewesen sein, die es Sallust ermöglichten, sich wie so viele andere reiche Römer seiner Zeit eine private, von einer grünen Oase umschlossene Bleibe am Rand der Stadt zuzulegen. Vor allem die Gärten beeindruckten: voller Pflanzen, Bäume und Blumen, hier eine *porticus*, um im Schatten zu wandeln, dort ein Brunnen oder eine Figurengruppe, neben denen man seinen Gedanken nachhängen konnte. Dazwischen die herrlichsten Statuen, Tempelchen und hier und da sogar kleine Badehäuser. Die Gärten des Sallust waren die größten und schönsten, die Rom bis dahin gesehen hatte.

Die Überreste der Horti Sallustiani liegen dort, wo die Stadt zu Zeiten Sallusts allmählich in das Umland überging. Nach dem Tod des Schriftstellers fiel sein gesamter Besitz, darunter auch die Gärten, erst an seinen Sohn und später an seinen Enkel (die beide ebenfalls Sallustius hießen). Beide ließen die Anlage vergrößern und verschönern. Also muss von diesen illustren Horti Sallustiani doch gewiss noch etwas zu finden sein?

Mitten auf dem Platz gehen wir eine Treppe hinunter. Stufen hinabzusteigen scheint in Rom stets der einfachste Weg zu sein, sich der Vergangenheit zu nähern. Unten angekommen, betreten wir einen ungeheuer hohen Raum mit Gewölbedecken und ein paar kleinen Nebenräumen. Wir stehen im einzigen noch erhaltenen Gebäude der antiken Horti Sallustiani. Ist das alles?

Ein weniger direkter, aber eindrucksvollerer Weg zurück in die Gärten des Sallust führt durch die römischen Museen. Dort findet man die Statuen und Figurengruppen, die bei Ausgrabungen in den Horti entdeckt wurden. Einige der berühmtesten Plastiken der Antike zierten einst die grünen Spazierwege des Sallust. Der beeindruckende *Sterbende Gallier* zum Beispiel, heute eines der Prunkstücke in den Kapitolinischen Museen, oder die sogenannte *Galliergruppe Ludovisi*, die einen Gallierhäuptling beim Selbstmord zeigt und gegenwärtig im Palazzo Altemps zu bewundern ist.

Wahrscheinlich standen sie in unmittelbarer Nähe zueinander, an einem Ort, wo auf künstlerische Weise eine Art historisches Schlachtfeld nachgestellt wurde. Auch die meisten anderen Skulpturen aus den Horti, darunter der berühmte Ludovisische Thron, befinden sich heute in den Kapitolinischen Museen und im Palazzo Altemps. Eine große Zahl von Funden gelangte jedoch auch in ausländische Museen.

Eines der Objekte, die in den Horti Sallustiani ausgegraben wurden, steht nicht hinter verschlossenen Museumstüren, sondern auf der Piazza della Trinità dei Monti, dem kleinen Platz, zu dem man gelangt, wenn man Roms berühmteste Stufen, die Spanische Treppe, hinaufsteigt. Nach einigen Wanderungen und ein wenig Gezerre – Papst Clemens XII. (1730–1740) hatte schon einmal versucht, den Obelisken auf den Platz vor der Lateranbasilika versetzen zu lassen – fand der *obelisco sallustiano*, ein gewaltiger, mit ägyptischen Hieroglyphen bedeckter Obelisk, hier 1789 seinen endgültigen Platz. Im Gegensatz zu manch anderen hieroglyphengeschmückten Obelisken in Rom ist der *sallustiano* kein jahrtausendealtes Monument aus Ägypten. Es handelt sich vielmehr um eine exakte Kopie eines ägyptischen Originals, die in römischer Zeit angefertigt wurde. Auch der Text wurde wortwörtlich übernommen – von dem Obelisken, den man heute auf der Piazza del Popolo sehen kann. Übrigens sind dem Kopisten dabei einige Fehler unterlaufen: Hier und da steht eine Hieroglyphe auf dem Kopf.

Zu Zeiten von Sallust war Rom mehr als nur eine Stadt: Es hatte die bekannte Welt erobert und alle Völker seiner Herrschaft unterworfen. Gleichzeitig hatte die Stadt, zu der sich Rom im Laufe des ersten Jahrhunderts vor Christus entwickelt hatte, den unterworfenen Gebieten viel zu verdanken. Vor allem eine Eroberung, die sich bereits um 150 v. Chr. ereignet hatte, veränderte die römische Welt, insbesondere die Welt der römischen Kunst, Kultur, Architektur und Literatur, langfristig. »*Graecia capta ferum victorem cepit*«, schrieb der Dichter Horaz treffend. Das unzivilisierte Rom war ihm zufolge »durch das bezwungene Griechenland bezwungen« worden. Denn Skulpturen, Poesie, Prosa und zahllose Luxusgüter, aber auch allerlei philosophische Strömungen waren vor der Eroberung Griechenlands in Rom kaum anzutreffen. Der Kontakt mit Griechenland belebte die intellektuelle, kulturelle und künstlerische Welt einer Elite, die sich bis dahin vor allem altertümlicher Nüchternheit und militärischer Tugenden brüstete und wenig übrig hatte für Frivolitäten wie Kunst und Dichtung. Angesehene griechische Politiker, Autoren und Intellektuelle kamen nach Rom, wo sie führende Römer nicht nur die griechische Sprache lehrten, sondern ihnen auch die Erlesenheit all dessen vermittelten, was die griechische Zivilisation hervorgebracht hatte.

Die Gärten des Sallust waren geradezu ein Paradebeispiel für die römische Bewunderung der griechischen und hellenistischen Kultur. Der atemberaubende *Sterbende Gallier* und die *Galliergruppe* waren römische Kopien griechischer Originale – eine Praxis, die so weit verbreitet war, dass es sich bei fast allen antiken Skulpturen, die wir heute noch kennen, um römische Kopien griechischer Statuen handelt. Nahezu alles, was wir über griechische Skulpturen wissen, verdanken wir im Grunde ihren römischen Imitationen. Auch die überdachten Säulenhallen, die sogenannten Stoen, die die Gärten schmückten, waren Bauwerke im griechischen Stil.

Die Aufgeschlossenheit Roms gegenüber äußeren Einflüssen wird gelegentlich als eines der Geheimnisse für den Erfolg des Reichs angeführt. Alle Eroberungen wurden optimal genutzt: Neue Völker wurden zu römischen Bürgern und verstärkten somit die Legionen, fremde Baustile und kulturelle Gebräuche wurden übernommen. Selbst für andere Kulte und Religionen waren die Römer offen – in dem ohnehin schon reich bevölkerten römischen Pantheon kam es auf eine Gottheit mehr oder weniger auch nicht an. Welch gewaltigen Anklang ein solcher »ausländischer« Kult in Rom finden konnte, sollte erstmals deutlich werden, als das exotische Ägypten in das Reich eingegliedert wurde.

XII. VIA DEL PIÈ DI MARMO

KLEOPATRA, ISIS UND EIN MARMORFUSS

AUF DER PIAZZA di San Marco, dem kleinen Platz gleich neben der Piazza Venezia, treffen wir Madama Lucrezia. Sie ist nicht besonders hübsch, ihr Äußeres wirkt schmuddelig und angeschlagen, und bei dem abgenutzten Gesicht kann man ihre Ausstrahlung nur als trist bezeichnen. Die Tatsache, dass sie so versteckt in einer Ecke steht, macht das Ganze nicht besser. Alles in allem ist es kaum zu glauben, dass wir hier Auge in Auge mit der ägyptischen Göttin Isis stehen. Den Namen Madama Lucrezia erhielt die gewaltige Büste frühestens im fünfzehnten Jahrhundert, als Alfons V. von Aragón, von 1442 bis 1458 König von Neapel, sie seiner Geliebten Lucrezia d'Alagno schenkte. Wahrscheinlich war die Statue auch zu dem Zeitpunkt schon stark beschädigt, aber Alfons V. wusste, dass er seiner Lucrezia damit ein besonderes Geschenk machte: Die Büste der Isis hatte im alten Rom als Kultbild im großen Isis-Tempel, dem sogenannten Iseum Campense, gestanden. Um uns einen zweiten bemerkenswerten Fund in diesem Viertel anzuschauen, der aus demselben Tempel stammen soll, gehen wir um die Ecke, durch die Via degli Astalli und die Via di Santo Stefano del Cacco zur »Straße des marmornen Fußes«, der Via del Piè di Marmo. Hier findet man den Marmorfuß, dem die Straße ihren Namen verdankt. Er stand ebenfalls im Iseum, allerdings haben Spezialisten festgestellt, dass der Fuß eine Männersandale trägt und somit aller Wahrscheinlichkeit nach nicht zur gleichen Statue gehörte wie Lucrezias Büste.

Mit Ägypten kam Rom erstmals während des zweiten Bürgerkriegs in Berührung (49–45 v. Chr., der erste war der zwischen Marius und Sulla), in dem sich Caesar und Pompeius gegenüberstanden. Als Caesar während dieses Krieges in dem schon zuvor durch Pompeius »befriedeten« Ägypten für Ordnung sorgte, war von dem großen Reich der Pharaonen nicht mehr viel übrig. Dieses Ägypten war schon im vierten Jahrhundert vor Christus mit der Eroberung durch Alexander den Großen untergegangen. Nach Alexander kam Ptolemaios I. Soter an die Macht, und es begann die Zeit, in der Ägypten, nun eines der neuen hellenischen Königreiche, als das Ptolemäische Reich durchs Leben ging.

Caesar marschierte 48 v. Chr. nach Ägypten, wo die königliche Familie in einen Streit um den Thron verstrickt war. Er verhalf einem der letzten Sprösslinge der Ptolemäerdynastie zurück an die Macht: der Königstochter Kleopatra VII. Philopator. Dass die Beziehung zwischen Caesar und Kleopatra weiter reichte, als es für politische und diplomatische Belange notwendig war, zeigte sich, als die ägyptische Herrscherin neun Monate später Ptolemaios XV. zur Welt brachte, besser bekannt als Caesarion. Ein langes Leben als Vater war Caesar nicht vergönnt. Nach dem Sieg über Pompeius führte er unerbittlich die notwendigen Reformen durch und verhielt sich, zumindest in den Augen des Senats, ein wenig zu sehr wie ein Fürst und Alleinherrscher. Ebendiese Senatoren, allen voran Marcus Junius Brutus und Gaius Cassius Longinus, erstachen Caesar am 15. März 44 v. Chr. und ließen ihn blutend auf dem Boden des Versammlungsraums im Pompeius-Theater zurück.

Die Kluft zwischen Optimaten und Popularen war mit Caesars Tod nicht verschwunden – und Caesars Anhänger waren es genauso wenig. Es bildete sich ein zweites Triumvirat, bestehend aus Marcus Antonius, Marcus Aemilius Lepidus und Gaius Octavius. Letzterer, der begüterte, aber abgesehen davon vollkommen unbekannte Octavian, war zu diesem Zeitpunkt erst etwa achtzehn Jahre alt. Er hatte seinen Platz im Zentrum der Macht eingefordert, als sich einige Tage nach Caesars Tod herausstellte, dass er als Caesars Großneffe postum als dessen rechtmäßiger Sohn adoptiert worden war (Caesarion war Caesars einziger Nachkomme, aber unehelich geboren). Die drei Männer ergriffen die Macht und schworen, den Mord an Caesar zu rächen. Und so geschah es kurze Zeit später auch: 42 v. Chr. unterlagen ihnen die geflüchteten Brutus und Cassius in der Schlacht bei Philippi. Nach diesem Sieg teilte das zweite Triumvirat die Herrschaft über das Römische Reich untereinander auf: Lepidus ging nach Afrika, Marcus Antonius in den Osten, und Octavian blieb in Italien, wo er Sextus Pompeius, den Sohn von Pompeius dem Großen, besiegte, der mit seiner Flotte auf Sizilien eine ernsthafte Gefahr darzustellen begann. Indem er anschließend Lepidus ins Abseits stellte, brachte er den gesamten Westen des Reichs unter seine Kontrolle. Im Osten war Marcus Antonius unterdessen ebenfalls Kleopatras Reizen erlegen. An ihrer Seite, so hieß es in Rom, betrug er sich etwas zu sehr wie ein hellenischer Fürst. Rom, und vor allem den Senat, graute es vor (archetypischen) östlichen Despoten. Octavian hingegen behauptete vor allem die alten römischen Tugenden hochzuhalten. Und so dauerte es nicht lange, bis Octavian und Marcus Antonius in Konflikt miteinander gerieten. Im Jahr 31 v. Chr. wurden Marcus Antonius und Kleopatra in der Schlacht bei Actium besiegt – und Octavian befand sich am gleichen Punkt wie sein Adoptivvater etwa fünfzehn Jahre zuvor.

In dieser turbulenten Phase wurde in Rom das Dekret zum Bau eines großen Tempels der Isis, des Iseum Campense, auf dem Marsfeld erlassen: im Jahr 43 v. Chr., zur Zeit des zweiten Triumvirats. Man könnte meinen, in der langen Phase der Bürgerkriege habe es nur wenig Raum für eine Blüte von Kunst und Kultur gegeben, doch tatsächlich war genau das Gegenteil der Fall. Die unaufhörliche Expansion hatte Rom viel Geld eingebracht. Kunst, Kultur und Literatur stießen mittlerweile auf großes Interesse, zumindest in der römischen Oberschicht, die seit der Eroberung Griechenlands im zweiten Jahrhundert vor Christus auf »griechische Weise«, das heißt unter anderem in Literatur und Rhetorik, unterrichtet wurde. Das Iseum Campense sollte das größte und bedeutendste Isis-Heiligtum in ganz Italien werden, aber sein Bau nahm viele Jahrzehnte in Anspruch und wurde wahrscheinlich erst um das Jahr 40 n. Chr. vollendet. Es stand auf dem Marsfeld, wo Pompeius etwa zehn Jahre zuvor auch das erste steinerne Theater Roms aus dem Boden gestampft hatte.

Der große Isis-Tempel lag gleich hinter der heutigen Basilica di San Marco, nach der Madama Lucrezias Platz benannt ist. Der Tempelkomplex erstreckte sich ungefähr bis zur Via del Piè di Marmo, wo der große Marmorfuß aus dem Isis-Tempel gefunden wurde. Der Tempel diente der Verehrung und dem Kult der ursprünglich aus Ägypten stammenden Göttin Isis (und des Gottes Serapis), aber es ist gut möglich, dass dort eine spezifisch römische Variante oder Interpretation dieses Kultes entstanden war. Die Römer waren äußerst bewandert darin, kulturelle Gebräuche aus eroberten Gebieten mitzubringen und zu übernehmen. Es ist durchaus denkbar, dass römische Legionäre, die sich manchmal jahrelang in einem fernen Winkel des Reichs aufhielten, von sich aus bestimmte Gebräuche annahmen. Aus Ägypten schwappte jedoch nicht nur der Isis-Kult nach Rom, in den Gärten des Sallust und bei anderen Ausgrabungen wurden unzählige Kunstgegenstände gefunden, die aus Ägypten importiert wurden oder Anklänge an die ägyptische (Hoch-)Kultur aufwiesen. In einer Welt, in der Skulptur, Relief und Architektur die einzigen Möglichkeiten waren, eine Botschaft an ein großes Publikum zu richten, und wo der Reichtum der untereinander konkurrierenden Elite unaufhörlich anwuchs, war das Zurschaustellen von schönen, exotischen Dingen eine naheliegende Entwicklung.

Die Isis, die die Römer im Land am Nil vorfanden, war schon lange nicht mehr die altägyptische Gottheit, die sie noch während der Zeit der großen Pharaonen gewesen war. Mit der Eroberung Ägyptens durch Alexander den Großen und der darauffolgenden Phase Ptolemäischer Herrschaft wurde sie hellenisiert. Es mag für uns schwer vorstellbar sein, wie eine Gottheit, ja ein ganzer Kult sich chamäleongleich an lokale Traditionen und Kulturen anpassen kann – sind die heute vorherrschenden monotheistischen Religionen doch gerade stolz auf die einzig richtige Interpretation des Buches, auf das sie sich berufen. Aber wer etwa den von einem einzigen Grundgedanken ausgehenden und auf einem einzigen Buch beruhenden weltweit verbreiteten Katholizismus in Afrika, Asien oder Südamerika auf lokaler Ebene betrachtet, der wird feststellen, dass die Religion auch dort, und ganz gewiss am Anfang, wo immer möglich an die älteren Traditionen und örtlichen Gebräuche angepasst oder in sie eingefügt wurde. Wir brauchen uns bei dieser Begegnung mit Madama Lucrezia, die eigentlich Isis ist, also nicht darüber zu wundern, dass sie ganz und gar nicht den normierten Bildern ägyptischer Göttinnen entspricht, die wir vor Augen haben. Sie ist eher als römische Version einer ausländischen Gottheit zu umschreiben. Ihre Frisur und Kleidung muss man – bis auf den sogenannten »Isis-Knoten« zwischen ihren Brüsten, anhand dessen die Statue als die ägyptische Göttin erkannt und gedeutet werden konnte – sogar rundheraus römisch nennen.

Noch in einer weiteren, zeitlich später anzusiedelnden Hinsicht ist Madama Lucrezia durch und durch Römerin. Zusammen mit fünf weiteren Skulpturen bildet sie ein illustres Grüppchen kritischer Geister mit messerscharfer Zunge: den sogenannten Club der Wortgewandten (*Congresso degli Arguti*). Die sechs werden auch die »sprechenden Statuen von Rom« genannt, was auf eine römische Tradition verweist, die im fünfzehnten Jahrhundert entstand. Engagierte Bürger schrieben kritische, häufig gegen den amtierenden Papst gerichtete Botschaften auf Zettel und klebten diese auf eine der sechs Statuen, die so für sie – und für ganz Rom –

sprechen konnten. Madama Lucrezia war dabei als einzige Frau unter den redseligen Mannsbildern schon immer die Stillste. Einem ihrer berühmteren (und deutlich weniger beschädigten) Pendants, dem einst überaus gesprächigen Marforio, kann sie beinahe in die Augen sehen. Von ihrem einsamen Eckchen auf der Piazza di San Marco aus blickt sie schon seit Jahrhunderten auf die Kapitolinischen Museen, wo er im Palazzo Nuovo einen prominenten Platz gefunden hat.

XIII. PIAZZA AUGUSTO IMPERATORE (I)

DER HÄSSLICHSTE PLATZ IN ROM

IN DER GANZEN Stadt finden sich Spuren von Augustus.
Beim Augustusforum blicken wir auf die Erinnerung an die
Schlacht bei Philippi: die Überreste des Tempels von Mars
Ultor, »dem Rächer«, errichtet zum Gedenken an die Straf-
aktion gegen die Cäsarenmörder Brutus und Cassius. Auf
der anderen Seite des Kapitols, dort wo später das jüdische
Ghetto von Rom liegen sollte, ist an der gleichnamigen Straße
ein kleiner Teil des Marcellustheaters zu sehen, das etwa vier-
zehntausend Zuschauern Platz bot. Schon Caesar hatte mit
seinem Bau beginnen lassen, doch erst Augustus vollendete
ihn, weihte das Theater um 13 v. Chr. ein und benannte es
nach Marcellus, dem Sohn seiner Schwester Octavia. Gleich
neben dem Theater ließ Gaius Sosius, ein ehemaliger Konsul
und enger Vertrauter von Augustus, den Tempel des Apollo
vollständig in Marmor neu erbauen (der Tempel des Apollo
Sosianus, von dem heute noch exakt drei Säulen stehen). Der
Apollotempel wiederum wurde von der Porticus Octaviae
flankiert, die Augustus zu Ehren seiner Schwester rings um
die Tempel von Jupiter Stator und Juno Regina errichten
ließ und von der heute noch die Eingangshalle erhalten ist

(und der Straßenname, Via del Portico d'Ottavia). Überall in Rom finden sich, sowohl draußen auf der Straße als auch in den Museen, noch zahllose weitere Monumente, Obelisken, Statuen und Inschriften, die das Augusteische Zeitalter wieder zum Leben erwecken, doch nirgendwo ist das Rom dieser Epoche so greifbar wie auf der Piazza Augusto Imperatore, einem der – darin sind sich die meisten einig – hässlichsten Plätze im historischen Zentrum der Stadt.

Augusto imperatore oder Kaiser Augustus hieß zu dem Zeitpunkt, als er Marcus Antonius 31 v. Chr. bei Actium besiegte, noch schlicht Octavian. Nachdem er seine letzten Widersacher ausgeschaltet hatte, stand er, als einziger Verbliebener eines Triumvirats, mehr oder weniger am gleichen Scheideweg wie einst Caesar nach dem Tod des Pompeius. Aber er schlug eine andere Richtung ein als sein Adoptivvater. Schließlich hatten am Ende von dessen Weg die Optimaten mit ihren unter der Toga verborgenen Messern bereitgestanden, um durch eine blutige Verschwörung die Republik in letzter Sekunde vor dem Untergang zu retten. Octavian erwarteten am Ende seines Weges dieselben konservativen Senatoren, diesmal jedoch mit einem besonderen und einzigartigen Geschenk: dem Ehrentitel Augustus, was so viel bedeutet wie »der Erhabene«. Er trat einen (symbolischen) Schritt zurück und wurde eben deshalb um eine Stufe erhöht. Wie hatte Octavian, der zu diesem Zeitpunkt immer noch erst Mitte dreißig war, das geschafft? Wie wurde Augustus der »erste Kaiser von Rom«, und wie begründet jemand ein Kaiserreich?

In einer Reihe von Senatssitzungen wurde der wegen der Bürgerkriege ausgerufene Notstand im Jahr 27 v. Chr.

offiziell beendet, woraufhin auch Augustus verpflichtet war, die weitreichenden gesetzlichen Befugnisse niederzulegen, die man ihm vorübergehend übertragen hatte, um die Ordnung wiederherzustellen. Er hätte seine außergewöhnliche konstitutionelle Stellung missbrauchen können, doch stattdessen beschloss er, sein ganzes Bündel an außerordentlichen Gewalten freiwillig und voller Ehrerbietung und Bescheidenheit wieder auf den Senat und das Volk (die geflügelte republikanische Formal lautete *senatus populusque romanus*, SPQR) zu übertragen. Die Senatoren wussten nur zu gut, dass es auch anders hätte ausgehen können: 43 v. Chr. hatten sie Octavians grausame Seite kennengelernt, als er (gemeinsam mit Marcus Antonius und Lepidus) durch erbarmungslose Proskriptionslisten mit seinen politischen Feinden abgerechnet hatte. Zum Zeichen ihrer Dankbarkeit verliehen sie ihm den Ehrentitel Augustus. Und so schaffte der von Caesar postum adoptierte Octavian mit dem nötigen diplomatischen Geschick, wofür Caesar selbst zu ungeduldig und vielleicht auch zu kämpferisch veranlagt gewesen war. *Festina lente*, »Eile mit Weile«, ist nicht umsonst als eine von Augustus' Devisen in die Geschichte eingegangen. Gehe geradewegs auf dein Ziel zu, aber tue dies mit Bedacht.

»In meinem sechsten und siebenten Konsulat, nachdem ich den Bürgerkriegen ein Ende gesetzt hatte, habe ich, der ich mit Zustimmung der Allgemeinheit zur höchsten Gewalt gelangt war, den Staat aus meinem Machtbereich wieder der freien Entscheidung des Senats und des römischen Volkes übertragen. Für dieses mein Verdienst wurde ich auf Senatsbeschluss Augustus genannt [...].« Es sind Augustus' eigene Worte, die wir an der Außenmauer des Museo dell'Ara Pacis, des modernen Heims seines Friedensaltars (der Ara Pacis Augustae) auf der Westseite der Piazza Augusto Imperatore lesen können. Sie wurden als *Res Gestae Divi Augusti* bekannt und nach dem Tod des Augustus im gesamten Reich verbreitet und öffentlich gemacht.

Wie nobel seine Absichten seinem eigenen Bekunden nach auch gewesen sein mochten, mitten auf der Piazza Augusto Imperatore ragt das steinerne Symbol der ehrgeizigen Ziele auf, die Augustus von Beginn an hegte: ein monumentales Grabmal für sich selbst und seine Familie. Das Startsignal für den Bau dieses Mausoleums, das augenscheinlich sowohl durch etruskische Grabmäler wie auch durch das Mausoleum von Halikarnassos beeinflusst ist, gab Octavian schon 32 v. Chr. – noch bevor der Streit zwischen ihm und Marcus Antonius in Actium zu seinen Gunsten entschieden wurde. Die Ara Pacis, die heute im Museum zu bewundern ist, wurde von ihrem ursprünglichen Standort hierher versetzt, das Mausoleum jedoch stand schon immer an dieser Stelle. Es geriet in Vergessenheit, wurde für allerlei andere Zwecke genutzt und litt unter der üblichen Vernachlässigung, aber es steht immer noch genau dort, wo Augustus es vor mehr als zwanzig Jahrhunderten erbauen ließ. Damals war dies ein naheliegender Standort für ein Grabmal: direkt an der Via Flaminia, die, vom Tor in der »Servianischen« Mauer ausgehend, am Marsfeld entlang nach Norden führte. Heute verläuft dort die Via del Corso, die von der Piazza Augusto Imperatore durch die aus dem siebzehnten Jahrhundert stammende Kirche San Carlo al Corso und einige *palazzi* aus faschistischer Zeit getrennt ist. Doch das Mausoleum sollte nach seiner Fertigstellung nicht isoliert stehen.

Die heutige Piazza Augusto Imperatore und die gesamte Umgebung wurden in Augustus' umfassende Baupläne mit einbezogen.

Octavian nahm den Ehrentitel Augustus an, aber er ließ dem Senat seine traditionellen Institutionen, seinen *cursus honorum* (die klassische Ämterlaufbahn) – und damit seine Würde. Um sich langsam, aber stetig die Alleinherrschaft zu sichern, unterwarf er auf subtile Weise alle Gesetze der Republik seinem Willen, erhielt dabei jedoch die Fassade der Republik aufrecht. Diese mochte eine leere Hülle sein, aber immerhin bewahrte sie die konservativen Senatoren vor einem Gesichtsverlust. Der Senat und das Volk von Rom akzeptierten die neue Situation, nicht zuletzt weil damit fast hundert Jahre Bürgerkrieg und Blutvergießen nun endlich ein Ende gefunden hatten – ein in den Vierzigerjahren vor Christus geborener Römer hatte während seines gesamten Lebens kaum friedliche Zeiten gekannt, und sein Vater und Großvater genauso wenig. *Pax*, Frieden, wurde nicht umsonst eines der Schlagworte von Augustus' PR-Maschinerie.

Innerer Friede, ein Rom frei von Bürgerkriegen, das war nur der Anfang. Ab 27 v. Chr. machte es sich Augustus zur Mission, die Grenzen des Reichs zu befrieden und Aufstände rebellischer Stämme niederzuschlagen. Neben seinem Ehrentitel war ihm dazu die direkte Amtsgewalt (*imperium proconsulare*) über die Provinzen übertragen worden, in denen die meisten Truppen stationiert waren (Gallien, Spanien und Syrien). Augustus selbst zeichnete sich nicht durch außergewöhnliches militärisches Können aus, aber in seinem Freund und Vertrauten Agrippa hatte er einen fähigen Heerführer an seiner Seite. Später sollten auch die Söhne von Augustus' dritter Frau Livia im Namen des Kaisers zahlreiche Siege erringen. Die Bezeichnung »Kaiser« verwendete Augustus übrigens selbst noch nicht; erst viel später sollte Caesar, ein Bestandteil von Augustus' offiziellem Namen, in der lateinischen Aussprache »Kai-sar«, als Synonym für Alleinherrscher in moderne Sprachen übernommen werden (etwa als »Kaiser« ins Deutsche, aber auch als »Zar« ins Russische). Weil Augustus die Republik auf dem Papier unangetastet gelassen hatte, wählte er nicht sofort einen Titel, der eine neue Form des Königtums suggerierte. Historiker sprechen vom »Prinzipat« des Augustus, nach dem Titel *princeps*, der häufig, aber nicht offiziell verwendet wurde: »Erster unter Gleichen«. Weitere Ehrentitel sollten folgen, *pater patriae* (»Vater des Vaterlands«) etwa, aber Kaiser wurde Augustus erst rückwirkend, als die ersten Historiker das römische Kaiserreich mit ihm beginnen ließen.

Augustus agierte weiter mit Bedacht. Zwischen 27 und 23 v. Chr. wurde er noch jedes Jahr aufs Neue zum Konsul gewählt, ehe ihm im Jahr 19 v. Chr. die Befugnisse eines Konsuls dauerhaft übertragen wurden. Noch stärker verankert wurde seine Machtbasis durch die 23 v. Chr. erfolgte Verleihung der *tribunicia potestas* (der Amtsgewalt eines Volkstribuns) auf Lebenszeit. Als Kind des Zeitalters der Bürgerkriege wusste Augustus jedoch, dass an politischen Gegnern nie Mangel herrschte und seine Stellung vorläufig noch unsicher war. Abgesehen von Frieden waren öffentliche Ordnung, Übersicht und Geld vonnöten, wenn er jeden zufriedenstellen und einer langen und stabilen Regierungszeit entgegensehen wollte. Eine gut funktionierende Verwaltung und ein

System zum Steuereinzug auf der Grundlage eines zuverlässigen Beamtenapparats und Sekretariats – die der Kaiser allesamt persönlich kontrollierte – wurden sowohl für Rom als auch in den Provinzen unumgänglich. Darüber hinaus mussten als Antwort auf jedes persönliche Gesuch kaiserliche Dekrete ausgestellt werden und Rechtsgültigkeit erlangen, sodass Augustus zum höchsten *patronus* aller Römer, seiner Klienten, werden konnte. Da Augustus schon seit 28 v. Chr. die Aufgaben des Zensors übernommen hatte, war er auch formal die richtige Person, um all die notwendigen Reformen umzusetzen. Indem er in sämtlichen Bereichen der römischen Gesellschaft Veränderungen durchführte (auch im Senat, in der Armee sowie bei der städtischen Getreide- und Wasserversorgung), sorgte er dafür, dass jeder, der von Bedeutung war oder aus Unzufriedenheit versucht sein könnte, nach der Macht zu greifen – von Senatoren über Ritter bis hin zu den Legionären –, an ihn gebunden war, die Möglichkeit hatte, auf der sozialen Leiter aufzusteigen, und vom Frieden, den er dem Reich gebracht hatte, profitieren konnte.

Dieser Friede stabilisierte (und steigerte) die Einkünfte des Kaisers, was ihm die nötigen Mittel in die Hand gab, um seine Bau- und Restaurierungsvorhaben in der Hauptstadt zu finanzieren und dadurch der Blüte von Architektur und (Propaganda-)Kunst im Allgemeinen einen entscheidenden Anstoß zu geben. Dieser Effekt wurde noch dadurch verstärkt, dass Augustus in der Bildsprache einen entscheidenden Weg sah, seine Regierung symbolisch aufzuladen. Er nutzte verschiedene Kunstformen und Medien (beispielsweise Inschriften und Abbildungen auf Münzen) für seine

Propaganda und kombinierte sie mit einem umfangreichen Bauprogramm. Berühmt (und eher metaphorisch als wörtlich zu verstehen) ist der Satz, mit dem der Biograf Sueton Augustus' Regierungszeit ein gutes Jahrhundert später zusammenfasste: Augustus fand eine Stadt aus Ziegeln vor und hinterließ eine Stadt aus Marmor. Und natürlich stand in all dieser Bildsprache ein Thema stets im Mittelpunkt: *pax*.

Um den Frieden zu feiern, beschloss Augustus, einen monumentalen »Friedensaltar« errichten zu lassen: die im Jahr 9 v. Chr. eingeweihte Ara Pacis, die heute in dem hypermodernen Museum untergebracht ist, an dessen Außenwand wir Augustus' Testament lesen können. Das Bauwerk sollte ein Meisterwerk römischer Reliefskulptur werden, ein symbolischer Lobgesang auf den Frieden und Wohlstand, die Augustus Rom gebracht hatte. Diese Botschaft wurde in eine Sprache übertragen, die nahezu jeder verstehen konnte: Prächtige symbolische und mythologische Reliefs schmückten alle vier Seiten des Altars. Die Ara Pacis, deren Bruchstücke auf dem Marsfeld gefunden wurden, gesellte sich zu dem bereits erwähnten Mausoleum und einem ägyptischen Obelisken, der einst Pharao Psammetich II. gehört hatte und den Augustus aus Heliopolis nach Rom bringen und auf dem Marsfeld hatte aufstellen lassen. Lange glaubte man, dieser Obelisk habe als Sonnenuhr gedient, doch in den letzten Jahren wurde diese Theorie zunehmend in Zweifel gezogen. Wahrscheinlicher ist, dass er als Denkmal für den Sieg über Ägypten errichtet wurde. Das macht den Obelisken auf der Piazza di Monte Citorio, an dem wir auf dem Weg zur Piazza Augusto Imperatore vorbeikommen, und das gesamte Ensemble von Monumenten, die Augustus in dieser Tiberkrümmung versammelte, jedoch nicht weniger besonders.

Schon in der Antike kam es auf dem Marsfeld zu Problemen mit Bodenanhebungen, wahrscheinlich aufgrund der zahlreichen Überschwemmungen durch den Tiber. Vergeblich versuchte man, die Monumente zu schützen, doch es half alles nichts: Vor 1700 Jahren versank die Ara Pacis im Boden und geriet in Vergessenheit. Die Erinnerung an das »Goldene Zeitalter« des Augustus jedoch blieb erhalten. Bis zu seinem Tod im Jahr 14 n. Chr. herrschte er über das Römische Reich und die Stadt, die er in eine »marmorne« verwandelt hatte – eine beeindruckende, mehr als vierzig Jahre währende Regierungszeit. Faktisch bedeutete sein Prinzipat das Ende der römischen Republik, die beinahe fünfhundert Jahre überdauert hatte. Und das, obwohl die Römer nach der Vertreibung des letzten Königs geschworen hatten, dass nie wieder ein einzelner Mann alle Macht in Händen halten solle.

Auf den von der Sonne erwärmten weißen Stufen des Ara-Pacis-Museums drängt sich die Frage auf, die sich seit der Antike nicht nur Historiker, sondern auch Könige, Kaiser und Admirale gestellt haben: Wie lässt sich Augustus' beispielloser Erfolg erklären? Die meisten legalen Befugnisse, über die er verfügte, hatten zuvor auch schon andere fähige Feldherren und potenzielle Alleinherrscher innegehabt. Aber Geduld und Vorsicht machten Augustus zu einem vollkommen anderen Typus als die Thronanwärter, die ihm vorausgegangen waren. Die unzähligen Reformen, die er durchführte, verraten darüber hinaus nicht nur politisches Geschick, sondern auch ein unfehlbares Gespür für Diplomatie und langfristige Entwicklungen. Auge in Auge mit seiner Ara Pacis und seiner letzten Ruhestätte fällt es leicht, sich vorzustellen, dass Augustus mehr als jedem anderen bewusst war, dass es an der Spitze der römischen Macht bis zu einem gewissen Grad gar nicht so entscheidend war, welche Maßnahmen man ergriff; viel wichtiger war, wie man das alles verpackte, die *Geschichte*, die man um die Maßnahmen herum erschuf und kommunizierte. Das Ausmaß und die systematische Weise, mit der dies unter Augustus geschah, waren vollkommen neu.

Augustus' Geschichte – die Geburt eines goldenen römischen Zeitalters des Friedens, Erfolgs und Überflusses, in dem die Normen und Werte der Ahnen, jener tugendhaften Gründer des Weltreichs, unter einem Herrscher erneut zum Leben erweckt werden sollten, der seinem Volk mehr Vater als Fürst sein wollte – wurde auf allen Wegen und mit sämtlichen Mitteln erzählt, die damals zur Verfügung standen. Der vielleicht meisterhafteste Schachzug war in diesem Zusammenhang ein Projekt, das an eine legendäre, heldenhafte Vergangenheit des gesamten römischen Volkes anknüpfte, um nach griechischem Vorbild der römischen Gegenwart Bedeutung zu verleihen. Eine Geschichte, von der sich jeder rechtschaffene Römer angesprochen fühlte – selbst die Intellektuellen, die sich darüber im Klaren gewesen sein müssen, dass sich etwas zusammenbraute, was prinzipiell ihren Interessen zuwiderlief. Eine Geschichte, die man voller Stolz weitererzählte. Das war, um es mit modernen Worten zu sagen, ein gigantischer Marketingcoup.

XIV. VIA MECENATE

DER DICHTERKREIS DES MAECENAS

NACHDEM UNSERE SPAZIERGÄNGE uns bislang hauptsächlich über die Hügel Kapitol und Aventin, durch deren
nähere Umgebung und über die Ebene des einstigen Mars-
felds geführt haben, wird es nun Zeit, uns einem anderen
Teil der Stadt zuzuwenden, in dem noch Spuren des alten
Roms erhalten sind. Schließlich war der Esquilin einer der
sieben Hügel, auf denen die Stadt gegründet wurde, und hier
wurden einige der ältesten Fundstücke aus der Antike entdeckt. Das moderne Viertel mit dem Namen Esquilino ist
nicht ganz deckungsgleich mit dem Hügel: Es liegt südöst-
lich der Via Merulana, während zum Bereich des Esquilins
auch das Monti-Viertel und der Colle Oppio nordwestlich
davon gehören. Von der U-Bahn-Station Vittorio Emanuele
kommend, biegen wir in die Via Leopardi ein und gehen in
Richtung des Colle Oppio zur Via Mecenate.

Das ist das Rom der Kaiserzeit. Hier entstanden ab dem
ersten und zweiten Jahrhundert nach Christus Bauten wie
die Domus Aurea und später die Thermen von Trajan und
Titus sowie das nahe gelegene Kolosseum. Gewaltige Bauwerke, Projekte, die so umfangreich waren, dass sie eigent-

lich nur im Kontext eines monarchischen Systems verwirklicht werden konnten. Ein System, für das Augustus letztlich eine solide Grundlage geschaffen hatte. In seiner eigenen Regierungszeit jedoch blieb es auf dem Hügel noch relativ ruhig; hier standen Privathäuser und vereinzelte Heiligtümer. Auch die Altstadt endete in dieser Gegend: Irgendwo zwischen der heutigen Piazza Vittorio Emanuele und dem Colle Oppio verlief die Stadtmauer. Es war eines dieser Viertel, die geradezu prädestiniert sind für den Bau prächtiger Privatvillen inmitten großer Ziergärten – wie die weiter nördlich gelegenen Horti Sallustiani. Eine dieser Villen gehörte einem gewissen Gaius Cilnius Maecenas, Spross einer reichen Familie etruskischer Herkunft. Die Via Mecenate, die nach seinen Horti benannt ist, lässt leider nichts mehr erkennen von dem, was unter ihr verborgen liegt. Um näher an diese Vergangenheit heranzukommen, sucht man sich besser ein Plätzchen zwischen den Ruinen im Parco del Colle Oppio.

Maecenas fungierte häufig als Augustus' Stellvertreter bei Reisen ins Ausland, die durch die reformierte Staatsverwaltung vermehrt erforderlich wurden, die der Kaiser aber unmöglich alle selbst unternehmen konnte. An seiner Stelle reisten diplomatische Vertreter, und Maecenas entwickelte sich mit der Zeit zu einem Außenminister der augusteischen Regierung, bevor es ein derartiges Amt überhaupt gab. Doch er war mehr als das. Dank seines diplomatischen Geschicks stieg er zum persönlichen Berater, Vertrauten und Freund des Kaisers auf. Da Maecenas ein begeisterter Kunstliebhaber war und Augustus und seine Vertrauten sich gern mit den besten Dichtern, Rednern und Autoren umgaben, sorgte er zudem dafür, dass die Regierung den Lebensunterhalt einer Reihe von Schriftstellern und Dichtern finanzierte. Die Blüte der lateinischen Literatur wurde somit durch die augusteische Führung gesponsert.

Schon bevor seine politische Laufbahn diesen enormen Aufschwung nahm, verwandte Maecenas das Vermögen, das er von seiner Familie geerbt hatte, hauptsächlich für sein Hobby, die Poesie und Literatur. Auf dem Esquilin ließ er eine herrliche Villa mit prächtigen Ziergärten erbauen. Diese Horti Maecenatis sind als der Ort berühmt geworden, an dem Maecenas die größten Dichter seiner Zeit versammelte. Zu ihnen gehörten so klangvolle Namen wie Vergil, Properz, Horaz und Ovid. Maecenas schuf einen literarischen Zirkel, rief dessen Mitglieder häufig zusammen und machte sein Haus zu ihrem Treffpunkt. Aber es wäre ein Irrtum zu glauben, dass dort ausschließlich hochtrabende poetische Vorträge gehalten wurden; die ausgelassenen Feste, die Maecenas auf dem Esquilin veranstaltete, waren mindestens genauso berühmt.

In Maecenas trafen Politik und Kunst nicht nur im übertragenen Sinne zusammen, sondern auch ganz wörtlich: Als einer von Augustus' engsten Freunden sorgte er dafür, dass das literarische Talent von Männern wie Vergil und Horaz in der »Propagandamaschine« des Kaisers Verwendung fand. Die Dichter und Prosaautoren waren häufig finanziell vom Duo Maecenas-Augustus abhängig und schufen unter ihrer Gönnerschaft einige der größten literarischen Meisterwerke der Antike. Maecenas ging als der erste große Wohltäter und Schirmherr der Künste in die Geschichte ein. Daher lebt sein Name auch heute noch in fast allen Sprachen fort: »Mäzen«

ist im Laufe der Jahrhunderte zu einem Synonym geworden für einen Beschützer und Förderer von Kunst und Kultur.

In dieser Blütezeit der lateinischen Literatur machte ein ehrgeiziger Provinzler namens Titus Livius als Chronist der römischen Republik von sich reden. Wenn auch nicht dem Kreis um Maecenas oder den Kaiser angehörend, verfasste er eine Geschichte Roms von der Gründung der Stadt bis in seine eigenen Tage. Ihm zufolge war es dafür höchste Zeit. »Und wenn es in der Ordnung ist, dass ein Volk seine Ursprünge mit einem weihevollen Nimbus umgeben und sie auf göttliche Ahnen zurückführen darf: der Kriegsruhm des römischen Volkes ist so groß, dass die Völker der Erde es ebenso gelassen hinnehmen, wenn es als seines und seines Gründers Vater gerade den Mars nennt, wie sie die römische Herrschaft ertragen.« Es ist vor allem Livius' Verdienst, dass wir den berühmten Gründungsmythos von Rom kennen. Die Geschichte von Romulus und Remus wurde erst im zweiten Jahrhundert vor Christus erstmals aufgeschrieben, und es waren verschiedene Varianten in Umlauf. Insbesondere Livius' Version ist heute, zweitausend Jahre später, noch überall bekannt.

Es ist kein Zufall, dass auch das erste echte römische Epos in dieser Zeit entstand. Vergil, der vierzig Jahre alt war, als er 30 v. Chr. mit der Arbeit an dem Werk begann, das er 19 v. Chr. abschließen sollte, hatte eine ehrenvolle, aber komplexe Aufgabe übernommen, die andere dankend abgelehnt hätten. Er sollte ein Heldenepos über das Volk der Römer schreiben, eine verbindende Geschichte, die die Einheit Roms bekräftigen würde, nun, da die Zeiten von Streit und Bürgerkrieg überwunden waren. Gleichzeitig war ein gewisser Auftraggeber mit im Spiel, der in seinem Werk natürlich nicht schlecht wegkommen durfte: Augustus. Diesen selbst zum Protagonisten zu machen, hätte in Rom jedoch zu sehr an Fürstenverehrung erinnert. Und so verfasste Vergil ein Epos über die Abenteuer und Irrfahrten eines trojanischen Prinzen, der während des (aus der griechischen Tradition bekannten) Trojanischen Krieges aus seiner Stadt floh und sich, einer Prophezeiung folgend, auf die Suche nach einem neu zu gründenden Land machte. Der Name dieses Helden lautete Aeneas. Wie auch auf der Ara Pacis dargestellt, behauptete Augustus, über seinen berühmten Adoptivvater von Aeneas abzustammen. Das verlieh dem Protagonisten von Vergils *Aeneis* natürlich eine doppelte Funktion: Zum einen war er der Stammvater von Augustus und dessen Familie, aber gleichzeitig auch der Urvater des gesamten römischen Volkes. Augustus' Herrschaft, die friedvollen, glücklichen Zeiten für Rom: Dank Vergils Meisterwerk schien dies alles von den Sternen vorherbestimmt zu sein.

Wenn wir heute durch den Parco del Colle Oppio schlendern, fällt es schwer, uns vorzustellen, wie ein typischer Abend mit literarischen Gästen, Wein und improvisierter Dichtung im Haus des Maecenas ausgesehen haben mag. Trotz der weithin gerühmten verschwenderischen Pracht der Anlage und vor allem der Gärten – es soll dort einen eigens angelegten Weinberg und ein mit warmem Thermalwasser gefülltes Schwimmbecken gegeben haben – ist von den Horti Maecenatis nur wenig erhalten geblieben. Wo sie liegen müssen, ist jedoch bekannt: Maecenas' Villa wurde zwischen 42 und 35 v. Chr. in dem Gebiet um die heutige Via

Mecenate (Mecenate ist die italianisierte Form des Namens Maecenas) auf dem Esquilin erbaut. Das sogenannte Auditorium des Maecenas (zu sehen am Largo Leopardi), das bei Ausgrabungen im neunzehnten Jahrhundert entdeckt wurde, ist alles, was davon noch übrig ist, wobei niemand mit Gewissheit sagen kann, ob die Bezeichnung des unterirdischen Raums tatsächlich der Realität entspricht. Vielleicht diente der große Saal mit Apsis und verschiedenen Installationen zur Wasserzufuhr gar nicht als »Auditorium«, also als »Hörsaal«, in dem die Mitglieder des Kreises aus ihren Werken vortrugen, sondern als Speisesaal (*triclinium*).

Dass Maecenas' Gärten mit großer Pracht ausgestattet waren, belegen die zahlreichen Funde, die in dieser Gegend gemacht wurden. Vieles davon ist heute in den Kapitolinischen Museen ausgestellt, wo den Horti Maecenatis ein ganzer Saal gewidmet ist (die Sala degli Orti di Mecenate), dessen Besuch sich lohnt. Mehr noch als in der Via Mecenate gewinnt man – während man in diesem Saal zwischen den Mosaiken, Skulpturen und anderen Kunstwerken umherschlendert, die einst die Anlage schmückten – einen Eindruck von der Stadtvilla des Maecenas.

XV. VIA DELLA VII COORTE

»ICH BIN MÜDE, SCHICKT MIR DIE ABLÖSUNG.«

TRASTEVERE IST DAS Viertel am gegenüberliegenden Tiberufer, welches Touristen heutzutage fast ausschließlich besuchen, um das römische Nachtleben zu genießen. Sein Ruf als Ausgehviertel ist berechtigt, auch wenn der Touristenstrom zu einer starken Zunahme weniger authentischer Lokale geführt hat. Gleichzeitig gilt Trastevere als das römische »Arbeiterviertel« schlechthin. Was all die Touristen jedoch nicht wissen, ist, dass sich unter dem Labyrinth der Gassen von Trastevere ein Quartier der Stadtwachen des alten römischen Viertels Trans Tiberim verbirgt. Spuren von Kaisern und Reichen finden sich in Rom zuhauf, was aber kann man, archäologisch betrachtet, von einem Trupp ganz gewöhnlicher Ordnungshüter erwarten? Um das herauszufinden, überqueren wir am Ponte Garibaldi bei der Tiberinsel den Fluss und besuchen die »Straße der siebten Kohorte«.

Die siebte Kohorte gehörte zu den *vigiles*, die mit der Aufrechterhaltung der nächtlichen Ordnung betraut waren – römische Nachtwächter, könnte man sagen. Hinter der Tür von Haus Nummer 9 in der Via della VII Coorte liegt der Eingang zum *Excubitorium dei Vigili*. »Excubitorium« ist wahrscheinlich von dem lateinischen *ex cubare*, »außerhalb des Ruhens« abgeleitet. Wache halten also. Verschiedene antike Quellen berichten, dass die *vigiles* um den Beginn unserer Zeitrechnung gegründet wurden und zu ihren vordringlichsten Aufgaben neben der Nachtwache auch die Sorge um die Brandsicherheit im Viertel gehörte. Das Excubitorium, das Archäologen im neunzehnten Jahrhundert an der Via della VII Coorte entdeckten, konnte lediglich auf das zweite Jahrhundert nach Christus datiert werden – wo die Einheit vor dieser Zeit untergebracht war, ist unbekannt. Entdeckt wurden die Überreste übrigens, wie so oft in Rom, durch Zufall: Man fand sie bei Renovierungsarbeiten an einigen Gebäuden in der Nachbarschaft.

Trotz der anfänglichen Begeisterung der Archäologen – die ersten Forscher vor Ort entzifferten verschiedene römische Graffiti an den Wänden – wurde die Fundstelle schon bald wieder aufgegeben und ihrem Schicksal überlassen. Feuchtigkeit und Vernachlässigung waren dem Zustand der antiken Ausgrabungsstätte nicht gerade förderlich. Ein ganzes Jahrhundert verging, bevor man entschied, dass dieses Erbe der alten römischen Stadtwache genügend historischen Wert besaß, um die Fundstätte vorübergehend zu schließen und mit der Restaurierung zu beginnen. Die Graffiti an den Wänden waren inzwischen unlesbar geworden, manche sogar vollständig verschwunden. Dennoch brachten die archäologischen Arbeiten zwischen 1966 und 1986 viele neue Erkenntnisse. Es stellte sich heraus, dass das Excubitorium tatsächlich aus der Kaiserzeit stammte. Ursprünglich diente es wahrscheinlich als Privathaus, wurde aber am Ende des zweiten Jahrhunderts zum Wachlokal der siebten

Kohorte umgebaut, deren Einsatzgebiet die Viertel Trans Tiberim (Stadtbezirk XIV) und Circus Flaminius (Stadtbezirk IX) umfasste.

Die sogenannten *cohortes vigilum* wurden im Jahr 6 n. Chr. durch Kaiser Augustus ins Leben gerufen. Sie umfassten sieben Kohorten zu je fünfhundert (später tausend) Mann und unterstanden einem Präfekten (*praefectus vigilum*). *Ubi dolor ibi Vigiles* lautete ihr stolzer Wahlspruch: »Wo Schmerz ist, da sind die Wächter.« Das einstige Wachlokal der siebten Kohorte liegt etwa acht Meter unterhalb des heutigen Straßenniveaus. Es gibt dort einen großen Saal, der früher mit einem Mosaikboden ausgestattet war, auf dem symbolisch auf die wichtigste Aufgabe der Kohorte verwiesen wurde: das Löschen von Bränden. Darüber hinaus finden sich verschiedene Räume mit Verzierungen, etwa Pfeiler mit korinthischen Kapitellen und einige Fresken. Ein separater Raum stand wahrscheinlich den Vorgesetzten der Einheit zur Verfügung, darauf zumindest ließen die inzwischen verschwundenen Graffiti schließen. Andere Räume wurden mit größerer Sicherheit identifiziert: Man hat einige »Baracken« gefunden, aber auch eine Toilette und einen Lagerraum für Getreide, Öl und sonstige Lebensmittel.

Da die zahlreichen Graffiti, die die römischen Feuerwehrleute an den Wänden des Excubitoriums hinterlassen haben, hauptsächlich vom Alltag im Wachlokal handeln, sind sie es, die die Fantasie der heutigen Betrachter am stärksten anregen. Man kann sie nur noch schwer entziffern, doch zu einem Großteil wurden sie bei ihrer Entdeckung dokumentiert. Die Botschaften wurden zwischen 215 und 245 n. Chr. in Momenten der Ruhe oder »Pause« an die Wände geschrieben – wenn die *vigiles* für einen kurzen Augenblick nicht im Viertel Wache hielten. In einigen Fällen dankt der Schreiber dem Kaiser oder den Göttern für etwas, und manchmal handeln die Texte von den *sebaciara*. Dieses Wort ist aus keinem anderen Kontext bekannt, und seine Interpretation ist daher etwas unsicher, aber es scheint sich um einen bestimmten Schichtdienst zu handeln, der übernommen werden musste und der gleich einen ganzen Monat dauerte. Frei von Risiken war die Arbeit nicht: Die Botschaft *omnia tuta* (»alles gut«) wurde an den Wänden mehrfach vorgefunden. Zugleich kostete der anstrengende Dienst die Männer viel Kraft. *Lassus sum successorem date*, schrieb einer von ihnen an die Wand: »Ich bin müde, schickt mir die Ablösung.«

XVI. VIALE DELLA DOMUS AUREA

DER PALAST UNTER DEM KOLOSSEUM

ÜBER DEN PALAST von Kaiser Nero waren bereits in der Antike die wildesten Geschichten in Umlauf. Es muss eines der größenwahnsinnigsten Bauprojekte gewesen sein, die die Stadt bis dahin gesehen hatte. In erster Linie, weil es schlichtweg gigantische Dimensionen aufwies. Sueton, der römische Kaiserbiograf an der Wende vom ersten zum zweiten Jahrhundert nach Christus, schrieb: »Der Bau hatte eine so große Weite, dass er an drei Seiten Säulengänge von tausend Schritt hatte. Es gab da noch einen See, so groß wie ein Meer, der von Bauwerken umsäumt war, die den Anschein von Städten erweckten.« Die Flure und Räume waren mit so vielen Malereien und reichen Verzierungen ausgestattet, dass die Römer schon bald vom Domus Aurea, dem »Goldenen Haus«, sprachen.

Neros neue Bleibe steckte darüber hinaus voller technischer Raffinessen. So sollen sich die Decken der Speiseräume kontinuierlich gedreht haben, während Blütenblätter und duftende Parfüms in Form von wohltuendem Nebel auf die Gäste herabregneten. Ein Symbol für Neros berüchtigten Größenwahn war die gewaltige Statue seiner selbst, die er in der Vorhalle des Palastes aufstellen ließ und die den Beinamen *colossus neronis* erhielt.

Das Interesse des breiten Publikums am Rom der Zeit nach Caesar und Augustus hielt sich immer in Grenzen. Die PR des ersten Kaisers war so wirkungsvoll, dass er seit über zweitausend Jahren die Aufmerksamkeit der Menschen fesselt. Seine (angeheiratete) Familie blieb noch ein halbes Jahrhundert an der Macht und stellte in dieser Zeit vier Kaiser (beginnend mit Tiberius, in dessen Regierungszeit die Kreuzigung Jesu fiel), die jedoch meist kurzerhand als die »julisch-claudische Dynastie« abgehandelt werden. Wenn überhaupt etwas über die einzelnen Kaiser bekannt ist, dann sind es ihre seltsamen Charakterzüge (Caligula, der Lüstling, der sein Pferd zum Konsul ernannte; Claudius, der Stotterer, vor allem bekannt durch den Roman *Ich, Claudius – Kaiser und Gott* von Robert Graves). Als das womöglich schwärzeste Schaf der Familie ist Nero in die Geschichte eingegangen. Ob das Bild, das uns durch die schreibende Elite Roms – den ihm nicht sonderlich wohlgesinnten Senatorenstand – überliefert wurde, tatsächlich der Wahrheit entspricht, ist ungewiss. Wirkungsvoll waren die Verleumdungen in jedem Fall: Neros despotisches Verhalten war im Mittelalter bereits legendär. Wie dem auch sei, er war der Letzte seiner Dynastie. Nero hatte keinen Nachfolger bestimmt und überließ damit die Bühne einer neuen *gens* – nach einer kurzen Zeit des allgemeinen Chaos gelangten die Flavier in Rom an die Macht.

Viele stellen sich das alte, kaiserliche Rom als eine Art unveränderliches Ensemble aus Säulenreihen und eindrucksvollen Marmorbauten vor, die der erste Kaiser in Auftrag gegeben habe. Aber auch wenn Augustus' Bau- und Restaurierungspolitik ohne jeden Zweifel große Auswirkungen auf die Stadt hatte, braucht man den Blick nur auf das Kolosseum zu richten und sich in Erinnerung zu rufen, dass das gewaltige Amphitheater bei Augustus' Tod im Jahr 14 n. Chr. noch nicht dort stand (ja, dass sogar ein gewaltiger Palast abgerissen werden musste, um es erbauen zu können), und man erkennt, dass das Rom der frühen Kaiserzeit nicht allein die Stadt des Augustus war. Durch die rege Bautätigkeit, die nach der »Erfindung« des Prinzipats durch Augustus in Gang kam, sollte sich das Stadtbild enorm verändern. Und wenn wir den Blick auf das richten, was sich unter dem Viale della Domus Aurea, der Verlängerung der Via Mecenate, verbirgt, können wir auch leicht nachvollziehen, dass einem das Leben in Rom im ersten Jahrhundert unserer Zeitrechnung manchmal vorgekommen sein mag, als wohnte man in einer dauerhaften Baugrube. Erst recht, als Nero beschloss, dass er einen neuen Palast brauchte.

Seit Augustus, der auf dem Palatin geboren war, residierten die Herrscher des Reichs auf diesem Hügel. Auch Nero, der 54 n. Chr. Kaiser geworden war, hatte dort seinen Palast und erweiterte diesen Stück für Stück in Richtung Esquilin, bis 64 n. Chr. ein verheerender Brand ausbrach. Der Überlieferung nach zerstörten die Flammen beinahe zwei Drittel der Stadt – darunter auch den kaiserlichen Palast. Für Nero war dies eine willkommene Gelegenheit: Nun konnte er endlich einen Palast bauen, der seiner würdig war. Böse Zungen, die ohnehin mit Vorliebe über Nero herzogen, behaupteten, er habe das Feuer eigenhändig gelegt. Wie dem auch sei, kaum hatte sich der Rauch verzogen, wurde auf der frei gewordenen Fläche Neros Domus Aurea gebaut. Aber wo ist der Palast geblieben? Die Antwort auf diese Frage liegt, wie so oft, in den Katakomben der heutigen Stadt.

Als ein junger Römer am Ende des 15. Jahrhunderts versehentlich in eine Erdspalte fiel, hatte er keine Ahnung, dass sein Sturz die westeuropäische (Kunst-)Geschichte ein für alle Mal verändern sollte. Denn es stellte sich heraus, dass der Hohlraum, in dem er gelandet war, zur Domus Aurea gehörte, dem lange verschollenen Goldenen Haus des Nero. Zahlreiche Künstler und Experten, darunter auch Michelangelo, kletterten dem Vernehmen nach höchstpersönlich in die dunklen, leeren Räume hinab. Und was sie dort sahen – die freskengeschmückten Säle, die Marmorverzierungen und die Skulpturen –, versetzte sie in helles Entzücken. Jahrhundertelang hatte niemand diese Räume betreten, und nun waren sie die Ersten, die sie wieder erblickten. Dieser Fund sollte einen entscheidenden Einfluss auf die Malerei der Spätrenaissance ausüben. Es entstand sogar eine neue Strömung, »Groteske« genannt, womit die Überfülle an gemalten Ornamenten bezeichnet wurde, die infolge dieses Besuchs in den »grottenähnlichen« Räumen der unterirdischen Domus Aurea in Mode kamen.

Es ist zugegebenermaßen nur schwer nachzuvollziehen, was Michelangelo empfunden haben muss, wenn man heute selbst mit einem Grubenhelm auf dem Kopf durch die unterirdischen Gänge des Palastes streift. Die Fresken, die sich ihm trotz der Dunkelheit in lebendigen Farben präsentiert haben müssen, haben im Laufe der Jahrhunderte ihre Farbe, ihre Leuchtkraft und ihre Helligkeit eingebüßt. Zwar mag einen hier und da die, historisch gesehen, sensationelle

Vorstellung überkommen, dass Nero durch eben diese Flure gegangen sein könnte, doch wird die Begeisterung durch den Einwand gezügelt, dass eine »sichere« archäologische Identifizierung dieser Ruine mit dem berühmten Bauwerk unmöglich ist. Die Althistorikerin Mary Beard umschrieb dies einmal als die »schreckliche Versuchung, das, was wir sehen, mit dem gleichzusetzen, worüber die Römer schrieben«. Sie vermutet übrigens, dass es sich bei dem ausgegrabenen Bereich rings um den Raum, der als das »drehende Speisezimmer« identifiziert wurde, von dem Sueton berichtet, in Wahrheit genauso gut um die Räumlichkeiten der Palastsklaven gehandelt haben könnte, aber das nur nebenbei.

Das Straßenschild mit der Aufschrift VIALE DELLA DOMUS AUREA und das Kolosseum sind die einzigen oberirdischen Hinweise auf die Lage des Palastes, von dem ein winzig kleiner Bereich ausgegraben wurde. Die Flavier, die nach Nero an die Macht kamen, verhängten eine wirkungsvolle *damnatio memoriae* über Nero und seine Regierung: Jede Erinnerung an ihn musste buchstäblich dem Erdboden gleichgemacht werden. Das Vernichten jeglichen Andenkens an den letzten Spross des julisch-claudischen Geschlechts genügte jedoch nicht. Die Flavier waren Neulinge, die die Gunst des Volkes erst noch erringen mussten, und die Domus Aurea abzureißen, kam ihnen in diesem Zusammenhang sehr gelegen. Was sie anschließend mit der frei gewordenen Fläche machten, war ein Muster an Symbolpolitik, vor dem die ganze Welt auch heute noch tagtäglich dankbar Schlange steht: Sie ließen für die Bevölkerung Roms – die sich letztlich nichts anderes wünschte als Spiele (und Brot) – das größte Amphitheater bauen, das die Welt je gesehen hatte. Die neue römische Arena wurde offiziell Amphiteatrum Flavium genannt, nach dem Familiennamen der Erbauer. Die heute viel gebräuchlichere Bezeichnung Kolosseum ging erst deutlich später von der Statue (dem *colossus*) auf das Amphitheater über. Denn Neros gigantische Statue durfte unter dem ersten flavischen Kaiser Vespasian in veränderter Gestalt stehen bleiben. Als der Mönch Beda der Ehrwürdige im achten Jahrhundert die berühmten Worte »*Quamdiu stabit coliseus, stabit et Roma; quando cadet coliseus, cadet et Roma; quando cadet Roma, cadet et mundus*« schrieb, meinte er daher auch nicht das Amphitheater, das später zum Sinnbild Roms werden sollte: »Solange der Koloss steht, wird auch Rom stehen; wenn der Koloss fällt, wird auch Rom fallen; wenn Rom fällt, fällt auch die Welt.«

So konnte also die gigantischste, auffälligste Erinnerung an Nero und seine Regierungszeit auf diesem seltsamen Umweg der *damnatio memoriae* entgehen und ihr Name an einem der meistbesuchten Orte im heutigen Rom überdauern. Was nach dem Abriss noch von der Domus Aurea übrig blieb, liegt heute unter der Erde und wurde mit dem 109 n. Chr. fertiggestellten Thermenkomplex eines weiteren Kaisers, nämlich Trajan, überbaut. Diese Ruinen sind im Parco del Colle Oppio am Viale della Domus Aurea noch oberirdisch zu sehen. Und so kommt uns über den letzten Resten der Domus Aurea, zwischen den Thermen Trajans und dem Amphitheater der Flavier, das erste Jahrhundert der Kaiserzeit sowohl sichtbar als auch unsichtbar ganz nah. Der Gedanke, dass Augustus der Einzige gewesen sei, der Roms Antlitz grundlegend veränderte, scheint mit einem Mal weit entfernt.

XVII. PIAZZA DEI PROTOMARTIRI

NEROS CIRCUS UND DIE GEBURT DES PETERSDOMS

WER IM ALTEN Rom die Stadt in nordwestlicher Richtung verließ, gelangte über die alte (und mittlerweile verschwundene) Via Cornelia zum sogenannten Ager Vaticanus, einem nach dem Vatikanischen Hügel benannten Stück Land. Es lag unmittelbar außerhalb der bebauten Stadt, und in der frühen Kaiserzeit, während der Herrschaft der julisch-claudischen Dynastie, fand man dort kaum etwas anderes als Gräber. Viel später sollte auch Kaiser Hadrian an dieser Straße sein Grabmal errichten lassen, das bis zum heutigen Tage erhalten blieb und inzwischen als Engelsburg bekannt ist. Es war Caligula, Nachfolger von Tiberius und römischer Kaiser zwischen 37 und 41, der nach dem Vorbild des Circus Maximus an der Via Cornelia den Bau eines Stadions in Auftrag gab, welches für Wagenrennen und andere Spektakel bestimmt war. Als Nero nach dem verheerenden Brand im Jahr 64 eine große Zahl an Sündenböcken brauchte und den Christen die Schuld zuschob, ließ er sie vor allem hier, im inzwischen vollendeten Circus Gai et Neronis, öffentlich zu Tode quälen. Das Straßenschild, das an diese frühen (»proto«) christlichen Märtyrer erinnert, hängt innerhalb der Mauern des heutigen Vatikanstaats: PIAZZA DEI PROTOMARTIRI. Man findet den Platz – nicht zufällig – am Eingang zum Uffizio Scavi, dem Hauptsitz des archäologischen Dienstes, der verantwortlich ist für das, was unter dem Petersdom begraben liegt.

Der mit Abstand bekannteste Christ, der während des Verfolgungsrauschs des Jahres 64 in Neros Circus den Märtyrertod erlitt, war Simon Petrus, einer der zwölf Apostel Jesu, den die Katholiken als ersten Papst von Rom betrachten. Auf seinen eigenen Wunsch hin sollen die römischen Henker Petrus kopfüber ans Kreuz genagelt haben. Der Grund für diese ungewöhnliche Bitte ist unklar: Entweder soll er sich selbst nicht für würdig erachtet haben, auf dieselbe Weise zu sterben wie Jesus, oder aber er wollte eine symbolische Tat vollbringen. Als erster Apostel Christi hatte Petrus eine große Zahl von Anhängern, die der Überlieferung nach Zeuge seiner öffentlichen Hinrichtung wurden. Nach dem Martyrium ihres Anführers bestatteten sie ihn nach christlichem Brauch in einem schlichten Grab an der Via Cornelia auf dem Vatikanischen Hügel. Viel mehr als eine Grube im Boden wird es ursprünglich nicht gewesen sein. Petrus' Ruhm sollte sich jedoch unter den Anhängern Christi stets weiter verbreiten, sodass etwa ein Jahrhundert nach seinem Tod ein schlichtes Denkmal errichtet wurde, um die Lage des Grabes besser zu kennzeichnen und vielleicht auch dafür zu sorgen, dass es nicht mit neuen Grabstätten überbaut wurde.

Konstantin der Große gestand der kontinuierlich angewachsenen christlichen Gemeinde im vierten Jahrhundert erstmals freie Glaubensausübung zu. Der römische Kaiser beschloss, die bescheidene Erinnerungsstätte für Petrus durch eine größere Kirche zu ersetzen. Er ließ das Gelände des Gräberfeldes einebnen, wobei er die bestehenden Grabmäler sowohl heidnischer Römer als auch früher Christen in die Fundamente der neuen Grabeskirche integrieren ließ. Die Kirche, die Konstantin erbauen ließ, sollte mehr als elf Jahrhunderte lang genutzt werden, aber baufällig geworden, musste sie nach einigen erbitterten Renovierungsversuchen 1506 abgerissen werden. Das sechzehnte Jahrhundert hatte gerade begonnen, die italienische Renaissance war auf ihrem Höhepunkt und die katholische Kirche größer und mächtiger denn je. Natürlich musste eine neue Kirche her, aber über Größe und Aussehen der Basilika sollte noch lange diskutiert werden. In den darauffolgenden Jahrzehnten wurden immer neue Entwürfe angefertigt und überarbeitet, wurde gebaut und wieder abgerissen – ein Prozess, an dem nacheinander Bramante, Raffael, Michelangelo und Bernini beteiligt waren. Das Ergebnis konnte sich sehen lassen: Exakt an der Stelle, an der der Überlieferung zufolge der Apostel Petrus 64 n. Chr. in sein schlichtes Grab gelegt worden war, erhob sich im Jahr 1626 eine grandiose, eindrucksvolle Basilika, deren Ausmaße jedes Vorstellungsvermögen überstiegen – Sankt Peter war (neu-)geboren.

Von der besonderen und teils bizarren Geschichte dieses Ortes, an dem die größte katholische Kirche der Welt steht, geht für viele Althistoriker und Liebhaber der Antike heutzutage die größte Anziehungskraft des Vatikans aus – erst recht, seit es möglich ist, in Begleitung eines Führers vom Ufficio Scavi in die Totenstadt hinabzusteigen, die tief unter der gewaltigen Kirche verborgen liegt. Die Bedeutung dieser Stelle für die römisch-katholische Kirche, und damit für einen großen Teil der Weltbevölkerung, wird vor allem oberirdisch durch den nie versiegenden Strom der Pilger deutlich. Aber es sind die tiefsten Katakomben von Sankt Peter, viele Meter unter Michelangelos Kuppel und Berninis Baldachin, in denen man der Seele des Ortes am nächsten kommt. Die unzähligen Urnen in den Nischen, die Grab-kammern und die überall sichtbare archäologische Strati-grafie präsentieren dem Betrachter, Schicht für Schicht mit bloßem Auge erkennbar, die Vergangenheit. Eine Vergan-genheit, die ihren schlichten Ausgang in so etwas Alltägli-chem wie einem römischen Gräberfeld nahm. Hier und da sprechen die in schmucklosen Gräbern, Sarkophagen und Nischen beigesetzten Toten durch eine von ihnen zurückge-lassene Inschrift noch direkt zu den Besuchern und sind sich dabei der weltweiten Bedeutung, die ihre letzte Ruhestätte erlangen sollte, und des (kunst-)historischen Reichtums, der in späteren Jahrhunderten auf ihren Schultern ruhen würde, vollkommen unbewusst.

XVIII. VIA SACRA

FORUM ROMANUM: VON TITUS BIS SEPTIMIUS SEVERUS

NERO BRACHTE SEINE eigene Dynastie zu Fall, indem er es schlichtweg unterließ, einen Nachfolger zu benennen. Nach einer turbulenten Phase rasch aufeinanderfolgender Thronanwärter (dem sogenannten Vierkaiserjahr) gelang es den Flaviern, sich den Kaisertitel zu sichern. Die drei Kaiser Vespasian und seine Söhne Titus und Domitian regierten zwischen 69 und 96. In den Siebzigerjahren erteilte Vespasian den Auftrag zum Bau des Kolosseums, welches von seinen Söhnen vollendet wurde. Das Amphiteatrum Flavium diente vor allem zur Unterhaltung des Volkes: Spektakel wie Gladiatorenspiele, nachgestellte Seeschlachten und öffentliche Hinrichtungen. Es war die erste dauerhafte aus Stein errichtete Arena Roms – zuvor wurden hölzerne Tribünen verwendet – und natürlich die größte im gesamten Reich. Über den Bau des Kolosseums hinaus war das Vierteljahrhundert der Flavierherrschaft eine Zeit einschneidender Ereignisse, etwa des Bataveraufstands, des Ausbruchs des Vesuvs und des Jüdischen Kriegs. An diesen Krieg erinnert der Titusbogen am Übergang zwischen der heutigen Piazza del Colosseo und dem Tal des Forum Romanum.

Zeigt das (moderne) Schild mit der Aufschrift VIA SACRA, das man an der Südwestseite des Kolosseums zum Titusbogen hin sieht, tatsächlich den Verlauf der uralten Heiligen Straße an, über die die Triumphzüge zum Kapitol führten? Wenn man als Laie eine Vorstellung davon bekommen möchte, wie Rom zu einer bestimmten Zeit – der frühen oder späteren Kaiserzeit etwa oder der Republik – ausgesehen hat, ist das Forum Romanum vielleicht der am wenigsten geeignete Ort, den man (unvorbereitet) besuchen sollte. Zumindest ist er der unübersichtlichste. Mehr als irgendwo sonst in Rom bildet die archäologische Stratigrafie hier ein Gewirr aus ständigem Neubau und übereinander gelagerten Schichten.

Die Via Sacra, oder eigentlich Sacra Via, wie sie in den Quellen meist genannt wird, ist die älteste und berühmteste Straße Roms, und sie verläuft mitten durch das Forum. Sie begann auf dem höchsten Punkt der Velia, eines Hügels, der schon früh teilweise eingeebnet wurde und den Mussolini später noch weiter abtragen ließ. Der Velia-Hügel nahm mehr oder weniger den Bereich zwischen Palatin und Colle Oppio ein; von der Westseite des Kolosseums aus ist der Höhenunterschied am Titusbogen und dem Tempel der Venus und der Roma noch teilweise sichtbar. Bevor Nero seine Domus Aurea bauen ließ, muss der Hügel jedoch noch ein Stück höher gewesen sein, als man dort sieht.

Vom Fuß des Titusbogens aus blickt man nach vorn über das gesamte Forum Romanum. Wendet man sich nach hinten, in Richtung Kolosseum, dann erkennt man, dass auf dem Forum ein Höhenunterschied im »Straßenniveau« vorliegt. Dies ist eine Folge der Abtragungen und der zahllosen

Abrisse und Neubauten: Auf der einen Seite sieht man das Straßenniveau aus der Zeit des Augustus (der viele Gebäude auf dem Forum erneuern ließ), auf der anderen das aus der Zeit von Nero (das spätere ist logischerweise das höhere). Noch während Neros Regierungszeit, im Jahr 66, rebellierten die Juden in Judäa, und der Jüdische Krieg brach aus. Nero schickte seinen besten General, Vespasian, der den Aufstand niederschlagen konnte, aber erst Jahre später (Nero war inzwischen tot und Vespasian selbst Kaiser), wurde die Hauptstadt Jerusalem unter Titus' Führung mit brutaler Gewalt eingenommen. Die Stadt und der Tempel der Juden wurden geplündert. Titus kehrte mit einer gigantischen Beute und, wie es heißt, über zehntausend Kriegsgefangenen nach Rom zurück. Die meisten jüdischen Sklaven wurden zum Arbeitsdienst eingesetzt: Schließlich wurde in Rom gerade ein gewaltiges Amphitheater gebaut. Was Titus sonst noch mitgenommen hatte (Schätze aus dem Tempel, darunter eine Menora), ist auf den berühmten Reliefs des Titusbogens abgebildet. Auch der Kaiser selbst ist darauf zu sehen: In seinem vierspännigen Wagen wird er durch Rom geleitet. Dieser Triumphzug fand im Jahr 71 statt und führte wie gewöhnlich über die Sacra Via. Obwohl der Titusbogen mit Reliefs geschmückt ist, die diesen Triumph zeigen, ist er nicht, wie manche glauben, der eigentliche Triumphbogen. Dieser stand an einem anderen Ort: der östlichen Kurve des Circus Maximus. Woher die Historiker das wissen? Auf dem Titusbogen ist Titus' Apotheose, also seine Aufnahme in den Kreis der Götter zu sehen, und die Inschrift verkündet, dass die *vergöttlichten* Titus und Vespasian geehrt werden. Das war jedoch etwas, was erst nach dem Tod eines

Kaisers geschehen konnte. Und so wurde der Titusbogen auch als Ehrbezeugung durch dessen Bruder und Nachfolger Domitian errichtet. Der eigentliche Triumphbogen am Circus Maximus ist sogar als kleine Darstellung auf dem Relief des Titusbogens zu erkennen.

Sowohl Vespasian als auch Domitian ließen den Teil der Velia, auf dem Nero seine Domus Aurea errichtet hatte, umgestalten (zum »Forum des Vespasian«). Der Koloss aus der einstigen Vorhalle von Neros Palast durfte stehen bleiben, doch sein Gesicht wurde einer kosmetischen Operation unterzogen, und er erhielt die Attribute von Helios oder Sol, dem Sonnengott. Die antiken Quellen verraten nicht, wie genau dies vonstattenging. War es gewissermaßen eine Enthauptung, bei der Neros Kopf abgeschlagen und durch einen neuen ersetzt wurde (so, wie es Kaiser Commodus später tun sollte)? Wahrscheinlicher ist, dass die Statue einfach noch nicht ganz fertig war und man dem Gesicht relativ leicht neue Züge verleihen konnte. Zu guter Letzt wurde der Kopf mit einem Strahlenkranz versehen, und vielleicht erhielt das Standbild auch sofort eine Peitsche – ein Verweis auf Sol als Lenker des Sonnenwagens.

Nero hatte den Verlauf der Sacra Via zum Standort seines Kolosses verlegt, heute befindet sich dort die Basilika Santa Francesca Romana, wo man Teile vom Sockel des Standbildes gefunden hat. Bei Ausgrabungen im neunzehnten Jahrhundert wurde Neros Pflaster jedoch entfernt und man begann damit, die Ruinen auf dem Forum Romanum auszugraben und zu kartografieren. Die Monumente waren im Laufe der Jahrhunderte von Vegetation überwuchert worden; im Mittelalter erhielt das Forum sogar den Namen *Campo*

Vaccino, »Kuhweide«, nach der verlassenen Wiese, zu der es geworden war. Erst der Archäologe Giacomo Boni setzte sich Ende des neunzehnten Jahrhunderts dafür ein, dem Forum Romanum den schützenden Status eines archäologischen Parks zuzuerkennen.

Domitian starb einen dramatischen Tod: Er wurde in seinem eigenen Palast von einer Gruppe Verschwörer ermordet, mit denen wahrscheinlich auch seine Frau im Bunde stand. Der Senat bestimmte daraufhin den über sechzigjährigen Nerva, der den Flaviern immer loyal gedient hatte, zu seinem Nachfolger. Nerva sollte zu einer Art Übergangskaiser werden: Er adoptierte den erfolgreichen Heerführer Trajan und machte ihn dadurch zu seinem Kronprinzen. Damit begann eine Phase, die Historiker auch als die der »Adoptivkaiser« oder der »guten Kaiser« bezeichnen. Trajan zum Beispiel, dessen militärische Erfolge unter anderem auf einer reliefgeschmückten Säule (die zugleich auch seine Grabkammer ist) auf dem nahe gelegenen Forum an der Via dei Fori Imperiali dargestellt sind, wurde nach seinem Tod zunehmend als eine Art Modellkaiser gepriesen.

Sein Nachfolger Hadrian richtete sein Augenmerk eher auf Konsolidierung als auf Ausweitung der römischen Macht. An drei Stellen in Rom ist Hadrians Erbe noch sichtbar: beim Pantheon, das er zu seiner heutigen Gestalt umbaute, bei der Engelsburg, die er als sein Mausoleum errichten ließ, und am östlichen Ende des Forum Romanum auf der Velia. Die Überreste des Tempels der Venus und der Roma, den Hadrian dort erbauen ließ, lassen noch erahnen, wie eindrucksvoll das Bauwerk einst gewesen sein muss (die Säulen, die heute noch dort stehen, gehörten zu dem Säulengang, der den Tempel einrahmte). Er ließ den Koloss von dort wegholen (angeblich mithilfe von vierundzwanzig Elefanten) und versetzte ihn an einen niedriger gelegenen Standort beim Kolosseum. Der Tempel war größer, als die erhaltenen Säulen vermuten lassen: In einem Teil davon wurde später die Santa Francesca Romana gebaut. Anders als die meisten Tempel auf dem Forum Romanum, die nur an der Vorderseite Treppenstufen und einen Eingang besaßen, ließ Hadrian, der als großer Liebhaber der griechischen Kunst und Kultur bekannt war, den Tempel der Venus und der Roma vollständig in griechischem Stil, also von allen Seiten zugänglich, gestalten.

Auch Hadrians Nachfolger Antoninus Pius sollte als einer der »guten Kaiser« in die Geschichte eingehen. Und auch er ließ an der Sacra Via – die nicht umsonst »heilig« hieß – einen Tempel errichten. Er tat dies nach dem Tod seiner Gemahlin Faustina im Jahr 141, und widmete das Bauwerk ihrem Andenken. Von diesem sogenannten Tempel des Antoninus Pius und der Faustina ist, wie jeder Besucher sehen kann, vergleichsweise viel erhalten geblieben, weil er später in eine Kirche umgewandelt wurde. Von der Regierungszeit des Philosophenkaisers Marc Aurel, der auf Antoninus Pius folgte, sind auf dem Forum keine Spuren mehr zu finden. Die Säule, die sein Sohn und Nachfolger Commodus, der im Gegensatz zu seinem Vater vor allem für seine Grausamkeit bekannt war und nicht mehr zu den »guten Kaisern« gezählt wird, für ihn errichten ließ, steht noch an ihrem ursprünglichen Platz auf dem Marsfeld an der heutigen Via del Corso. Auf dem Triumphbogen an der zum Kapitol hin gelegenen Seite des Forum Romanum ist

zu sehen, wie Septimius Severus in dem nach Commodus'
Tod zutiefst gespaltenen Reich für Ordnung sorgt. Zu Ehren
seiner am Ende des zweiten Jahrhunderts im damaligen
Nahen Osten errungenen Siege schenkte ihm der Senat diesen imposanten Triumphbogen – der ursprünglich noch mit
einem Standbild des Kaisers im Triumphwagen bekrönt war.
Julia Domna, Septimius Severus' Frau, erteilte den Auftrag
zur Umgestaltung des Hauses der Vestalischen Jungfrauen
auf dem Forum Romanum und hinterließ es so, wie wir es
heute noch sehen können.

An den Ruinen des Tempels der Göttin Vesta, der die vestalischen Priesterinnen dienten, erkennt man noch deutlich den runden Grundriss des Heiligtums. Es lag an der
Sacra Via in unmittelbarer Nähe zum Haus der Vestalin-
nen, wo sich deren Arbeits- und Wohnräume befanden. Das
Haus wurde um die Domus Publica, die Räumlichkeiten des
(männlichen) Oberpriesters, erweitert, als Augustus, der die
Funktion des *pontifex maximus* (des »obersten Priesters«) aus-
übte, seinen Amtssitz aus Bequemlichkeitsgründen auf den
Palatin verlegte. Die Vestalischen Jungfrauen dienten üblicherweise dreißig Jahre lang der Göttin Vesta. Sie hüteten
ihr ewiges Feuer und bewahrten und bewachten Kultgegen-
stände sowie wichtige Staatsdokumente (in der Regia, einst
Residenz des Königs von Rom). Sie mussten ein strenges
Keuschheitsgelübde ablegen, führten danach aber ein ange-
nehmes Leben und genossen allerlei Privilegien, die Frauen
normalerweise nicht zugestanden wurden. Auch wenn sie
nach Ablauf der dreißig Jahre aus dem Priesterinnendienst
ausscheiden und womöglich noch eine späte Heirat eingehen
durften, blieben einige freiwillig ihr Leben lang in Diensten

der Vesta. Um als Vestalin in Betracht zu kommen, musste ein Mädchen nicht nur aus einer der angesehensten Familien stammen, sondern auch über die nötige Intelligenz verfügen: Die Verantwortung, die sie trugen, war zu groß, um sie den weniger gescheiten wohlhabenden Töchtern zu übertragen. Ihren Privilegien standen jedoch schreckliche Strafen gegenüber, von denen die (heute wie damals) berüchtigtste für die Verletzung des Keuschheitsgelübdes verhängt wurde. Eine Vestalische Jungfrau, die ihr Gelübde brach, wurde laut Gesetz lebendig in einem eigens dafür angelegten unterirdischen Raum am Rande der Stadt begraben. Dieses traurige Schicksal ereilte zum Beispiel Cornelia, Priesterin der Vesta unter Domitian. Dem Vernehmen nach bestritt sie bis zum letzten Moment, in dem man sie noch hören konnte, sich dieses Frevels schuldig gemacht zu haben.

Zahllose weitere Bauwerke säumten einst die Sacra Via, wovon die Ruinen zeugen, die man bis zum heutigen Tage sehen kann, wenn man über die jahrhundertealten Pflastersteine spaziert. Uralte Kultstätten, die die Römer seit der Königszeit in Ehren hielten, auch wenn sie selbst manchmal nicht mehr so recht wussten, wieso, wie etwa der Schwarze Stein (Lapis Niger). Zu den ältesten Tempeln auf dem Forum gehören neben dem Heiligtum der Concordia, der Eintracht, noch der Tempel des Saturn und der von Castor und Pollux. Auch die Räume für die Sitzungen des Senats und der Volksversammlungen, die *curia* und das *comitium*, zählen zu den älteren Überresten auf dem Forum. Die Basilica Iulia und die Basilica Aemilia, die das Gelände einrahmen, wecken Erinnerungen an das Rom der republikanischen Zeit, als ehrgeizige Mitglieder der führenden Familien als Bauherren von sich reden machten (obwohl Kaiser Augustus bei beiden Bauwerken ebenfalls seine Hände mit im Spiel hatte). Die Basiliken waren zur Zeit der Republik stark frequentiert: Man konnte dort allerhand erledigen – vom Einkauf bis hin zu Zivilprozessen – und das bei jedem Wetter.

Beim Bogen des Septimius Severus endet unser Spaziergang über das augusteische Pflaster der Sacra Via, wie man ihn heute noch zurücklegen kann. Wer nach oben schaut, kann versuchen, etwas von der langen Inschrift zu erkennen, die darauf angebracht wurde. Dort steht, dass der Bogen für Septimius Severus und seinen Sohn Caracalla errichtet wurde. Was zuvor dort stand, ehe Caracalla die Geschichte umschrieb, indem er etwas aus dem Text entfernte, war der Name Geta. Bei seinem letzten Sieg hatte Septimius Severus seinen älteren Sohn Caracalla zum Mitkaiser ernannt, während Geta, der jüngere Sohn, zum designierten Thronfolger wurde. Nach Septimius' Tod entspann sich jedoch eine dramatische Familiengeschichte: Caracalla ließ seinen jüngeren Bruder aus dem Weg räumen. Die Vergangenheit hatte die Römer gelehrt, was sie nun zu erwarten hatten – sie bereiteten sich vor auf eine neue Phase der Tyrannei.

XIX. VIALE DELLE TERME DI CARACALLA

SPA UND WELLNESS IN EINER SCHMUTZIGEN STADT

IM ALTEN ROM fand man an nahezu jeder Straßenecke ein Badehaus. Besuche im Bad waren bittere Notwendigkeit – vom Leben in einer dicht bevölkerten Metropole konnte man vor zweitausend Jahren ziemlich schmutzig werden. Einige reiche Römer konnten sich den Luxus eines privaten Badehauses leisten, aber die meisten waren auf öffentliche Bäder angewiesen. Doch auch die wohlhabenden Römer entspannten gern in öffentlichen Bädern: Der Besuch war ein sozialer Akt, den die meisten als ausgesprochen angenehm empfanden. Die wahrhaft riesigen öffentlichen Bäder, die *thermae*, wurden in der Kaiserzeit unmittelbar im Auftrag der Kaiser erbaut, die Trajansthermen etwa (die auf den Fundamenten von Neros Domus Aurea errichtet wurden) und die des späteren Kaisers Diokletian beim Bahnhof Termini. Um einen Eindruck von den ursprünglichen Ausmaßen eines römischen Thermenkomplexes zu bekommen, verlassen wir das alte Zentrum und spazieren ein Stück hinaus zum Viale delle Terme di Caracalla.

Die Ruinen der Caracalla-Thermen, die an dieser Straße liegen, bieten einen eindrucksvollen Anblick. Das gewaltige Badehaus wurde im Auftrag von Caracalla und seinem Vater Septimius Severus parallel zur Via Appia errichtet und wird in einer Inschrift aus der (Spät-)Antike als *Thermae Antoninianae (Caracallae)* bezeichnet – nach der Familie der Antoninen, in die sich Septimius Severus hatte adoptieren lassen. Genau wie in anderen römischen Badehäusern finden wir in den Caracalla-Thermen die drei wichtigsten Räume eines solchen Bades wieder: das *frigidarium* (mit einem kalten Bad), das *tepidarium* (mit erwärmtem Boden und Wänden) und das *caldarium* (mit Warmwasserbecken). Darüber hinaus gab es ein Freiluftschwimmbad (*natatio*) und hier und dort kleinere Planschbecken.

Relativ neu und typisch für die etwas spätere Kaiserzeit war, dass all diese Bäder von *palaestra,* »Fitnessräumen«, flankiert wurden, in denen man Sport, Gymnastik und Krafttraining treiben konnte. Und das war noch nicht alles: Der gewaltige Komplex umfasste zudem mehrere Bibliotheken, ein Theater und weitläufige Gärten. Mit geschlossenen Augen gelingt es manchmal, sich inmitten der Ruinen noch die marmornen Verzierungen an den Wänden vorzustellen, die in kräftigen Farben ausgeführten Malereien ringsum, die großflächigen Mosaiken auf dem Boden unter unseren Füßen und die riesigen Statuen, die in den Gängen standen. Nichts von alldem ist heute noch vor Ort zu sehen. Was von der Ausstattung erhalten geblieben ist, steht in Museen oder auf Plätzen und in Parks in der Stadt und der näheren Umgebung.

Trotzdem sind die Ruinen der Caracalla-Thermen außergewöhnlich gut erhalten. So haben sie etwa das Erdbeben des

Jahres 847 und die Verwüstungen im Mittelalter vergleichsweise unbeschadet überstanden. Danach gerieten sie in Vergessenheit, und die Ruinen verschwanden unter wucherndem Gestrüpp und neuen Gebäuden. Erst unter Papst Paul III. (1534–1549) kamen die Überreste wieder ans Tageslicht, doch das schadete ihnen mehr, als es nutzte: Bei den Ausgrabungen im Jahr 1546 wurden die Thermen teilweise zerstört. Der Papst suchte vor allem nach antiken Kunstwerken, mit denen er seinen Palazzo Farnese schmücken konnte. Und er fand sie: Herrliche, berühmte Skulpturen wie der *Farnesische Stier* und der *Farnesische Herkules* wurden zu kostbaren Ergänzungen seiner Sammlung. Diese und andere Statuen sind inzwischen im archäologischen Museum von Neapel zu sehen. Große ägyptische Granitbecken, die in den Caracalla-Thermen als Badewannen dienten, schmücken heute die Piazza Farnese südwestlich der Piazza Navona. Bis mindestens Mitte des sechzehnten Jahrhunderts stand auf diesem Platz übrigens nur eine der beiden Wannen. Weil sie ihr so ähnlich sah, wurde in der zweiten Hälfte des sechzehnten Jahrhunderts eine weitere Wanne, die ursprünglich auf der Piazza di San Marco gestanden hatte, als Dekoration auf die Piazza Farnese versetzt. Girolamo Rainaldi füllte beide Becken 1626 erstmals wieder mit Wasser, indem er sie an die Acqua Paola anschloss, und verwandelte sie so in die Brunnen, die man noch heute dort sehen kann.

XX. VIALE CASTRENSE

EIN ZWEITES KOLOSSEUM IN ROM

EIN SPAZIERGANG ENTLANG der Überreste der Aurelianischen Mauer kann vor allem im Sommer unter einem uner-
bittlichen, wolkenlosen Himmel ein heißer Ausflug werden.
Aber es lohnt ganz sicher die Mühe; kaum etwas vermittelt
einem in Rom ein anschaulicheres Bild von den Dimensionen der antiken Stadt. Errichtet im Auftrag von Kaiser
Aurelian, ist diese Stadtmauer bis zum heutigen Tage größtenteils erhalten geblieben (wenn auch nicht überall in ihrer
ursprünglichen Gestalt), und man kann ihren Verlauf noch
ziemlich genau verfolgen. Falls Sie so verrückt sein sollten,
dies tatsächlich einmal zu tun, wandern Sie also eine Runde
um das Rom der Spätantike. Es ist schon eigenartig, wie die
unerwartetsten, simpelsten Unternehmungen die Vorstellung, die man von einem historischen Ort oder Ereignis hat,
manchmal deutlicher schärfen können als stundenlanges
Studieren: Am Ende des dritten Jahrhunderts war Rom, wie
Sie bei einem solchen Spaziergang am eigenen Leib erfah-
ren werden, eine Stadt, für deren Umrundung man gut und
gerne einen ganzen Tag brauchte. Wir hingegen folgen nun
vom Viale delle Terme di Caracalla aus der Aurelianischen

Mauer und der Geschichte nur ein kleines Stück in nordöstliche Richtung, hin zu »Roms zweitem Kolosseum«.

Anlass für den Bau der neuen Verteidigungsmauern um das Jahr 275 waren die schwierigen Zeiten, die Stadt und Reich inzwischen durchlebten. Nach Caracalla, der 217 eines gewaltsamen Todes starb, blieb die Severische Dynastie noch ein paar Jahrzehnte an der Macht, aber das dritte Jahrhundert sollte vor allem als ein Jahrhundert der Krisen in die Geschichte eingehen, in dem eine beeindruckend lange Reihe von »Soldatenkaisern« einander in schwindelerregendem Tempo ablösten und gleichzeitig die üblichen selbsternannten Gegenkaiser auftraten. Wer von ihnen der Usurpator war, konnte manchmal kaum noch jemand mit Bestimmtheit sagen. Sie waren so kurz an der Macht, und ihre Machtbasis war so fragil, dass sie die Hauptstadt des Reichs bautechnisch nahezu unverändert ließen. Einer der wenigen verbindlichen Anführer in diesem Jahrhundert war Aurelian, der 270 von seinen Soldaten auf dem Schlachtfeld zum Kaiser ausgerufen, aber gleich im Anschluss auch durch den Senat in Rom anerkannt wurde. Die eindrucksvollsten Zeugnisse seines nur fünf Jahre währenden Prinzipats hinterließ er durch den Auftrag zum Bau einer neuen Stadtmauer. Das Reich war durch die anhaltenden inneren Machtkämpfe geschwächt und somit anfällig geworden für die Überfälle nördlicher Volksstämme – neue Mauern waren daher in erster Linie auch kein Prestigeprojekt, sondern bittere Notwendigkeit.

Die neue Stadtmauer wurde ungefähr zwanzig Kilometer lang. Bei ihrem Bau war Eile geboten, und so wurden, wo irgend möglich, bereits bestehende Gebäude in die

Ummauerung integriert. Das ist ebenso einfach wie billig: Warum soll man erst abreißen und dann wieder neu bauen, wenn schon eine stabile Konstruktion vorhanden ist? Die Einbeziehung eines Bauwerks in die Aurelianische Mauer, wie es etwa bei der Pyramide des Cestius geschah, hat für Historiker den hübschen Nebeneffekt, dass die Bauten, die dafür in Betracht kamen, Abriss und Vergessenheit entgingen. Beim Bau seiner Mauer rings um Rom stieß Kaiser Aurelian auch auf das Amphiteatrum Castrense – eine Art kleines Kolosseum, das dem breiten Publikum heutzutage vollkommen unbekannt ist. Die Aurelianische Mauer ist an dieser Stelle, der Kreuzung von Via Nola und Viale Castrense (gar nicht einmal so weit vom »echten« Kolosseum entfernt), noch weitgehend intakt. Das Amphiteatrum Castrense, nach dem die Straße benannt wurde, ist zwar alles andere als unversehrt, aber immer noch gut zu erkennen.

Allem Anschein nach wurde das Amphiteatrum Castrense im dritten Jahrhundert während der Regierungszeit von Septimius Severus oder einem späteren Vertreter der Severischen Dynastie, Kaiser Elagabal, erbaut. Die Außenmauer umfasste ursprünglich drei mit offenen Bögen versehene Stockwerke, aber die Arena bot deutlich weniger Zuschauern Platz als das nahe gelegene Kolosseum; es gehörte wahrscheinlich zu einer kaiserlichen Residenz und war somit vor allem für Privatvorstellungen der kaiserlichen Familie und des Hofs bestimmt, nicht für das römische Volk. Der Name des Amphitheaters, »Castrense«, ist von dem lateinischen Wort *castrum* abgeleitet, das ursprünglich »(Militär-)Lager« bedeutete und eine (zumindest teilweise) militärische Funktion vermuten lässt. Tatsächlich steht nicht einmal mit hundertprozentiger

Sicherheit fest (aber wann ist das in der Archäologie schon der Fall?), dass es sich bei dem runden Bauwerk an der Via Castrense auch wirklich um das Amphiteatrum Castrense handelt. Die Identifizierung gilt jedoch als allgemein akzeptiert und stützt sich auf zwei Säulen: die Tatsache, dass es sich am passenden Ort befindet, das heißt an der Stelle, an der das Amphiteatrum auf einem alten Stadtplan von Rom eingezeichnet ist, und die Annahme, dass das Wort »castrum« auch so etwas wie »kaiserliche Residenz« oder »Hof« bedeutete. Was dann wiederum auf eine Residenz wie die verweisen würde, zu der das Amphiteatrum Castrense gehörte.

Und tatsächlich haben Ausgrabungen ergeben, dass die Kirche Santa Croce in Gerusalemme, die von der Via Nola aus gesehen gleich hinter dem Amphiteatrum liegt, über einem großen Komplex aus kaiserlichen Wohnräumen errichtet wurde. Diese Palastanlage stammt etwa aus der Zeit von Septimius Severus, aber ihre berühmteste Bewohnerin zog erst zu Beginn des vierten Jahrhunderts dort ein: Helena, die Mutter von Kaiser Konstantin, die sich – genau wie ihr Sohn – zum Christentum bekehrte. Die Geschichte besagt, dass Helena auf einer Reise durch den östlichen Teil des Römischen Reichs neben einer ganzen Menge weiterer Reliquienfunde ein hölzernes Kreuz entdeckte, welches sich als das »Wahre Kreuz« erwies, an dem Jesus Christus gestorben war. Eigentlich fand sie drei Kreuze, aber eine kranke Frau machte für Helena die Probe aufs Exempel und legte sich auf die ersten beiden, ohne dass etwas geschah. Erst als sie das dritte Kreuz berührte, wurde sie auf der Stelle von ihrer Krankheit geheilt. Helena nahm das Kreuz mit zurück nach Rom, wo es sich bis zum heutigen Tag befindet. Die

Bezeichnung »Wahres Kreuz« lässt darauf schließen, dass schon im vierten Jahrhundert ein schwunghafter »Handel« mit christlichen Reliquien entstanden war. Und in der Tat waren noch weitere Exemplare des »Wahren Kreuzes« in Umlauf. Im Mittelalter sollen sie so zahlreich geworden sein, dass Johannes Calvin bissig bemerkte, all diese Kreuzreliquien zusammen ergäben genug Holz, um damit ein ganzes Boot zu bauen.

Helena bewahrte das Kreuz Christi in ihrem eigenen Palast auf. Natürlich verdiente es ihrer Ansicht nach eigentlich eine angemessenere Heimstatt. Und so ließ sie die schlichte Kapelle in ihrem Palast zu einer Kirche umbauen, die sich aufgrund der Bedeutung der Reliquie zu einer Wallfahrtsstätte für Christen aus der ganzen Welt entwickelte. Der heilige Aufbewahrungsort des Wahren Kreuzes erhielt den Namen Santa Croce in Gerusalemme (Heiliges Kreuz in Jerusalem) und sollte zu einer der sieben Pilgerkirchen Roms werden. Auch heute lockt die Kirche noch einige Besucher und Pilger an, doch ihr Erscheinungsbild hat sich im Laufe der Jahrhunderte verändert. Im dreizehnten Jahrhundert wurden diverse Umbauten vorgenommen, und im achtzehnten Jahrhundert erhielt ihre Fassade die barockere Gestalt, die man bis heute sehen kann.

Wenn wir am Amphiteatrum Castrense entlang zu Santa Croce in Gerusalemme spazieren und kurz hineinschauen, sehen wir hinter dem Altar noch einmal die Darstellung von Helena, wie sie in Jerusalem das Wahre Kreuz entdeckt. Der Teil der Gärten, in denen die archäologischen Überreste des Amphiteatrum Castrense liegen, ist leider nur sporadisch für die Öffentlichkeit zugänglich – und auch dann nur in Begleitung eines Kirchenführers. Wie Aurelian die Konstruktion in seine Mauer einfügte, ist jedoch auch von außen deutlich zu erkennen: Alle Eingangsbogen der Arena wurden zugemauert. Die gigantische, zwanzig Kilometer lange Mauer um Rom war nicht nur der verzweifelte Versuch von Kaiser Aurelian, die zahllosen »barbarischen« Stämme fernzuhalten, sondern vor allem ein Vorzeichen drohenden Unheils: Es sollte nicht mehr lange dauern, bis die Aurelianische Mauer nicht mehr standhalten würde.

XXI. PONTE MILVIO

IM NAMEN DES KREUZES

AM 28. OKTOBER 312 kam es zu einer alles entscheidenden Konfrontation. Kaiser Maxentius, von vielen »der Usurpator« genannt, und seine Truppen standen Konstantin und seiner Armee gegenüber. Beide Lager waren bereits mehrmals aufeinandergetroffen, die wichtigste Schlacht aber würde in Rom stattfinden. Maxentius versammelte seine Männer nördlich der Via Flaminia, unmittelbar vor der Aurelianischen Mauer. Der vielversprechende, ehrgeizige Heerführer Konstantin wusste, wenn er hier den Sieg errang, wäre ihm die Herrschaft über das Weströmische Reich sicher. Die Teilung des Reichs in Ost und West zeichnete sich immer deutlicher ab. Während Konstantins Regierungszeit sollte Byzanz Rom sogar den Rang als Herz und Hauptstadt des Reichs ablaufen, und dies auf nachdrückliche Initiative des Kaisers selbst. Nicht umsonst wurde das »neue Rom« nach ihm benannt: Konstantinopel.

Dennoch finden sich nicht nur in Istanbul, sondern auch in Rom zahlreiche Spuren von Konstantin. Die bekannteste davon ist der Konstantinsbogen, und sei es nur, weil er unmittelbar neben dem Kolosseum steht. Auf diesem

Triumphbogen sind die üblichen *spolia* zu sehen – Dekorationselemente, die von anderen Monumenten entfernt und »wiederverwendet« wurden. Die Spolien am Konstantinsbogen stammen unter anderem aus der Zeit von Trajan, Hadrian und Marc Aurel. Allem Anschein nach sollte Konstantin auf diese Weise in die Tradition der »guten Kaiser« eingereiht werden. Die Rechtschaffenheit der alten römischen Kaiser, deren Ruf zu Konstantins Zeiten positiv etabliert war, sollte auf ihn übergehen und neue Bedeutung erhalten. Ob und in welcher Form er selbst als treibende Kraft dahinterstand, ist ungewiss, immerhin war der Triumphbogen eine Ehrbezeugung für Konstantin und ein Geschenk des Senats. Den Triumph jedenfalls, dem der Bogen gewidmet ist, errang er an jenem 28. Oktober 312 an einer etwa sechs Kilometer nördlich gelegenen Brücke: dem Ponte Milvio.

Die Brücke war erst kürzlich – übrigens auf Befehl von Maxentius selbst – durch eine provisorische, nicht sehr stabile Pontonbrücke ersetzt worden. Konstantin verfügte über deutlich weniger Männer und schien kaum eine Chance zu haben. Sein späterer Biograf Eusebius schreibt, dass Konstantins Mut neu erwachte, als er am Tag vor der Schlacht eine Vision hatte. Am wolkenlosen Himmel erschien ihm ein Kreuz mit den Worten »*In hoc signo vinces*« – »In diesem Zeichen wirst du siegen«. Und tatsächlich errang er am nächsten Tag den Sieg: Die Brücke hielt dem Ansturm von Maxentius' Heer nicht stand. Zuhauf ertranken die Soldaten im Tiber und mit ihnen ihr Anführer. Maxentius' Leiche wurde nach der Schlacht an der Milvischen Brücke aus dem Fluss gefischt und nachträglich enthauptet. So entstand eine Legende, die noch lange erzählt werden sollte: Zum ersten Mal in der Geschichte der Menschheit wurde im Namen des christlichen Kreuzes ein militärischer Sieg errungen. Konstantin wurde Kaiser und sollte später als »der Große« bekannt werden.

Obwohl sich Konstantin tatsächlich zum christlichen Glauben bekehrte und (nach einer Phase systematischer Christenverfolgungen) eine ausgesprochen pro-christliche Politik vertrat, wurde das Christentum erst später unter Theodosius zur Staatsreligion. Die Regierungszeit Konstantins wird häufig als eine Art Übergangsperiode betrachtet: Der Kaiser selbst gilt oft (oder gern) als »gut«, Rom jedoch ging es ab dem vierten Jahrhundert eigentlich vor allem »schlecht«. Diese Werturteile sind mit viel Wenn und Aber verbunden, und vielleicht sind sie auch gar nicht notwendig, um ein klares Bild vom langsamen, aber unaufhaltsamen Niedergang zu zeichnen, der zum unvermeidlichen Fall des Weströmischen Reichs führte. Konstantins Einfluss auf die Geschichte Roms (und Europas) wurde in der Vergangenheit oft stark hervorgehoben. Das liegt natürlich daran, wie sich die Geschichte, insbesondere die Geschichte des Christentums, weiter entwickelte. Wie mühsam es auch sein mag, sich all das Künftige »wegzudenken«, man kann die Vergangenheit nicht auf der Grundlage ihrer Zukunft interpretieren. Doch obwohl die Auswirkungen und der innovative Charakter von Konstantins Kaiserschaft oft ein wenig überschätzt wurden, erwies sich seine Entscheidung für den monotheistischen Glauben der Christen tatsächlich als ungemein folgenreich: Nach ihm waren alle Kaiser bis auf Julian (»der Abtrünnige«) Christen.

Die Stadt Rom blieb unter Konstantins Herrschaft in Gestalt und Aussehen im Grunde recht »heidnisch«. Die zahlreichen Tempel im Zentrum blieben erhalten und sollten, genau wie die philosophischen Schulen, erst viel später endgültig aufgegeben werden. Seine eigene Bautätigkeit konzentrierte sich vornehmlich auf die römische Peripherie. Er ließ Monumente über den Gräbern der Kirchengründer Petrus (heute der Petersdom) und Paulus (heute San Paolo fuori le Mura) errichten. Am gegenüberliegenden Ende der Stadt entstand auf Initiative der Kaiserinmutter Santa Croce in Gerusalemme, und auf dem Laterangelände, wohin Konstantin mit seinem gesamten Hof zog, ließ er eine Kirche bauen: die spätere San Giovanni in Laterano (zunächst Santissimo Salvatore genannt), von deren ursprünglichem Gebäude heute jedoch nichts mehr erhalten ist. Der gesamte Komplex ging später als Geschenk an die Kirche und wurde zur Residenz der Päpste. Und das sollte so bleiben, bis sie im vierzehnten Jahrhundert aus Rom vertrieben wurden.

Da die Gottesdienste nicht mehr in versteckten »Hauskirchen« abgehalten werden mussten, verlagerte sich die Architektur nun hauptsächlich auf den Bau von Kirchen und Grabmälern für Märtyrer. Darüber hinaus entstand in konstantinischer Zeit ein Trend, der der weiteren Baugeschichte Roms seinen Stempel aufdrücken sollte: Spolien wurden zu einem nahezu unverzichtbaren Bestandteil aller Neubauten. Dekorative Elemente und kostbare Materialien aus alten heidnischen Monumenten wurden beim Bau von Kirchen wiederverwendet – eine Vorgehensweise, deren Spuren man noch heute in fast allen alten Kirchen Roms wiederfinden kann. Gebaut wurde also immer noch reichlich in der Ewigen Stadt. Trotz der Gründung des »neuen Roms« am Bosporus bewahrte das Rom am Tiber vorläufig noch seinen Ruhm und Glanz. Doch sein Status als politisches Zentrum der Welt war dahin.

XXII. PASSETTO DI BORGO

DER GEHEIMGANG DER PÄPSTE

WEDER PILGER NOCH Ungläubige bleiben vollkommen unberührt, wenn sie zum ersten Mal am Anfang der Via della Conciliazione stehen, um die letzten Meter zum gewaltigen Petersdom und der willkommen heißenden Umarmung des monumentalen Platzes zurückzulegen. Die kerzengerade Panoramaachse verfehlt ihre Wirkung nicht – genau wie von Mussolini beabsichtigt. Häufig jedoch kommen Besucher auch von der anderen Seite, der U-Bahn-Station Ottaviano, und betreten den Platz durch die Kulissen – unter Berninis Kolonnade hindurch. Diese Säulenreihen markieren die Grenze zwischen vatikanischem und italienischem Territorium, aber auch den Ausgangspunkt einer alten, mittelalterlich anmutenden und ziemlich hohen Mauer, die erst parallel zu Berninis Kolonnade verläuft und dann weiter der Richtung der Via della Conciliazione folgt. Von außen ist kaum zu erkennen, worum es sich handelt, es sieht aus wie eine Art Wehrmauer. Nichts lässt vermuten, dass wir auf einen überdachten Geheimgang blicken. Das am besten versteckte Sträßchen von ganz Rom wird der *passetto* genannt, der »kleine Durchgang«, und es führt vom Petersdom zur achthundert Meter entfernten Engelsburg. Für wen war dieser seltsame, verborgene Gang bestimmt?

Der östliche Teil des Römischen Reichs mit seiner Hauptstadt Konstantinopel festigte seine Stellung nach Konstantins Zeiten und sollte seine Macht noch über Jahrhunderte hinweg bewahren. In Rom jedoch hatten mehrere Einfälle sogenannter barbarischer Stämme im Laufe des fünften Jahrhunderts die Herrschaft endgültig gebrochen. Chaos und Belagerungen wechselten einander ab, die Situation wurde unhaltbar. 476 wurde der letzte Kaiser, Romulus Augustus, durch Odoaker, den Anführer der germanischen Stämme, abgesetzt. Rom, und damit das gesamte Weströmische Reich, fiel. Erschöpft nach einer langen Reihe von Überfällen und Plünderungen. Im sechsten Jahrhundert geriet die Stadt in die Hände der Goten, bis auch deren Reich unterging und die Langobarden sich in Italien niederließen, die so gut wie nichts von der römischen Kultur übernahmen. Rom war ein einziger Trümmerhaufen, und es gab weder Kaiser noch Senat, um die öffentliche Ordnung wiederherzustellen. Über tausend Jahre hatte die Stadt floriert, einen Großteil dieses Jahrtausends als das pochende Herz eines Weltreichs. Wie dieses Reich langsam, aber unausweichlich untergehen konnte, bietet seit Menschengedenken Stoff für Diskussionen. Sicher ist zumindest, dass nicht ein einziger Faktor den Ausschlag gab. Es war, wie eigentlich immer in der Geschichte, ein komplexes Zusammenspiel von Ursachen und Umständen. Sicher ist auch, dass in Rom noch lange chaotische Zustände herrschten und der Westen Europas bis auf Weiteres zerrissen blieb.

Das blieb nicht ohne Auswirkungen auf das Erscheinungsbild Roms. Als die Goten die Stadt 546 von den Byzantinern zurückeroberten, erfüllte ihr zerstörungswütiger Anführer Totila glücklicherweise sein Versprechen nicht, ganz Rom in eine große Viehweide zu verwandeln. Trotzdem riss er einen Großteil der Stadtmauern nieder, unter anderem beim Grabmal des Hadrian, das wir heute unter dem Namen Engelsburg kennen. Kaiser Aurelian hatte das Mausoleum teilweise in seine Aurelianische Mauer integriert, und von diesem Tag an war es um Hadrians ewige Ruhe geschehen: Das Grabmal trat seinen Dienst als Burg an und sollte in diesen stürmischen Zeiten vor allem der Verteidigung Roms dienen. Bis am Ende des sechsten Jahrhunderts etwas Merkwürdiges geschah.

Rom litt unter einer entsetzlichen Pestepidemie, der 590 sogar Papst Pelagius II. zum Opfer fiel. Sein Nachfolger Gregor, genannt »der Große«, organisierte eine spezielle Bittprozession, damit Gott die Pest aus der Stadt vertreiben möge. Als der Zug der frommen, flehenden Gläubigen kurz vor Sankt Peter angelangt war, sah Gregor, wie unmittelbar über Hadrians Mausoleum am Himmel der Erzengel Gabriel mit einem Schwert in der Hand erschien. Verblüfft starrte er nach oben, und gleich darauf steckte Michael das Schwert in die Scheide. Gregor interpretierte dies als Zeichen, dass ihre Gebete erhört worden waren. Und tatsächlich: Die Pest verschwand aus Rom. Die Geschichte dieses Gotteswunders wurde noch Jahrhunderte später erzählt, und 1536 errichtete man auf der Spitze des Mausoleums eine Statue von Michael mit dem Schwert. Diese Statue steht noch immer in der Engelsburg; der Engel, der inzwischen das Dach krönt, stammt jedoch aus dem achtzehnten Jahrhundert.

Erst um das Jahr 800 verspürte man die Notwendigkeit, die von Totila zerstörten Mauern wieder aufzubauen. Die Zeit dazwischen, grob gesagt vom siebten bis zum neunten Jahrhundert, ist eine Phase, von der man als Tourist in Rom nur wenig zu sehen und noch weniger zu hören bekommt. Auch für Stadthistoriker sind diese Jahrhunderte nur schwer zu greifen – vielleicht weil es in ihnen keine unangefochtenen Herrscher mit großen Bauvorhaben gab. Aber wir verfügen über eine Reihe ganz besonderer Quellen für diese Zeit: die sogenannten Pilgerführer, die im Laufe des siebten Jahrhunderts erstmals auftauchen. Sie erzählen uns nichts über die Geschichte von Kaisern oder Päpsten, sondern über einfache, fromme Reisende auf der Suche nach Erlösung oder Heilung. Möglicherweise war der Einfluss dieser stetig wachsenden Zahl von Besuchern auf den Verlauf der Stadtgeschichte letztlich sogar größer als der früher Päpste oder eines einzelnen Kaisers, der sich zum Christentum bekehrte. Sie kamen aus eigenem Antrieb nach Rom, obwohl die Reise unbequem, gefährlich und auch teuer gewesen sein muss. Der anschwellende Pilgerstrom entsprang dem sehnlichen Wunsch, in der Nähe der Gräber und sterblichen Überreste jener Heiligen und Märtyrer zu sein, die mittlerweile in ganz Europa verehrt wurden. Die Bauarbeiten, die dadurch erforderlich wurden, gaben der Stadt Rom einen neuen Impuls.

Wir können diese Pilger nicht einfach als die ersten »Touristen« in Rom abstempeln, weil sie sich in so ziemlich jeder Hinsicht von den heutigen Touristen unterschieden. Die Pilgerfahrt führte sie meist nicht einmal ins Zentrum, sondern vor allem zu den Heiligengräbern vor den Mauern am Rande der Stadt. Ausgangspunkt oder Ziel bildete dabei häufig das

Grab des Petrus, und das von Paulus stand ebenfalls auf jeder Liste. Doch auch an anderen Stellen rings um Rom lagen Heiligengräber, oft in kilometerlangen unterirdischen Gängen, den sogenannten Katakomben. Diese Anlagen waren mehr oder weniger aus der Not geboren: Als unter dem Einfluss des sich ausbreitenden Christentums die Einäscherung zunehmend von Erdbestattungen abgelöst wurde, schwand der verfügbare Platz für die Gräber – und man wich unter die Erde aus. Aber die unterirdischen Gänge waren im sechsten und siebten Jahrhundert nicht mehr groß und sicher genug, um die zahlreichen Pilger angemessen aufnehmen zu können. Daher wurden rings um die wichtigsten Märtyrergräber andere Grabstätten geräumt; der Boden wurde eingeebnet und Kirchen wurden gebaut. Beispiele dafür sind San Lorenzo fuori le Mura sowie Sant'Agnese östlich der Mauern, Santi Nereo e Achilleo im Süden, San Pancrazio auf dem Janiculum im Westen und San Valentino an der Via Flaminia nördlich der Stadt.

Seit der Zeit Karls des Großen war der Papst in Rom mehr als nur der oberste Hirte seiner Schar von Gläubigen in der Stadt. Als Gegenleistung für die päpstliche Legitimierung war Karls Vater Pippin der Kurze, der König der Franken, Rom zu Hilfe geeilt und hatte die Langobarden aus Italien vertrieben. Er übertrug dem Papst die Verfügungsgewalt über eine Reihe von Städten in Mittelitalien – der Kirchenstaat war geboren. Karl der Große ließ sich im Dezember des Jahres 800 durch Papst Leo III. in Rom zum Kaiser krönen. Damit legte er den Grundstein eines neuen politischen Bundes, der sich nach dem Fall von Rom im Westen Europas herausbilden sollte: das Heilige Römische Reich. Im Grunde widerstrebte Karl das aus dem Wunsch seines Vaters nach päpstlichem Segen entstandene Krönungsritual – schließlich steht der Gekrönte im Rang immer unter dem, der ihn krönt. Das »Geschenk« des Kaisertitels wurde im Laufe der folgenden Jahrhunderte somit auch vor allem ein Symbol für die Abhängigkeit vom Papst.

Wie dem auch sei, Rom wurde erneut zum religiösen Zentrum, und die Pilgerstätte, zu der sich Sankt Peter (wo die Päpste und ihre Verwaltung damals noch nicht residierten) entwickelt hatte, sollte entsprechend geschützt werden. In Bezug auf die Verteidigung der Stadt musste, erst recht nach dem Tod Karls des Großen und der Aufteilung seines Reichs, das eine oder andere passieren. Die aus dem Mittleren Osten stammenden Sarazenen machten sich in Europa einen Namen als gefürchtete Piraten und Plünderer. Unter der Führung von Papst Leo IV. wurde unter anderem deswegen im neunten Jahrhundert erstmals eine Verteidigungsanlage rings um Sankt Peter angelegt, die den gesamten vatikanischen Hügel umschloss: die Leoninische Mauer.

Der Strom der Pilger hielt auch in den darauffolgenden Jahrhunderten unvermindert an. Ab dem achten und neunten Jahrhundert wurden die Kirchen innerhalb der Stadtmauern immer häufiger zu einem festen Bestandteil der römischen Wallfahrten. Einer der Gründe dafür war eine Lockerung der »Knochenpolitik« der Kirche: War es anfangs noch streng verboten gewesen, die sterblichen Überreste von Heiligen »herumzuschleppen«, gestattete man inzwischen, sie an einen anderen Ort zu bringen. Im Laufe der Jahrhunderte wurde der Inhalt so mancher Gräber außerhalb der Mauern aus Sicherheitserwägungen lieber ins Zentrum der Stadt geholt. Dort konnten sie zumindest vor Plünderern geschützt werden. In dieser Zeit fanden viele Reliquien einen Platz in den neu angelegten Krypten der römischen Kirchen. Vielleicht hat dieses ganze Hin und Her mit den heiligen Gebeinen zum wachsenden Misstrauen der Pilger im zwölften Jahrhundert beigetragen, die sich immer häufiger fragten, ob all diese Überreste tatsächlich in den Reliquienschreinen lagen, vor denen sie so gottesfürchtig knieten. Diese Skepsis war mit verantwortlich für das Entstehen einer Art von Reliquienwettstreit zwischen den einzelnen Kirchen – insbesondere zwischen dem Lateran und dem Vatikan.

In Europa herrschten unterdessen immer noch unruhige Zeiten. Seit dem elften Jahrhundert wurden die Päpste durch Kardinäle gewählt – von nun an verteilten nicht länger politische, sondern geistliche Führer die kirchlichen Ämter (was letztlich zum Investiturstreit führte, der mit der Unabhängigkeit der norditalienischen Stadtstaaten einherging). Aber die Macht des Papstes und der katholischen Kirche waren noch lange nicht überall anerkannt, und der Konflikt erlebte einen Höhepunkt mit der Auseinandersetzung zwischen Papst Gregor VII. und Kaiser Heinrich IV. Später, im dreizehnten Jahrhundert, fürchtete Papst Nikolaus III. (1277–1280) so sehr um sein Leben, dass er vom Lateranpalast in die vatikanischen Palazzi umzog und beschloss, einen Fluchtweg für Notfälle zu schaffen. Oben auf der Leoninischen Mauer, die zur gut zu verteidigenden Engelsburg führte, ließ er einen Gang anlegen: Der Viadukt mit dem Namen *passetto di Borgo* war geboren. Zwei Jahrhunderte später trug der Borgia-Papst Alexander VI. sein Scherflein bei, indem er 1492 eine weitere Ebene hinzufügen ließ und so den *passetto* in jene überdachte Galerie verwandelte, die man heute noch erkennen kann.

Nikolaus III. verfügte über große Weitsicht. Zweihundertfünfzig Jahre nachdem er seinen Fluchtweg hatte anlegen lassen, erwies sich dieser als bitter nötig, als am 6. Mai 1527 der berüchtigte Sacco di Roma erfolgte – die Plünderung der Stadt durch ein Heer deutscher und spanischer Söldner unter der Führung von Karl V. Es kam zu schweren Übergriffen in der Stadt, und Papst Clemens VII. musste zusehen, dass er sein nacktes Leben rettete. Der Überlieferung zufolge begleitete ihn ein treuer Schweizergardist durch den *passetto*, nur mit einer Fackel in der Hand, um den Gang zu erleuchten. Der Fluchtweg führte sie über Treppen in unterirdische Bunker nahe der Engelsburg, wo sie die bangsten Stunden verbrachten. Um den weiteren Verlauf eines möglichen Aufenthalts angenehmer zu gestalten, wurde die Engelsburg durch die Päpste des frühen sechzehnten Jahrhunderts unter anderem mit Loggien, Empfangssälen, Besprechungsräumen, päpstlichen Gemächern und sogar einer Kapelle ausgestattet.

Seit dem sechzehnten Jahrhundert, als parallel zu der alten Mauer eine neue errichtet wurde, teilte der *passetto* das Borgo-Viertel in zwei Teile: Borgo Vecchio auf der einen Seite und Borgo Nuovo auf der anderen. Bei dieser Gelegenheit wurden mehrere neue Tore und Durchgänge geschaffen. Die Engelsburg verwandelte sich in dieser Phase relativen Friedens und Wohlstands von einer Fluchtburg in ein Gefängnis. Die letzte Veränderung wurde durch Papst Urban VIII. (1623–1644) vorgenommen, der auch die oberste Galerie von

Alexander VI. noch einmal überdachen ließ. Heutzutage ist der *passetto* geschlossen; nur ausnahmsweise und auf Anfrage dürfen Touristen hinein. Aber zum Glück ist der Geheimgang der Päpste auch vom Dach der Engelsburg und von der Kuppel des Petersdoms aus gut zu sehen.

XXIII. PIAZZA DEI CAVALIERI DI MALTA

DIE ERBEN DER TEMPELRITTER

WENN MAN ERST einmal darauf achtet, entdeckt man es in Rom plötzlich an zahllosen Stellen: das achtspitzige Malteserkreuz. Meist auf einer roten Fahne flatternd, wie bei den Trajansmärkten. Es ist das Wappen eines der ältesten noch existierenden Ritterorden und erinnert an die Zeit der Kreuzzüge, die aufkamen, als die westeuropäischen Staaten den Byzantinern in ihrem Kampf gegen die Türken zu Hilfe eilten. Der Malteserorden (offiziell: Souveräner Ritter- und Hospitalorden vom heiligen Johannes von Jerusalem von Rhodos und von Malta) stammt ursprünglich nicht aus Malta, sondern aus Jerusalem, wo die Ritter im Mittelalter Pilgern und Kreuzfahrern in einem Pilgerspital Obdach boten. Zu Beginn wurde das Spital von Mönchen des Benediktinerordens geführt, doch im Jahr 1113 spalteten sich die Hospitalbrüder ab und gründeten ihren eigenen Orden, der schon bald offiziell vom Papst anerkannt wurde. Und er ist bis zum heutigen Tag quicklebendig: Der Orden hat etwa 12 000 Mitglieder, darunter viele Geistliche und Angehörige des europäischen Adels. Sie bilden immer noch einen Ritterorden mit souveränem Status, nur ohne eigenes Staatsgebiet. Besser gesagt, fast ohne eigenes Staatsgebiet, denn in Rom verfügt der Orden dann doch über ein paar Quadratmeter Grundbesitz.

Vor allem im Frühjahr ist es ein herrlicher Spaziergang hoch auf den Aventin. Die Sonne brennt noch nicht so erbarmungslos wie manchmal im Hochsommer, und der Rosengarten steht in voller Blüte. Auf dem Aventin begegnet man überall den Spuren der Vergangenheit, die genau wie anderswo in Rom in die allerfrüheste Geschichte der Stadt zurückreichen. Hier sollen sich die Plebejer im fünften bis dritten Jahrhundert vor Christus mehrere Male versammelt haben, um gegen die privilegierte Stellung der Patrizier zu rebellieren. Tatsächlich organisierten sie jedes Mal eine Art Generalstreik des einfachen Volkes, wodurch das öffentliche Leben mehr oder weniger zum Erliegen kam. Die italienischen Parlamentarier, die 1924 auf dem Aventin zusammenkamen, um gegen das faschistische Regime zu protestieren, wählten den Ort ihres Streiks nicht ohne Grund.

Der Weg hinauf verrät jedoch nichts von dieser Vergangenheit. Der Rosenduft weicht dem heiteren Anblick blühender Apfelsinenbäume im Giardino degli Aranci, gleich neben der herrlichen Basilika Santa Sabina. Die Straße endet an der Piazza dei Cavalieri di Malta, wo auf den ersten Blick nur wenig von der Villa di Malta, einem der beiden Hauptsitze des Malteserordens, und der dazugehörigen Kirche Santa Maria del Priorato zu sehen ist. Der Komplex wurde 939 als Benediktinerkloster errichtet. In seinem Inneren bauten die Mönche eine dem heiligen Basilius (San Basilio) geweihte Kirche. Später wurden Villa und Kirche auf dem Aventin Eigentum der Tempelritter, doch 1312 gingen deren Güter auf den Malteserorden (damals noch Johanniter genannt) über. Dessen Besitz nahm nun, sowohl in Kleinasien als auch in Europa, ungeahnte Ausmaße an: Das Erbe der Templer war eine gewaltige Ergänzung zu den zahlreichen Schenkungen, die er im Laufe der Jahrhunderte von dankbaren Kreuzfahrern erhalten hatte. Für die Verwaltung dieser ganzen Besitzungen wurde pro Region ein Großpriorat eingerichtet, welches wiederum in Kommenden aufgeteilt wurde. Und bis zum heutigen Tage steht an der Spitze des Ordens der Großmeister im schwarzen Mantel.

1530 schenkte Karl V. dem Ritterorden die Insel Malta. Doch dieses Geschenk ging mit den üblichen Begleitumständen einher: Schon bald mussten die Ritter ihr neu erworbenes Territorium gegen verschiedene türkische Invasionen verteidigen. Letztlich blieb der Name, nicht aber der Besitz. Napoleon hielt nicht viel von Ritterorden und erkannte den Anspruch des Ordens auf die Insel nicht an. 1800 wurde Malta dann von Großbritannien erobert, und seitdem ist der Malteserorden nur noch auf dem Papier ein souveräner Staat. Er verlegte seinen Sitz nacheinander nach Sankt Petersburg, Catania und Ferrara, bis er schließlich eine dauerhafte Heimat in Rom fand, wo er bis zum heutigen Tage Anerkennung und Schutz durch den Heiligen Stuhl genießt.

1765 bekam Giovanni Battista Piranesi den Auftrag zur Neugestaltung des Platzes und der Fassade von San Basilio, die bei dieser Gelegenheit den Namen Santa Maria del Priorato erhielt. Noch heute erinnert daran eine von zwei kleinen Obelisken flankierte Inschrift. In der Kirche findet man auch Piranesis Grab. Der Legende nach soll er ein heimlicher Bewunderer des Templerordens gewesen sein und daher eine Reihe von Hinweisen, Codes und Symbolen in seinem Platz versteckt haben. Es soll dort ein verborgenes heiliges Schiff der Templer geben, das seit Jahrhunderten bereitliegt, um dereinst zu Wasser gelassen zu werden und ins Heilige Land zu fahren. Der gesamte Aventin ist ein Symbol für dieses Kreuzfahrerschiff: Sein südliches Ende, das zum Tiber hin abfällt, hat die Form eines riesigen V und stellt den Bug dar. Das Eingangsportal der Villa di Malta ist das Achterdeck, und die Labyrinthe in den Gärten symbolisieren das Gewirr des Tauwerks. Der »Wald« aus Obelisken auf dem Platz selbst steht für die Bäume (Baumstämme), die einst nötig sein werden, um das Schiff zu Wasser zu lassen. Wer genau hinsieht, erkennt, dass in die Obelisken allerlei seltsame Symbole eingraviert sind – geheime Botschaften, die nur für »Eingeweihte« lesbar sein sollen.

Der Malteserorden gönnt uns nur einen winzig kleinen Einblick durch das Schlüsselloch des (stets verschlossenen) Eingangstors der Villa di Malta. Zusammen mit dem Palazzo di Malta an der Via dei Condotti bildet sie das einzige Territorium des souveränen Ordens. Wer durch das Schlüsselloch schaut, genießt also nicht nur einen perfekten Panoramablick auf die Kuppel des Petersdoms, sondern sieht – genau wie im Vatikanstaat – ein kleines Stück nicht-italienischen Bodens.

XXIV. VIA COLA DI RIENZO

EIN ROM OHNE PÄPSTE

ALLES, AUCH DER genaue Standort einer Statue, kann in Rom aufschlussreich sein. Manche Standbilder verweisen auf lange verschwundene Tempel, wie etwa Madama Lucrezia oder der Marmorfuß in der Via del Piè di Marmo, andere wurden jahrhundertelang für jemand anderen gehalten und erhielten deshalb einen prominenten Platz, wie das Reiterstandbild Marc Aurels, das das Mittelalter nur deshalb überlebt hat, weil man glaubte, es handele sich um den ersten christlichen Kaiser Konstantin.

Und dann gibt es noch die »Tatort«-Denkmäler, die die Stelle markieren, an der jemand eines gewaltsamen Todes gestorben ist. Das bekannteste Beispiel dafür ist die Statue des Philosophen Giordano Bruno auf dem Campo de' Fiori, die genau an der Stelle aufgestellt wurde, wo einst sein Scheiterhaufen errichtet worden war. Cola di Rienzo, der an den Haaren von der obersten Stufe vor Santa Maria in Aracoeli hinabgeschleift und unten vom Volk als Trophäe aufgehängt wurde, hat auch ein solches Denkmal bekommen. Doch es hat nichts genutzt: Tag für Tag strömen die Touristen achtlos an ihm vorbei.

Wir entdecken dieses vergessene Kapitel der römischen Geschichte daher an einem ganz anderen Ort: in der Straße, die von der Villa Borghese zum Vatikan führt. Cola di Rienzo hat nämlich in Rom nicht nur ein Denkmal zu Füßen von Santa Maria in Aracoeli, sondern auch eine nach ihm benannte kerzengerade Einkaufsstraße. Dass die Verbindung zwischen Vatikan und Villa Borghese, zwischen Papst und Adel, ausgerechnet nach diesem Mann, der mit vollem Namen Nicola di Rienzo Gabrini hieß, benannt wurde, kann man wohl als Ironie der Geschichte bezeichnen.

Cola di Rienzo, der 1313 geboren wurde, war ein Kind seiner Zeit. Natürlich hatten Pilger und Päpste in der Spätantike und dem frühen Mittelalter dem Lauf der Geschichte in der Stadt ihren Stempel aufgedrückt, doch gleichzeitig gab es auch zahllose andere Strömungen und Entwicklungen. So wurde im zwölften Jahrhundert deutlich, dass neben dem Papst und den adligen Familien, die von alters her Anspruch auf die politische Macht erhoben, aus der arbeitenden Schicht langsam, aber sicher eine neue, mächtige Gruppe hervorgegangen war: das Bürgertum. Wie auch im restlichen Europa schlossen sich die Angehörigen derselben Berufe (Kaufleute, Bankiers, Handwerker) zu Zünften zusammen und waren gemeinsam stärker als allein. Mitte des zwölften Jahrhunderts verlieh der Vatikan den vereinigten römischen Bürgern sogar das Recht, einen eigenen Senat zu bilden – auch wenn die Senatoren noch immer durch den Papst eingesetzt wurden und die Macht so letztlich doch in seinen Händen verblieb. Die römische Bürgerschaft (die *comune*) hielt nichtsdestoweniger eigene Versammlungen und Gerichtsverhandlungen ab und wählte den Kapitolshügel zu ihrem Sitz. Noch heute residiert dort die römische Stadtverwaltung.

Die nachgiebige Haltung des Vatikans gegenüber dem neuen Bürgertum muss eine Frage der Prioritäten gewesen sein. Dem Papst lag vor allem daran, dass sich die römischen Bürger still verhielten – er hatte schon genug mit den verschiedenen europäischen Fürsten zu tun, die ihn auszustechen suchten und die weltliche Macht in Rom für sich beanspruchten. Dass die Lage in Rom infolge dieser Angriffe immer unhaltbarer wurde, zeigte sich, als Clemens V. 1309 einen radikalen Entschluss fasste: Er verlegte den Sitz des Heiligen Stuhls in das französische Avignon. Dort konnte er zumindest auf Schutz durch seine französische Familie zählen und fand Ruhe und Sicherheit. Siebzig Jahre sollten die Päpste in Avignon residieren, eine Zeit, die als das »avignonesische Exil« oder die »babylonische Gefangenschaft der Kirche« in die Geschichte einging.

Diese Situation blieb nicht ohne Auswirkungen auf Rom: Seit die päpstliche Macht im fernen Frankreich saß, herrschten Aufruhr und Chaos in der Stadt. Der Ruf Roms verschlechterte sich, die Pilger blieben aus und mit ihnen die florierenden wirtschaftlichen Aktivitäten, die stets mit dem Besucherstrom einhergegangen waren. Sinkender Wohlstand, das Fehlen einer stabilen Obrigkeit: In der Stadt regierte Anarchie. In diesen unruhigen Zeiten wuchs Cola di Rienzo als Sohn eines Schankwirts und einer Wäscherin auf. Als er alt genug war, sich über die herrschenden Zustände aufzuregen, äußerte er mehrmals scharfe Kritik an ihnen. Was war aus dem großen, stolzen Rom früherer Tage geworden? Wie konnte man in diesem Trümmerhaufen leben? Unter den

römischen Bürgern fand er zunehmend Gehör: Er war rede-
gewandt und verfügte über eine gehörige Portion Überzeu-
gungskraft und Charisma. Sogar so viel, dass er 1347, noch
keine fünfunddreißig Jahre alt, die Bürger Roms dazu auf-
rief, einen *buono stato* – einen guten, anständigen Staat – zu
errichten. Auf dem Kapitol, dem Sitz der Kommune, verkündete Cola di Rienzo die Gründung dieses neuen Staates.
Sein Versprechen war simpel: Ordnung und Autorität sollten in die Straßen der Stadt zurückkehren.

Um die neue Zeit zu verdeutlichen, die nun anbrechen
sollte, ließ Cola di Rienzo buchstäblich ein neues Zeitalter beginnen: Er rief das Jahr eins der befreiten Republik
aus. Immerhin hatte er Rom von Verbrechern und Räubern
»befreit«, die schon viel zu lange in der Stadt das Sagen hatten. Mit zunehmender Sicherheit kehrten auch die Pilger
allmählich an die heiligen Stätten zurück, und die Kaufleute wagten ihre Auslagen wieder mit Waren zu füllen.
Cola di Rienzos Ideale wuchsen dank dieses Erfolgs über
Rom hinaus: Sein größter Wunsch war es, ganz Italien zu
vereinen und Rom zu seiner stolzen Hauptstadt zu machen.
Die Päpste waren weit weg in Frankreich, und so hielt ihn
niemand davon ab, alle italienischen Fürsten nach Rom zu
rufen, um sich als römischem Herrscher die Aufwartung
machen zu lassen. Das neue Italien war in Cola di Rienzos
Augen bereits eine Tatsache. Aber je mehr er sich als Fürst
fühlte, umso mehr verhielt er sich auch wie einer. Er umgab
sich mit einem immer größeren Gefolge und verlangte eine
eigene Armee; er warf mit Geld nur so um sich und musste
das alles mit Steuern finanzieren. Immer häufiger hörte man
Klagen über seine exorbitanten Ausgaben. Das Murren auf

der Straße schwoll zu einem Volksaufstand an, und Cola di Rienzo wurde vertrieben.

Erst Jahre später, 1354, wagte er nach Rom zurückzukehren. Er betrat die Stadt als Abgesandter von Papst Innozenz VI., und Rom gab ihm die zweite Chance, um die er bat. Zum zweiten Mal gelang es ihm, für Ordnung in der Stadt zu sorgen. Aber die hohen Steuern, die er auf Salz und Wein erhob, entfachten erneut den Zorn des Volkes. Man machte Cola di Rienzo für sämtliche Missstände verantwortlich: Am 8. Oktober 1354 forderte eine wütende Menge am Fuß des Kapitols seinen Kopf. Vergeblich versuchte Cola di Rienzo vor der Meute zu fliehen. Der Mann, der so große Träume für Rom hatte, wurde von einem Bürgerkollektiv überwältigt und, wie es heißt, in Stücke gerissen. Cola di Rienzo, oder was von ihm noch übrig war, wurde die hohe Treppe vor Santa Maria in Aracoeli hinuntergeschleift und wie eine Trophäe vom Volk an den Füßen aufgehängt.

Als Gregor XI. (1370–1378) schließlich das selbst gewählte Exil der Päpste beendete und nach Rom zurückkehrte, fasste er einen Entschluss, der erhebliche Folgen für das heutige Rom hatte: Er kehrte dem Patriarchatssitz im Lateran den Rücken und wählte stattdessen den Vatikan als ständigen Wohn- und Wirkungsort. Und jeder Papst, der seither den Schlüssel des Petrus erhalten hat, ist seinem Beispiel gefolgt.

XXV. VIA DEL CORSO

DER VENEZIANISCHE PAPST UND DER KARNEVAL

LANGSAM, ABER SICHER gelangen wir in das Rom der Renaissance. Möglicherweise beschwört der Klang dieses Wortes sofort allerlei Bilder herauf. Bilder einer Stadt voll großer Kunst, mit der noch größere Namen verbunden sind. Namen wie Michelangelo und Raffael. Sie werden gewiss noch zur Sprache kommen, trotzdem sind diese Bilder zunächst einmal irreführend. Am Anfang des fünfzehnten Jahrhunderts hatte Rom nicht die geringste Ähnlichkeit mit Florenz oder Venedig, deren kosmopolitische Eliten auf den internationalen Märkten ein Vermögen verdienten. Nach dem Zusammenbruch von Colas kurzlebiger Republik dominierten in Rom wieder feudale Adelsfamilien mit bekannten Namen wie Colonna oder Orsini. Mit ihren Privatarmeen und ihrer lokalen Machtbasis erinnerten sie an ihre mittelalterlichen Vorgänger. Auch die Stadt verströmte wenig Grandezza und besaß zum größten Teil noch ihr mittelalterliches Gesicht. Die Bebauung konzentrierte sich vornehmlich um die Pilgerstätten, während große Teile des Stadtgebiets als Weinberge genutzt wurden oder schlicht und ergreifend aus verwilderten Gärten und überwucherten

Ruinen bestanden, dem sogenannten *disabitato*. Wo einst das Forum Romanum gewesen war, lag nun der Campo Vaccino, eine »Kuhweide«. Und auch der berüchtigte Tarpejische Felsen auf dem Kapitol war zur Wiese geworden und inzwischen als Mons Caprinus, der »Ziegenberg«, bekannt.

Die Via del Corso, Roms heutige Einkaufsmeile, existierte damals noch nicht. Am Fuß des Kapitols, gleich westlich der Trajansmärkte, begann in der Antike die Via Flaminia. Während diese jedoch schnurgerade nordwärts in Richtung Ponte Milvio verlief, endet die heutige Via del Corso schon nach etwa anderthalb Kilometern auf der Piazza del Popolo. Westlich der Via Flaminia lag in der Antike das Marsfeld, einer der am dichtesten bebauten Bereiche der Stadt außerhalb des alten Zentrums. Sowohl in der Spätantike als auch im Mittelalter wurde rings um die Via Flaminia gewohnt, gehandelt und gelebt. Nach einer Weile nannte man sie nur noch die »breite Straße«, Via Lata. Doch mit der Zeit wurde sie immer seltener genutzt. Lieber machte man einen Umweg über die Via Biberatica und die heutige Piazza San Silvestro. Diese alternative Route in den Norden der Stadt war zwar nicht kürzer, aber trockener.

Der Tiber war allzeit Roms Segen und Fluch zugleich. In den päpstlichen Chroniken sind die unzähligen Male verzeichnet, die der Fluss über seine Ufer trat und sich über die Ebenen der Stadt ergoss. Schon in der Frühgeschichte Roms wurden die Straßen und Plätze in regelmäßigen Abständen überflutet – mindestens alle fünfzig Jahre, meist jedoch in kürzeren Abständen, kam es zu schweren Überschwemmungen. Die Via Lata lag mitten in dem Gebiet, das immer wieder aufs Neue betroffen war. Pietro Barbo beschloss als Papst

Paul II. (1464–1471), dass es so nicht weitergehen könne. 1467 ließ er die Via Lata so herrichten, dass ihr Verlauf größtenteils wieder exakt dem der Via Flaminia entsprach. Noch als Kardinal hatte er am Anfang der Straße, unweit der Trajansmärkte, für sich einen Stadtpalast errichten lassen. Da Pietro Barbo gebürtiger Venezianer war, nannte er ihn den Palazzo Venezia. Ihm verdankt die heutige Piazza Venezia ihren Namen.

Kardinäle, die Stadtpaläste erbauen ließen: Das war ein Trend, der in der Stadt immer weiter um sich griff und die Renaissance in Rom mitgestaltete. Der Verwaltungsapparat des Papstes, die Kurie, war seit der Rückkehr aus dem avignonesischen Exil enorm angewachsen. Immer mehr administrative, juristische und finanzielle Aufgaben waren zu erfüllen. Im sechzehnten Jahrhundert umfasste die ganze Gesellschaft, Verwaltungsfunktionäre und päpstlicher Hof inbegriffen, ungefähr zweitausend Personen. Auch das Kardinalskollegium schwoll unaufhörlich an und wurde dabei immer kosmopolitischer. Adlige Familien aus ganz Italien stellten Kardinäle, etwa die berühmten De' Medici aus Florenz oder eben den Venezianer Pietro Barbo. Obwohl der christliche Glaube Schlichtheit predigte, wurde für die Kardinäle ostentativer Prunk zur Norm. Seit Papst Nikolaus V. Mitte des fünfzehnten Jahrhunderts behauptet hatte, das einfache Volk könne die Erhabenheit der Kirche nur durch prächtige Bauwerke begreifen, war öffentliche Prachtentfaltung in geistlichen Kreisen zunehmend gestattet. Alle gewählten Kardinäle, die nicht aus Rom stammten, ließen sich eine angemessene Residenz errichten. Angemessen nicht nur im Hinblick auf die Ausstattung, sondern auch, was den

Platz betraf. Im Schnitt brachte jeder Kardinal eine Familie und einen Hofstaat mit, die sich auf knapp hundert Personen beliefen. Pietro Barbos Palazzo Venezia war also erst der Anfang – unter Sixtus IV. (1471–1484) sollte das Kardinalskollegium auf etwa dreißig Mitglieder vergrößert werden.

Barbo brachte es bis zum Papst und blieb somit vorerst in Rom. Er muss seine Geburtsstadt vermisst haben, denn er benannte nicht nur seinen Palast nach ihr, sondern begann als Papst Paul II. auch damit, venezianische Bräuche wie etwa den Karneval direkt vor seiner Haustür zu organisieren. Die Römer hatten dieses Fest zwar auch schon gefeiert, vor allem auf dem außerhalb der Stadtmauern liegenden Monte Testaccio und in dessen Umgebung. Paul II. verwandelte die Festlichkeiten jedoch in einen prächtigen, zentral organisierten Karneval und ergänzte diesen um Elemente wie Maskenzüge und öffentliche Bankette. Den spektakulärsten Bestandteil der Karnevalsfeiern, der durch Paul II. ebenfalls ausgeweitet wurde, bildeten die Rennen (*corse*), die in den Tagen vor dem Aschermittwoch abgehalten wurden. Corse dei Bàrberi wurden diese Pferderennen genannt, nach den Berbern, einer nordafrikanischen Pferderasse. Die aufgestachelten, wilden Pferde donnerten reiterlos durch die Via Lata, die später sogar nach diesen Rennen benannt werden sollte: Via del Corso. Das Rennen führte etwa vom Portugiesischen Bogen auf der Höhe der Via della Vite (den Papst Alexander VII. im siebzehnten Jahrhundert abreißen ließ, um mehr Platz für die über alle Maßen beliebten Pferderennen zu schaffen) bis zur heutigen Piazza Venezia. Papst Paul II. konnte den Zieleinlauf also ganz bequem von seinem eigenen Palazzo aus verfolgen.

Auch an anderen Stellen in der Stadt wurden zu Ehren des Karnevals Rennen und Turniere veranstaltet, etwa vom Campo de' Fiori über den Ponte Sant'Angelo (Engelsbrücke) nach Sankt Peter. Der berühmte Borgia-Papst Alexander VI. erweiterte die farbenfrohe Palette der Wettstreite sogar um ein berüchtigtes Hurenrennen. Das Karnevalsvergnügen durfte noch einige Jahrhunderte weiterbestehen, bis es 1883 während des Rennens zu einem tödlichen Unfall kam. Danach wurden die Rennen verboten, aber der Straßenname Via del Corso sollte überdauern. Nach dem Tod des italienischen Königs Umberto I. wurde der Name der Straße offiziell zu Corso Umberto I. geändert, und 1944 wurde die Straße vorübergehend in Corso del Popolo umbenannt, aber schon zwei Jahre später kehrten die Straßenschilder mit dem Namen Via del Corso zurück.

XXVI. VIA DEI CORONARI

EINE RENAISSANCESTADT ERWACHT

ES WURDE ABEND, und die letzten Pilger strömten aus Sankt Peter, noch in Ekstase nach ihrer lang ersehnten Begegnung mit dem Grab des heiligen Petrus. In Scharen wandten sie sich gleichzeitig in Richtung Engelsburg, der einzigen Brücke entgegen, über die sie wieder zurück in die Stadt gelangen konnten. Es war das Heilige Jahr 1450, und Rom war dem Strom der Pilger, der seit dem Ende des Exils der Päpste wieder in Gang gekommen war und nun zu nie gekannten Ausmaßen anschwoll, einfach nicht mehr gewachsen. Als die Menschenmenge sich einen Weg über den Ponte Sant'Angelo bahnte, gab das Brückengeländer nach. Unzählige Pilger kamen ums Leben – sie wurden niedergetrampelt oder vom Tiber verschlungen.

Wie schon in der Spätantike war der Ansturm der Pilger die treibende Kraft hinter einigen Stadterneuerungsmaßnahmen, die Rom von einer besseren mittelalterlichen Burg in eine ansehnliche Renaissancestadt verwandelten. Im Laufe des Mittelalters kamen Reisende immer häufiger auch aus juristischen Gründen nach Rom – schließlich befand sich hier der päpstliche Gerichtshof. Nagelneue Kardinalspaläste schmückten die römischen Straßen, aber auch die Straßen selbst mussten – genau wie die gesamte Infrastruktur der Stadt – erneuert werden, insbesondere dort, wo sie tagtäglich von Wallfahrern genutzt wurden. Das Viertel westlich der Piazza Navona (Via dei Coronari, Via Giulia, Via dei Banchi Nuovi) wurde zugunsten der Pilger mehr oder weniger komplett umgestaltet, sodass wir heute mit Fug und Recht vom »Renaissance-Viertel« Roms sprechen können. Die Straßen in diesem Teil der Stadt zwischen Zentrum und Vatikan hatten sich nicht nur zu logistischen Hauptschlagadern der Pilgerfahrten entwickelt, sie eigneten sich auch wie kein zweiter Ort für die Päpste, um sich – so wie es die Kardinäle mit ihren eindrucksvollen Palazzi beabsichtigten – vor den Augen der Gläubigen aus der ganzen Welt zu präsentieren. Indem sie etwa die Infrastrukturmaßnahmen mit ihrem eigenen Namen verknüpften wie Sixtus IV. beim Ponte Sisto, jener Brücke, die einen alternativen Zugang zu Sankt Peter ermöglichen sollte – eine unmittelbare Reaktion auf das Drama von 1450.

Ebenjener Papst Sixtus IV., geboren als Francesco della Rovere, erschloss auch die Via dei Coronari – eine Straße, die heutzutage vor allem mit ihren zahlreichen Boutiquen und Antiquitätenläden zum Stöbern einlädt. In der Antike hieß diese Straße, die vom Kopfende der Piazza Navona zum Tiber führt, Via Recta. Damals gab es die Piazza Navona noch nicht, stattdessen lag hier das Stadion des Domitian. Im Mittelalter wurde die Via Recta zur Via di Tor Sanguigna, benannt nach einem nahe gelegenen Turm. Sixtus IV. nutzte die Gelegenheit, die schnurgerade Straße, die so ziemlich jeder Pilger nutzte, weil sie einen wichtigen Bestandteil der Pilgerstrecke von der Porta di Ripetta nach Sankt Peter bildete, umzugestalten. Als er die Via dei Coronari im sechzehnten Jahrhundert einweihte, war ihr neuer Name Programm. Denn an ihr siedelten sich zahlreiche Läden für Devotionalien und religiöse Bildnisse an. Und es waren vor allem Rosenkränze, *coronari del rosario*, die dort an die Pilger verkauft wurden.

Die Via dei Coronari entwickelte sich zu einer der bekannteren Straßen Roms, nicht zuletzt dank einer Reihe aufsehenerregender Anwohner. Im Haus Nummer 148 wohnte in der Mitte des sechzehnten Jahrhunderts ein gewisser Prospero Mochi, ein einflussreicher Mann mit Sitz in der Apostolischen Kammer und Generalkommissar für die Festungsanlagen der Stadt Rom zur Zeit von Papst Paul III. Er ließ eine ganze Reihe weiser Worte in die Fassade seines Hauses meißeln, die sich die Passanten bis zum heutigen Tage zu Herzen nehmen können. Über der Tür steht die Inschrift: TUA PUTA QUE TUTE FACIS (»Bedenke alles, was du tust«). Im ersten Stock erkennt man den Namen des einstigen Hausbesitzers: P. DE MOCHIS ABBR.A. (Prospero Mochi Abbreviatore Apostolico), und im zweiten Stock steht geschrieben: NON OMNIA POSSUMUS OMNES (»Nicht jeder kann alles tun«) und PROMISSIS MANE (»Halte deine Versprechen«).

Eine weitaus berühmtere Persönlichkeit der römischen Geschichte lebte jedoch in der Via dei Coronari 156. Dort befand sich das Haus von Fiammetta Michaelis, der bekanntesten Kurtisane der Renaissance (neben Imperia, einer anderen käuflichen Dame, die möglicherweise in derselben Straße wohnte). Das Haus an der Via dei Coronari wurde

ihr nach dem Tod des vorherigen Besitzers, Kardinal Picco-
lomini, durch ein päpstliches Dekret übertragen. Und sie
erhielt noch ein paar weitere Häuser und einen Weinberg als
Geschenk. Unnötig zu erwähnen, dass Fiammettas Schön-
heit legendär war. Nicht umsonst flüsterten die Römer hinter vorgehaltener Hand, sie sei die Lieblingshure von Cesare
Borgia, dem ältesten Sohn von Papst Alexander VI.

XXVII. VIA GIULIA

DIE STRASSE UND DIE STADT VON JULIUS II.

ANFANG DES SECHZEHNTEN Jahrhunderts kam ein neuer
Papst ins Amt, dessen Spuren überall in Rom, vor allem aber
im Vatikanstaat und dem nahe gelegenen »Renaissance-Viertel« zu sehen sind. Kardinal Giuliano della Rovere wurde am
30. Oktober 1503 zum Papst gewählt und ließ sich fortan Julius
II. nennen. Natürlich war dieser Name seinem Geburtsna-
men sehr ähnlich, aber zugleich wollte er auch Erinnerungen an Julius Caesar heraufbeschwören. Denn Julius II. war
fest entschlossen, Rom wieder zu einem *caput mundi* nach
dem Vorbild von Caesars Zeiten zu machen, einer Weltstadt,
die diesen Namen auch verdiente. Und tatsächlich sollte er
auf vielerlei Weise Geschichte schreiben: Als Kriegspapst in
einer ganzen Reihe von Konflikten (zwischen dem Kirchenstaat und der Republik Venedig, Frankreich und der ein-
flussreichen Familie Borgia), als Mäzen und Patron großer
Künstler, der unter anderem Michelangelo und Raffael mit
Arbeiten beauftragte, und als Bauherr, der den Grundstein
für die neue Peterskirche legen ließ. Zudem sollte er als der
Mann bekannt werden, der gemeinsam mit dem Architekten Donato Bramante »die schönste Straße Roms« erschuf.

Julius II. hatte viele Gesichter: Einerseits soll er der Überlieferung nach immer einen Stock bei sich gehabt haben, mit dem er jeden bedrohte, der ihm missfiel. Gleichzeitig war er ein großer Liebhaber der Kunst und der Antike und erteilte als solcher den Auftrag zu einer Reihe von Roms Meisterwerken. Er machte keinen Hehl aus seiner tiefen Abneigung gegenüber seinem Vorgänger, dem Borgia-Papst Alexander VI. Ja, seine Verachtung für Alexander VI., der in der Tat für die übliche Sittenlosigkeit bekannt war, war so groß, dass er sich weigerte, die päpstlichen Wohngemächer zu nutzen, die Rodrigo Borgia hatte einrichten lassen. Stattdessen beauftragte Julius II. einen jungen Maler, der genau wie sein leitender Architekt Bramante aus Urbino stammte, neue Papstgemächer auszuschmücken. Unter dem Namen dieses Malers sollten die vatikanischen Räume weltberühmt werden: die Stanzen des Raffael (abgeleitet vom italienischen *stanza*, »Zimmer«). Und damit nicht genug, etwa um die gleiche Zeit erteilte Julius II. Michelangelo den Auftrag, die Decke der Sixtinischen Kapelle auszumalen, deren Bau sein Onkel, Papst Sixtus IV. della Rovere, veranlasst und die er anschließend nach sich benannt hatte.

Michelangelo hatte anfangs überhaupt keine Lust auf diesen Auftrag. Er hatte gerade den *David* vollendet, und wenn etwas mit diesem Erfolg deutlich geworden war, dann dass er sich vor allem auf den Umgang mit dem Meißel verstand, nicht auf den Pinsel. Michelangelo war Bildhauer – und was für einer. Er war auch eigentlich für einen ganz anderen Auftrag nach Rom gerufen worden, nämlich die Gestaltung des Grabmals von Julius II., das all seine Gedanken ausfüllte und für das er sogar schon die notwendigen Materialien nach

Rom hatte kommen lassen. Bramante, der Michelangelo in herzlicher Abneigung verbunden war, soll seine Position ausgenutzt und den Papst persönlich dazu überredet haben, Michelangelo von dem Grabmal abzuziehen. Stattdessen, so riet Bramante, solle er Michelangelo anweisen, die Decke der Sixtinischen Kapelle auszumalen. Bramante hatte vermutet, dass Michelangelo diesen Auftrag ablehnen würde, woraufhin Julius II. von einer weiteren Beschäftigung wohl absehen würde. Und für den unwahrscheinlichen Fall, dass Michelangelo, der nur wenig Erfahrung als Maler hatte, den Auftrag doch annehmen sollte, war Bramante davon überzeugt, dass er niemals so gut sein könne wie Raffael und das Ergebnis somit unweigerlich von minderer Qualität sein würde.

Als Michelangelo Julius II. am 31. Oktober 1512 sein Ergebnis präsentierte, waren sich der Papst und alle Kardinäle einig: Wenn Raffael der Meister des Schönen war, dann hatte Michelangelo soeben das Erhabene vollbracht. Sogar Raffael, Michelangelos Erzrivale, war schwer beeindruckt. So schwer, dass er im letzten Moment seinen Entwurf für die *Schule von Athen*, ein Fresko in der Stanza nahe der Sixtinischen Kapelle, die er bereits seit Herbst 1508 ausmalte, noch einmal veränderte. Als Zeichen der Hochachtung hatte er in der *Schule von Athen* verschiedene Künstler im Gewand griechischer Philosophen porträtiert. Auf den erhaltenen Originalskizzen fehlt die Figur links vorn: ein Mann mit wildem Künstlerbart, der unverkennbar widerwillig der philosophischen Unterweisung beiwohnt. So erhielt also auch Michelangelo in Gestalt von Heraklit seinen Platz in Raffaels Meisterwerk. Und Bramante wird sich gewünscht haben, er hätte dem Papst niemals diese Idee eingeflüstert.

Bramante selbst hatte sich unter Papst Alexander VI. Borgia bereits einen so guten Ruf als Architekt erworben, dass Julius II. ihn trotz seiner engen Beziehungen zu den Borgias in seinen innersten Kreis aufgenommen hatte. Mit dem *tempietto* im Hof von San Pietro in Montorio hatte Bramante bewiesen, dass er klassische Bauideale umsetzen konnte, ohne zeitgenössischen Prinzipien Gewalt anzutun, und das muss die Aufmerksamkeit des antikenliebenden neuen Papstes erregt haben. Der kleine runde Tempel gilt heute noch als ein Musterbeispiel der Renaissancearchitektur.

Die einfachen Römer waren unterdessen nicht sonderlich gut auf Julius II. zu sprechen. Hinter vorgehaltener Hand hieß es, Julius suche das Heil vor allem in den »Weinbergen des Herrn«, und dem Lieblingsarchitekten des Papstes hatten sie den wenig schmeichelhaften Beinamen *maestro ruinante* gegeben (»der zerstörerische Baumeister«). Das hatte Bramante vor allem der Tatsache zu verdanken, dass Julius II. ihn zum leitenden Architekten der neuen Peterskirche und des Cortile del Belvedere gemacht hatte, eines Gebäudeensembles, das den großen Hof zwischen dem *casino del belvedere* von Papst Innozenz VIII. und dem Rest des Vatikans einrahmen und Julius' Kunstsammlung aufnehmen sollte – die späteren Vatikanischen Museen.

Viel mehr als die feierliche Grundsteinlegung 1506 sollte Bramante vom Bau der neuen Peterskirche nicht erleben. Nach seinem Tod wurde eine Satire veröffentlicht, die deutlich macht, welchen Ruf sich Bramante in Rom erworben hatte. In der 1516 von Guarna da Salerno verfassten Geschichte tritt Bramante an der Himmelspforte vor Petrus. Dieser weist ihn zurecht, weil er auf Erden seine Basilika abreißen wollte, worauf Bramante über den schlechten Zustand des Weges von der Erde in den Himmel zu klagen beginnt, den er gerade zurückgelegt hat. Er schlägt vor, eine hübsche Wendeltreppe zu bauen (ein Verweis auf die berühmte Bramante-Treppe in den Vatikanischen Museen) und anschließend auch gleich das gesamte Paradies gründlich umzugestalten – es werde höchste Zeit, dass Petrus endlich eine vernünftige Bleibe bekomme. Die Pointe der Geschichte ist jedoch Petrus' Urteil: Bramante muss an der Himmelspforte warten, bis die neue Peterskirche fertig ist.

Überflüssig, zu erwähnen, dass es eine ganze Weile dauern sollte, bis die neue Kirche stand. In den Straßen von Rom muss der Bau der neuen Petersbasilika hilfloses Kopfschütteln hervorgerufen haben – ein völlig außer Kontrolle geratenes Bauprojekt, bei dem die Bewohner nur ohnmächtig zusehen konnten. Es dauerte unter anderem deshalb so lange, weil nach Bramantes Tod unzählige Künstler und Architekten an dem Vorhaben beteiligt waren. Schließlich war es Michelangelo, der seine persönliche Abneigung gegen Bramante, aus der er nie einen Hehl gemacht hatte, hintanstellte und dessen Entwurf als Inspirationsquelle für den endgültigen Bauplan des Petersdoms nutzte, den er 1546 präsentierte. Diese Zeichnungen zeigten die Basilika, wie wir sie heute noch bewundern können, inklusive der riesigen Kuppel. Das Bauvorhaben war so gewaltig, dass es auch Michelangelo überlebte und an verschiedenen Stellen noch angepasst wurde. Erst im Jahr 1626 wurde die neue Peterskirche durch Papst Urban VIII. geweiht.

Es scheint ganz so, als hätte sich Julius II. nur wenig um die öffentliche Meinung geschert. Unbeirrt setzte er seine

Bautätigkeit sowohl im Vatikan als auch im Zentrum der Stadt fort. Dort begann er mit einem umfassenden städtebaulichen Projekt, das den Neubau mehrerer Straßen beinhaltete. Die Verantwortung für die bemerkenswerteste dieser neuen Achsen, die Verbindung zwischen dem Vatikan und dem Ponte Sisto (der Brücke seines Onkels Sixtus IV.), hatte er erneut seinem Lieblingsingenieur und -architekten Bramante übertragen. Es sollte eine schnurgerade, einen Kilometer lange Straße werden, die parallel zum Tiber verlief – die geradeste, ordentlichste und längste Straße, die seit Jahrhunderten in der Stadt angelegt worden war. Und ihr Name lautete Via Giulia, die »Straße des Julius«. Zu beiden Seiten der Via Giulia wurden prächtige Stadtpaläste im Renaissancestil errichtet, und es dauerte nicht lange, bis dieser eine Kilometer als »die schönste Straße Roms« bekannt wurde. Diesen Ruf hat die Via Giulia lange bewahrt, auch weil sich hier in späteren Zeiten zahlreiche Luxusgeschäfte und Galerien ansiedelten.

Ein Ort der Reichen ist die Via Giulia lange geblieben, aber trotz aller Renaissancepracht fand sich in der Straße auch ein Symbol der Armut: Santa Maria dell'Orazione e Morte. Die Kirche nahm sich ab 1573 der anonymen Toten Roms an: jener namenlosen Leichen, die man in früheren Jahrhunderten noch hin und wieder von der Straße oder aus der Gosse sammelte und aus dem Tiber fischte. Die Schädel und Knochen dieser unbekannten Habenichtse wurden in der Krypta beigesetzt. *Memento mori*, wollten die Brüder jedem Besucher ans Herz legen: »Gedenke des Sterbens«. Oder, wie etwas weniger unverblümt an der Fassade geschrieben steht: HODIE MIHI CRAS TIBI – »Heute mir, morgen dir«. Zwischen 1552 und 1896 wurden mehr als achttausend Skelette in der unterirdischen Grabkammer beigesetzt, sodass buchstäblich alles, was man heute in der Krypta sieht, aus Knochen und Schädeln besteht – sogar die Dekoration und die Lampen.

Vor der Kirche spannt sich ein Bogen über die Via Giulia. Er ist ein Symbol für den städtebaulichen Optimismus – oder die städtebauliche Hybris – der Hochrenaissance: Michelangelo wollte hier eine Art schwebende Brücke bauen, die den Palazzo Farnese mit der Villa Farnesina am gegenüberliegenden Tiberufer verbinden sollte. Das Projekt wurde nie vollendet, aber der Ansatz dazu ist über der Via Giulia noch heute zu sehen.

XXVIII. PIAZZA DEL CAMPIDOGLIO

DIE WIEDERGEBURT EINES PLATZES

AM 14. DEZEMBER 1471, keine vier Monate nach seiner Wahl zum Papst, verkündete Sixtus IV. einen außergewöhnlichen Entschluss. Er beabsichtigte, dem Volk von Rom seine private Sammlung von Meisterwerken der Antike zu schenken. Daher übergab er sie in die Obhut des römischen Senats, dessen Sitz sich seit dem Mittelalter auf dem Kapitol befand. Die großzügige Schenkung umfasste einige berühmte Bronzestatuen, die bis dahin im Lateranpalast gestanden hatten, darunter die *lupa* (»Wölfin«) und der *spinario* (»Dornauszieher«). Zusammen mit weiteren antiken Kunstwerken, etwa der Hand und dem Kopf einer Kolossalstatue von Kaiser Konstantin, wurden sie im Palazzo dei Conservatori untergebracht, einem der beiden Magistratsgebäude auf dem Kapitolinischen Hügel. Dem Wunsch von Papst Sixtus IV. entsprechend, sollten in Zukunft nicht nur hochrangige Geistliche, sondern auch ganz gewöhnliche römische Bürger in die Nähe und den Genuss dieser jahrhundertealten Meisterwerke kommen. Das war der Ursprung der Kapitolinischen Museen, die somit zu den ältesten Museen der Welt gehören.

In Florenz entstanden, hatte die Renaissance auch bald den Weg nach Rom gefunden, wo sie für die üblichen Veränderungen im Erscheinungsbild des Vatikans und jener nahe gelegenen Stadtviertel gesorgt hatte, die zur Wallfahrtsroute gehörten. Aber die neuen, durch die Kunst, Architektur und Literatur der klassischen Antike inspirierten künstlerischen Ideale von Harmonie und Symmetrie wurden nicht nur an Orten angewandt, an denen sich die päpstliche Macht zeigte, auch auf dem Hügel der Kommune, dem Kapitol, war eine Verwandlung im Gange. Der Kapitolinische Hügel, auf dem einst der große Tempel des Jupiter Optimus Maximus als stolzes Symbol für Roms grenzenlose Macht aufgeragt hatte, war nicht einmal mehr ein Schatten seiner selbst. Auf dem »Monte Caprino« gab es nicht viel mehr als zwei Magistratsgebäude inmitten überwucherter Ruinen, grasenden Viehs und eines gelegentlich abgehaltenen Markts.

Neun Jahre nachdem seine Truppen Rom geplündert und die Einwohner vergewaltigt und bis aufs Blut erniedrigt hatten (bei jenem Sacco di Roma, vor dem der Medici-Papst Clemens VII. durch den Passetto di Borgo in die Engelsburg geflüchtet war), plante Kaiser Karl V. 1536 einen Besuch in jener Stadt, die er als Hauptstadt seines Heiligen Römischen Reichs betrachtete. Er wünschte einen Triumphzug auf den Kapitolinischen Hügel, wie ihn einst die Feldherren der römischen Republik antraten. Paul III., seit 1534 Papst, muss sich beim Anblick des »Ziegenbergs«, zu dem das Kapitol verkommen war, ratlos am Kopf gekratzt haben. Um zu verhindern, dass Karl V. mit den Füßen im Schlamm stecken blieb, sobald er vom Pferd stieg, beschloss Paul III., dass ein

Platz angelegt werden müsse. Der Auftrag dazu ging, beinahe zwangsläufig, an Michelangelo.

Der ovale Platz, der bis zum heutigen Tag die Kuppe des Kapitols ziert, entstand an Michelangelos Zeichenbrett. Paul III. ließ ihm mehr oder weniger freie Hand, die einzige Vorgabe lautete, dass er die bestehenden Magistratsgebäude ebenso in seinen Entwurf integrieren müsse wie ein bronzenes Reiterstandbild, das der Papst, kurz bevor sich Michelangelo ans Werk machte, vom Lateranpalast auf das Kapitol hatte versetzen lassen. Die Statue sollte, da mittlerweile bekannt geworden war, dass sie nicht Kaiser Konstantin, sondern den heidnischen Philosophenkaiser Marc Aurel darstellte, einen prominenten Standort in der Mitte des Platzes erhalten. 1990 brachte man die Statue ins Innere des Gebäudes, auf dem Platz steht heute eine Kopie.

Michelangelo entwarf zwei der drei Gebäude, die heute noch die Piazza del Campidoglio einrahmen: den Palazzo Senatorio und den Palazzo dei Conservatori. Das heißt, er gestaltete die Fassaden neu und fügte die Doppeltreppe vor dem Senatorenpalast hinzu. Der Palazzo Nuovo, der inzwischen zusammen mit dem Palazzo dei Conservatori die Kapitolinischen Museen beherbergt, wurde erst im siebzehnten Jahrhundert gebaut. Für das Pflaster des Platzes schuf Michelangelo einen perfekt geometrischen Entwurf (der erst 1940 tatsächlich ausgeführt wurde), und er ließ das gesamte Ensemble mit klassischen Statuen verschönern, die eine Verbindung zur Stadt Rom aufwiesen. Oben an der monumentalen Treppe, die den Hügel hinaufführt (die sogenannte *cordonata*), stehen die Statuen der Dioskuren Castor und Pollux. Hinter Marc Aurel befinden sich die Göttin Roma, eine Statue, die erst nach Michelangelos Umgestaltung aufgestellt wurde, und Michelangelos Fluss-götter (der Nil und der Tigris), die zu beiden Seiten der Roma ruhen. Der Tiger, der den Tigris symbolisierte, wurde später in eine Wölfin verändert, sodass die Statue von da an als Sinnbild für Rom und den Tiber fungierte.

XXIX. CAMPO DE' FIORI

WO DER SCHEITERHAUFEN LODERTE

VON DER PIAZZA del Campidoglio nimmt uns Papst Paul III. mit den Hügel hinab zum Campo de' Fiori, zurück in die Zeit, als er noch Kardinal Alessandro Farnese hieß und ganz in der Nähe des Campo zahlreiche Häuser abreißen ließ, um Platz für den Bau seines spektakulären Renaissancepalastes Palazzo Farnese zu schaffen. Dass er einige Zeit im Gefängnis verbracht hatte und niemals offiziell zum Priester geweiht worden war, hielt Papst Alexander VI., der nie große Hemmungen gehabt hatte, sich über Konventionen hinwegzusetzen, nicht davon ab, ihn ins Kardinalskollegium aufzunehmen. Niemand brauchte sich zu fragen, welchem Umstand Alessandro Farnese diese Ehre verdankte: Ganz Rom wusste, dass seine bildschöne Schwester Giulia die inoffizielle Mätresse von Rodrigo Borgia war – ebenjenem Papst Alexander VI. Seine meistangebetete und liebste Mätresse, um genau zu sein, aber nicht seine einzige.

Rodrigo hatte auch eine »offizielle« Mätresse, mit der er bereits zu seinen Kardinalszeiten zusammen gewesen war. Ihr Name war Vannozza de' Cattanei, eine adlige Dame, deren Familie aus Mantua stammte. Sie betrieb in Rom einige bekannte Herbergen und andere Etablissements, darunter die Locanda della Vacca im Vicolo del Gallo, einer schmalen Gasse am Campo de' Fiori, wo man an der Mauer noch immer das Wappen ihrer Familie sehen kann. Auf dem Wappenschild erkennt man oben rechts und unten links jeweils zwei einander zugewandte Löwen, die Wappentiere der Familie Cattanei, oben links einen Stier und unten rechts drei helle und drei dunkle Streifen – die beiden Wappen der Borgia-Familie. Kein Wunder, dass die Borgia-Symbole dem Wappen hinzugefügt worden waren: Vannozza war nicht nur Rodrigo Borgias Geliebte, sondern auch die Mutter seiner Kinder Cesare, Lucrezia, Juan und Gioffre. Die Locanda della Vacca hatte ihr Zugang zu den höchsten Kreisen Roms verschafft: Nur allzu gern schauten die Reichen und Mächtigen in der »Herberge« vorbei, um das breit gefächerte Angebot an Kurtisanen zu genießen, das Vannozza ihren hochrangigen Gästen bot.

Am Ende des fünfzehnten Jahrhunderts schossen *locandas* wie die von Vannozza, aber auch Herbergen und Gastwirtschaften auf dem Campo de' Fiori und in den umliegenden Straßen wie Pilze aus dem Boden. Seit 1478 wurde der große Markt von Rom auf der ein paar hundert Meter nördlich gelegenen Piazza Navona abgehalten, und das machte sich im ganzen Viertel bemerkbar. Der Campo de' Fiori war zu jener Zeit kaum mehr als eine mit Klatschmohn, Gänseblümchen und Vergissmeinnicht bestandene Wiese, umringt von den Residenzen der adligen Familie Orsini. Dass der Platz niemals den Namen *piazza* bekam, hat er jener Zeit zu verdanken: *campo de' fiori* bedeutet auf Italienisch »Blumenfeld«. Durch den Zuzug des Marktes (und den anhaltenden Strom der Pilger) rückte das Viertel auf einen Schlag ins Zentrum von Handel und Geschäftigkeit. Heutzutage findet man rings um den Campo de' Fiori eine unendliche Zahl von Weinbars, Bäckern und kleinen Restaurants; im fünfzehnten und sechzehnten Jahrhundert war das nicht viel anders. Gleichzeitig war der Campo de' Fiori ein berüchtigter, düsterer Ort: Wirkliches Gedränge herrschte erst, wenn mitten auf dem Platz Todesurteile vollstreckt wurden.

Auf mehreren historischen Kupferstichen des Campo de' Fiori ist noch deutlich ein Galgen zu erkennen, der auf der Seite des Palazzo Orsini Pio Righetti steht. Vor Ort können wir noch genau sehen, an welcher Stelle des Platzes üblicherweise der Scheiterhaufen errichtet wurde. Denn am 9. Juni 1889 wurde dort ein von Ettore Ferrari geschaffenes Denkmal enthüllt. Die Statue, die immer noch auf kleine Grüppchen von Bewunderern zählen kann, stellt den Philosophen Giordano Bruno dar, der hier am 17. Februar 1600 als Ketzer verbrannt wurde. Trotz der Reformation bestimmte die katholische Kirche im Italien des sechzehnten Jahrhunderts immer noch zum größten Teil das Weltbild, aber Giordano Bruno hatte seine eigenen Vorstellungen davon, wie diese Welt funktionierte. Er glaubte an einen Gott, daran bestand kein Zweifel, aber dieser Gott war kein Marionettenspieler, der die Welt von oben lenkte. Bruno zufolge war Gott in allen Dingen der Welt gegenwärtig. An einen persönlichen Gott, wie er an der Decke der Sixtinischen Kapelle abgebildet war, oder an die Inkarnation Jesu als Sohn Gottes glaubte er nicht. Damit unterschrieb er sein eigenes Todesurteil.

Nachdem Bruno seiner Verurteilung gelauscht hatte, sagte er: »Vielleicht sprecht ihr, meine Richter, dieses Urteil mit größerer Furcht aus, als ich es entgegennehme.« Er hatte zweifellos recht – schwierige Zeiten lagen hinter der Kirche, nicht zuletzt wegen der durch die Mönche Girolamo Savonarola und später Martin Luther angeprangerten Exzesse rund um den Ablassverkauf (zur Finanzierung der neuen Peterskirche) war die Zahl ihrer Gegner beständig gestiegen. Der zerstörerische Sacco di Roma hatte dafür den schmerzhaften Beweis geliefert. Doch für Bruno war dies bereits ferne Vergangenheit; zu seiner Zeit war die scharfe kirchliche Reaktion, die sogenannte Gegenreformation, unter Sixtus V. (1585–1590) in vollem Gange. Jahrelang musste sich Bruno vor der Inquisition rechtfertigen, seine Bücher kamen auf den *Index librorum prohibitorum* (der »Liste verbotener Bücher«) und er selbst auf den Scheiterhaufen.

Die päpstliche Zensur konnte nicht verhindern, dass Bruno zu einem Märtyrer der Freidenker wurde, zu einem Symbol seiner Zeit – der sich verändernden Zeiten vielleicht. Erst Jahrhunderte später wurde das Denkmal aufgestellt, den Blick zum Petersdom gerichtet. Die Errichtung der Statue war auch am Ende des neunzehnten Jahrhunderts noch nicht unumstritten: Aus dem Vatikan und der römischen Stadtverwaltung kamen Proteste. Immerhin war Bruno ein Sinnbild für kirchlichen (und damit auch bürgerlichen) Ungehorsam. Wer wollte so etwas auf einen Sockel heben? Nichtsdestotrotz hatte ein Komitee der Universität Rom eine internationale Anleihe aufgelegt, um Gelder zu sammeln, mit denen das Standbild finanziert werden konnte. Der Widerspruch verstummte übrigens auch nach der Enthüllung im Jahr 1889 nicht: Am 30. Juni desselben Jahres nannte Papst Leo XIII. die Statue noch ein »Symbol für den Kampf gegen den Katholizismus«.

Unter Brunos Füßen steht eine bronzene Inschrift: A BRUNO – IL SECOLO DA LUI DIVINATO – QUI – DOVE IL ROGO ARSE (Für Bruno – Das Jahrhundert, das er vorausgesagt hatte – Hier – Wo das Feuer brannte). Endlich fanden seine Gedanken Anklang, doch die Anerkennung kam zu spät. Obwohl Papst Johannes Paul II. sich 1999 im Namen der Kirche für die Hinrichtung von Giordano Bruno entschuldigt hat, wurde er nie offiziell rehabilitiert. Seine Vorstellungen sind nach wie vor unvereinbar mit der offiziellen Kirchenlehre. Aus Protest, Sympathie und Bewunderung versammeln sich noch immer jedes Jahr am 17. Februar, Brunos Todestag, Wissenschaftler zwischen den Marktständen auf dem Campo de' Fiori (1869 zog der Markt von der Piazza Navona an seinen heutigen Standort auf dem Campo de' Fiori), um an der Stelle zu demonstrieren, »wo das Feuer brannte«.

XXX. VIA DELLE QUATTRO FONTANE

DAS GLÜCK IST EINE STRASSE

ES SCHEINT KEINE passendere Straße in Rom zu geben, um in die Zeit des Barock einzutreten, als die Via delle Quattro Fontane. Die »Straße der vier Brunnen« war einst fast drei Kilometer lang und führte von der Trinità dei Monti (an der Spanischen Treppe) bis Santa Croce in Gerusalemme. Strada Felice, wörtlich übersetzt »die glückliche Straße«, wurde sie damals genannt, nach dem Papst, der sie in Auftrag gegeben hatte: Sixtus V., Felice Peretti. Seine schnurgerade Straße sollte den Pincio-Hügel mit der Basilika Santa Maria Maggiore verbinden. Es war nur eine der vielen neuen Straßen, die Sixtus V. in Rom anlegen lassen sollte – neben den Dutzenden von Straßen, die er neu pflastern ließ.

Während berühmte Renaissancepäpste wie Julius II. vor allem darauf abzielten, die (klassische) Vergangenheit wieder aufleben zu lassen, entpuppte sich Sixtus V. als großer Erneuerer (und – unvermeidlich – Zerstörer), der Rom und die Kirche in die Zukunft führen wollte. Rigoros sorgte er für Ordnung: Die Pilgerkirchen und Hügel Roms sollten durch ansehnliche, gerade Straßen miteinander verbunden werden, und in diesen Straßen sollte dank eines neuen Gesetzes kein einziger Bau mehr gefährlich hervorragen. Rom wurde zudem ein Stück sicherer: Große und kleine Verbrecher wurden unter der Schreckensherrschaft des neuen Papstes gnadenlos verfolgt. Die Stadtviertel, die so lange zum *disabitato*, den weitgehend unbesiedelten antiken Trümmerfeldern innerhalb der Aurelianischen Mauer, gehört hatten, sollten wieder zu einer lebendigen, bewohnten Welt werden. Vom ersten Tag seines Pontifikats an setzte der 1585 zum Papst gewählte Sixtus seine Pläne für die Stadt energisch um und riss, ohne mit der Wimper zu zucken, Monumente der Vergangenheit nieder, wenn sie ihm dabei im Weg standen. Das Kolosseum etwa entging in dieser Phase nur knapp der Zerstörung: Der Papst wollte das in seinen Augen nutzlose Bauwerk teilweise abreißen lassen, um eine neue Straße anzulegen. Eine derartige Entschlossenheit in der Umgestaltung des römischen Stadtbilds sollte es erst wieder im zwanzigsten Jahrhundert geben – bei Mussolini.

Sixtus V. formulierte damit ein Vierteljahrhundert nach dem Konzil von Trient gewissermaßen eine Antwort auf die fünfundneunzig Thesen, die Martin Luther 1517 an das Kirchenportal angeschlagen hatte. Papst Leo X. hatte durch seinen Ablassschwindel dem Ansehen der Kirche schweren Schaden zugefügt, aber nun war die Zeit der Gegenreformation angebrochen, die Zeit eines Katholizismus, der mit wiedererwachter Energie in all seiner Erhabenheit gefeiert und beworben werden musste. Mit seinem Stadterneuerungsprogramm und dem Baumeister Domenico Fontana an seiner Seite war Sixtus V. der ideale Gegenreformationspapst. In seinem Auftrag erbaute Fontana den neuen Lateranpalast und schuf die vier Brunnen, die der Papst an der belebtesten Kreuzung seiner Strada Felice hatte aufstellen lassen (dort, wo heute die Via del Quirinale in die Via XX Settembre übergeht). Einer dieser Brunnen stellt den Fluss Arno dar, in Gestalt eines Mannes mit lockigem Haar und flankiert von einem Löwen, dem Symbol der Stadt Florenz. Der zweite ist der Tiber, mit der unvermeidlichen Wölfin neben sich und einem überquellenden Füllhorn in den Händen. Der dritte Brunnen steht für die Kraft, versinnbildlicht durch eine wohlhabende Frau (oder die Göttin Juno) mit königlichen Symbolen wie dem Löwen und der Krone. Der vierte und letzte Brunnen verkörpert die Treue, dargestellt durch eine seitlich liegende Dame (oder die Göttin Diana) mit einem Hund an ihrer Seite, deren Arm auf drei kleinen Bergen, dem Wappenzeichen von Sixtus V., ruht.

Auf einem Stadtplan Roms aus dem Jahr 1748 kann man noch den gesamten Verlauf der Strada Felice verfolgen, während sie auf einer Karte aus dem Jahr 1878 fast gänzlich verschwunden scheint. Und das stimmt auch, denn langsam, aber sicher wurde die Strada Felice in die Via Sistina, die Via delle Quattro Fontane, die Via Agostino Depretis, die Via Carlo Alberto, die Via Conte Verde und die Via di Santa Croce in Gerusalemme aufgeteilt. All diese Namen wurden ihr erst nach 1870 zugewiesen, auch der der Via delle Quattro Fontane. Durch diese Straße muss im frühen siebzehnten Jahrhundert ein Architekt und Künstler häufig gegangen sein, der in seinen innovativen Kunstwerken nicht nur das Barock, sondern auch den Geist der Gegenreformation einfing und so zum vielleicht wichtigsten Verteidiger des Glaubens wurde: Gian Lorenzo Bernini. Auf dem Weg zu einem gemeinsamen Bauprojekt folgte in seinem Schatten ein Mann, der als Architekt mindestens genauso talentiert war, aber weder über Berninis diplomatisches Geschick noch über dessen Optimismus verfügte: Francesco Borromini.

Mit dem gemeinsamen Projekt von Bernini und Borromini an der Via delle Quattro Fontane, dem Palazzo Barberini, hatte der Baumeister Carlo Maderno schon 1627 begonnen, doch er starb, als gerade erst das Fundament des Palastes gelegt war. Inzwischen war Kardinal Maffeo Barberini am 6. August 1623 als Urban VIII. zum Papst geweiht worden. Dies sollte sich als ein wichtiger Moment in Berninis Laufbahn erweisen. Der ehrgeizige Künstler war erst fünfundzwanzig Jahre alt und hatte bereits den *Raub der Proserpina* und *Apollo und Daphne* geschaffen – beide Figurengruppen schmückten (und schmücken auch heute noch) die Villa von Scipione Borghese an der Porta Pinciana. Obwohl Urban VIII. notgedrungen größtenteils ein Kriegspapst war (zwischen den katholischen und den protestantischen Staaten Europas wütete der Dreißigjährige Krieg), entpuppte er sich gleichzeitig als Patron der Künste – und Bernini als sein liebster Protegé. Nach Madernos Tod ernannte der Papst Bernini so auch mit Freuden zum neuen obersten Architekten seines Stadtpalasts.

An mehreren wichtigen Punkten seiner Laufbahn sah sich Bernini gezwungen, Borromini zu seiner Unterstützung heranzuziehen – und dies war so ein Moment. Denn er war zwar ein begabter Bildhauer, aber (noch) kein Architekt. In dieser Hinsicht hatte ihm Borromini, der bei seinem Verwandten Carlo Maderno in die Lehre gegangen war, einiges voraus. Auch für den Bronzebaldachin im Petersdom, jenes sonderbare Kunstwerk, das Bernini später, ebenfalls im Auftrag von

Urban VIII., schuf, sollte er sich auf Entwürfe von Borromini stützen. Zusammen arbeiteten die beiden jahrelang am Palazzo Barberini, bis zu dessen Fertigstellung 1633. Letzten Endes ist nur wenig von Madernos ursprünglichem Entwurf bewahrt geblieben. Die zentrale offene Loggia beispielsweise, die Maderno vor Augen hatte, wurde nicht umgesetzt. In diesen Bereich ließ Bernini den Gran Salone bauen – den großen Saal, den Pietro da Cortona mit Fresken ausmalte.

Nach dem Palazzo Barberini sollte Berninis Stern aufgehen, während Borromini vor allem als missmutiger Sonderling bekannt wurde. Trotzdem ergatterte er 1634 seinen ersten eigenen Auftrag an der Via delle Quattro Fontane. Das Ergebnis war eine der schönsten kleinen Kirchen von Rom, gelegen an der Kreuzung mit den vier Brunnen: San Carlo alle Quattro Fontane. Drei Jahre arbeitete Borromini an seinem San Carlino (»Sankt Karlchen«). Der Entwurf stellte eine Herausforderung dar: Borromini musste die Nische eines der vier Brunnen an der Kreuzung berücksichtigen. Deshalb entwickelte er einen innovativen Grundriss aus drei Dreiecken und vier ineinandergeschobenen Ellipsen. Die Mittelpunkte der Ellipsen wiederum bilden zwei gleichseitige Dreiecke – ein großartiges geometrisches Spiel. Für die Kuppel schuf Borromini eine gekonnte optische Täuschung: Sie wirkt deutlich höher, als sie tatsächlich ist. Diesen Effekt erzielte er, indem er das Muster nach oben hin immer kleiner gestaltete und durch unsichtbare Fenster Tageslicht ins Innere fallen ließ. Als die Arbeiten an San Carlo im Wesentlichen abgeschlossen waren (die Fassade gestaltete er erst am Ende seiner Laufbahn), wurde Borrominis Kirche von den meisten seiner Kollegen beschimpft und verlacht. Erst mit seinen späteren Werken, etwa der Kirche Sant'Agnese in Agone und vor allem Sant'Ivo alla Sapienza, erntete er schließlich Bewunderung. Doch auch das hielt Borromini nicht davon ab, sich 1667, nachdem er den Kampf gegen seine Depressionen aufgegeben hatte, in ein Schwert zu stürzen.

Bernini hatte in der Zwischenzeit nur wenige Meter entfernt an der Piazza Barberini an seinem allseits gepriesenen Tritonenbrunnen und dem gleich dahinterliegenden sogenannten Bienenbrunnen, der Fontana delle Api, gearbeitet. Es schien, als krabbelten die Bienen aus dem Wappen der Barberini über jedes Kunstwerk, bei dem Bernini die Finger im Spiel hatte. Bis zu dem unausweichlichen Tag, an dem Urban VIII. starb und in einem (von Bernini entworfenen) Grabmal im Petersdom beigesetzt wurde. Das Schicksal wollte es, dass der neue Papst, Innozenz X. (Giovanni Battista Pamphili), eine große Abneigung gegen seinen Vorgänger hegte und sich in allen Belangen von ihm distanzieren wollte. 1645, ein Jahr nach Urbans Tod, wurden dessen Erben durch den neuen Papst der Unterschlagung bezichtigt. Der Palazzo Barberini wurde vom Heiligen Stuhl beschlagnahmt, der Familie jedoch 1653 wieder zurückgegeben. Er sollte bis 1949 im Besitz der Barberini bleiben, bis er vom letzten verbliebenen Erben (Sacchetti Barberini Colonna) auf den italienischen Staat überging.

Bernini blieb nun nichts anderes übrig, als abzuwarten, bis der neue Papst einlenkte. Im Wissen um sein unbestrittenes Talent wartete er gelassen auf den Tag, an dem er die Gunst des Papstes wiedererlangen würde. Unterdessen widmete er sich anderen Aufträgen, und sein Atelier wuchs beständig an.

Einer der Privataufträge, die er in dieser Phase (1647–1652) übernahm, war die Cornaro-Kapelle in der Kirche Santa Maria della Vittoria, für die er die *Verzückung der heiligen Theresa* schuf – nichts weniger als ein Meisterwerk und ein grandioses Beispiel barocker Kunst. Berninis Geduld wurde schließlich belohnt: Innozenz X. gab nach. Sein berühmtestes römisches Kunstwerk sollte doch noch im Auftrag des Pamphili-Papstes entstehen, und das sogar direkt in dessen »Hinterhof«: die Piazza Navona.

XXXI. PIAZZA DELLA ROTONDA

RECYCLING IM PANTHEON

BEVOR WIR UNS von der theatralischen Pracht von Pamphilis
Piazza Navona überwältigen lassen, halten wir auf der Piazza
della Rotonda kurz bei der Kehrseite des römischen Barocks
inne, an einem Ort, der durch Berninis Schaffen beträchtlichen Schaden davongetragen hat. 1625 gestattete ihm Urban
VIII., für seinen Baldachin über dem Grab des heiligen Petrus im Petersdom die bronzene Deckenverkleidung des Por-
talvorbaus von Santa Maria Rotonda, besser bekannt als das
Pantheon, zu entfernen. Wie sollte er sonst genug Bronze
zusammenbringen, um das gewaltige Kunstwerk zu erschaffen, das ihm vorschwebte? Es war zudem nicht unüblich,
Baumaterialien aus Ruinen und älteren Monumenten der
Stadt zu entnehmen, den Tempeln auf dem Forum Romanum etwa oder dem gigantischen Kolosseum.

Das Pantheon war, anders als viele andere römische Bauwerke, seit der Antike fast ununterbrochen in Gebrauch
gewesen. Schon 608 war der »allen Göttern« geweihte römische Tempel in eine Kirche umgewidmet worden. Santa
Maria Rotonda, offiziell Santa Maria ad Martyres, wird
sogar heute noch als Kirche genutzt. Eine fast unvorstellbare

Kontinuität, wenn man bedenkt, dass an der Stelle, wo jetzt das Pantheon steht, zwischen 27 und 25 v. Chr. erstmals gebaut wurde. »Marcus Agrippa, Sohn des Lucius, schuf dies während seines dritten Konsulats«, lautet die Inschrift an der Fassade, die auch heute noch deutlich zu erkennen ist. Bei Ausgrabungen gefundene Überreste scheinen darauf hinzudeuten, dass der von Augustus' Feldherr Marcus Agrippa (63–12 v. Chr.) in Auftrag gegebene Bau ein »normaler«, das heißt rechteckiger Tempel gewesen sein muss, dessen Ausrichtung der heutigen entgegengesetzt war. Kaiser Domitian (51–96 n. Chr.) finanzierte Jahrzehnte später einige grundlegende Sanierungsarbeiten an dem Gebäude, die nötig geworden waren, nachdem im Jahr 80 in dem Viertel ein Feuer gewütet und den Tempel beschädigt hatte. Die Inschrift aber, wie auch die Umbauten zum heutigen Rundbau stammen aus der Regierungszeit von Kaiser Hadrian – die Arbeiten müssen also ungefähr zwischen 118 und 125 ausgeführt worden sein. Obwohl die meisten Kaiser am liebsten ihren eigenen Namen in die Gebäude meißeln ließen, die sie finanzierten, entschied sich Hadrian dagegen. Noch viel lieber ließ er den allerersten Erbauer, Marcus Agrippa, wieder zu Ehren kommen, um so dem Betrachter indirekt auch die glorreichen alten Zeiten in Erinnerung zu rufen.

Hadrians Umbau bedeutete eine umfassende Neugestaltung des Tempels. Das alte Bauwerk wurde zum Teil (wieder-)verwendet, aber seine Ausrichtung wurde verändert und die Rotunde hinzugefügt. Dieses neue Pantheon mit seiner gewaltigen Kuppel wurde zu einem Symbol für die Kunstfertigkeit römischer Ingenieure. Auf raffinierte Weise ließen sie das komplette Gewicht der riesigen Kuppel auf der runden

Mauerkonstruktion ruhen, in der zahllose Bogen versteckt sind. Der Abstand vom Boden zur Spitze der Kuppel entspricht exakt ihrem Durchmesser. Die einzige Lichtquelle im Raum ist der *oculus*, die kreisrunde Öffnung in der Kuppeldecke. In den Nischen standen früher die Statuen aller Götter des römischen Götterreichs (des Pantheons). Später wurden diese Nischen als Grabstätten berühmter Persönlichkeiten aus der römischen und italienischen Geschichte genutzt. Raffael etwa fand dort 1520 seine letzte Ruhestätte, versehen mit den wunderbaren Zeilen: »Hier liegt Raffael. Solange er lebte, fürchtete Mutter Natur, von ihm übertroffen zu werden, und bei seinem Tod, mit ihm zu sterben.«

Auf der davor liegenden Piazza della Rotonda entdeckt man auch heute noch zahlreiche Hinweise auf die farbenprächtige Vergangenheit dieses Platzes im Herzen von Rom. Beim Haus Nummer 14 erinnert eine Inschrift an den Markt, der hier bis 1847 zu finden war. Seit dem Mittelalter wurde auf der Piazza della Rotonda Fleisch, Fisch, Gemüse und Obst verkauft. Durch die Hinterlassenschaften der Marktbeschicker waren die hygienischen Zustände auf dem Platz nicht die besten. Und als sie ihre Buden und Stände sogar in der Vorhalle des Pantheons aufzustellen begannen, wurde die Piazza della Rotonda vielen Päpsten ein Dorn im Auge. Doch erst 1823 wurden die schmutzigen, heruntergekommenen Lagerräume für die Waren im Auftrag von Papst Pius VII. entfernt. Gleich im Anschluss ließ er die Piazza della Rotonda auch pflastern. Gut zwanzig Jahre später, 1847, wurde der schmutzbringende Markt endgültig von diesem Platz verbannt.

Der Brunnen in der Mitte der Piazza della Rotonda steht

schon seit dem fünfzehnten Jahrhundert, als Papst Eugen IV. beschloss, dort zwei kleine, löwengeschmückte Becken aufstellen zu lassen. Seitdem wurde der Brunnen mehrere Male abgetragen und wieder neu aufgebaut. Papst Clemens XI. (1700–1721) versah den Sockel mit einer umlaufenden Treppe, die auf der einen Seite fünf Stufen umfasst, auf der anderen nur zwei – durch die buchstäbliche Überlagerung verschiedener historischer Schichten war es im Laufe der Zeit auf dem Platz zu den allseits üblichen Niveauunterschieden gekommen. Derselbe Clemens ließ auch den Obelisken auf dem Brunnen aufstellen. Dieser war in der Nähe der Kirche Santa Maria sopra Minerva gefunden worden und hatte eine Zeitlang vor der Kirche San Macuto gestanden. Noch heute wird der über sechs Meter hohe Obelisk deshalb *Il Macuteo* genannt. Aller Wahrscheinlichkeit nach stammt er ursprünglich aus dem Sonnentempel im altägyptischen Heliopolis. Wie dies häufiger geschah, war der Obelisk in der Kaiserzeit der Stadt Rom zum Geschenk gemacht und dort im Tempel der Isis aufgestellt worden.

Am Haus Nummer 68 finden wir eine Plakette mit einer sonderbaren Inschrift, die von einem hölzernen Boden vor dem Pantheon berichtet. Dieser Text verweist auf ein besonderes Geschenk, das die Stadt Rom 1906 während des Besuchs des Bürgermeisters von Buenos Aires erhielt. Der Argentinier war schwer beeindruckt vom Pantheon und den darin enthaltenen Grabmälern. Doch eines konnte er einfach nicht begreifen: Wie war es möglich, dass eine Basilika mit solcher Historie und solch bedeutenden Gräbern mitten in diesem volkstümlichen Gedränge lag? Seiner Ansicht nach verdienten es die Gräber, »in geweihte Stille gehüllt zu werden«, und so schenkte er Rom einen neuen Bodenbelag für die Piazza della Rotonda, gefertigt aus Holz aus den argentinischen Regenwäldern, auf dass die ewige Ruhe der illustren Toten nicht länger durch den Straßenlärm gestört werde. Der Parkettboden hat tatsächlich eine kurze Zeit vor dem Pantheon gelegen, durfte jedoch nicht allzu lange bleiben.

Bevor wir zu weit abschweifen und in der Geschichte vorauseilen, kehren wir über die Bronzeverkleidungen des Pantheons zurück zu Bernini. Der alte Tempel erwies sich als beinahe unerschöpfliche Materialquelle. Als Bernini genug hatte für seinen Baldachin, blieb immer noch Bronze übrig, um daraus im Auftrag Urbans VIII. neue Kanonen für die Engelsburg gießen zu lassen. Ein paar Jahre später, 1632, erteilte der Papst Bernini schließlich den Auftrag, auf dem Portalvorbau des Pantheons zwei kleine Glockentürmchen zu errichten. Kaum standen sie dort, wurden die *orecchie d'asino* (die »Eselsohren«) zur Zielscheibe des allgemeinen Spotts. Und schon 1883 wieder entfernt.

Barbarisch, so nannten die Römer die Art und Weise, wie der Barberini-Papst mit dem kulturellen Erbe der Stadt verfuhr, wobei sie indirekt auf die Verwüstungen anspielten, die die barbarischen Stämme beim Untergang des Römischen Reichs angerichtet hatten. Roms scharfe Zunge Pasquino formulierte es noch schöner: *Quod non fecerunt barbari fecerunt barberini* – »Was die Barbaren nicht schafften, das schafften die Barberini.« Das ist nur eines der unzähligen gewitzten satirischen Wortspiele, die Pasquino der Nachwelt überließ. Wer aber war dieser wortgewandte, redselige Römer, der nach Herzenslust öffentlich Kritik an der Politik der Päpste übte? Und vor allem, wie kam er damit durch?

XXXII. VIA DEL BABUINO

WENN DIE STEINE SPRECHEN

PASQUINO WAR DIE erste jener steinernen Statuen in Rom, die irgendwann im sechzehnten Jahrhundert unversehens zu sprechen begannen. Diese sonderbare Runde, der »Club der Wortgewandten« (*Congresso degli Arguti*), besteht aus sechs Mitgliedern, deren erste Gemeinsamkeit darin besteht, dass sie nicht sonderlich gut aussehen. Neben ihrem Anführer Pasquino auf dem gleichnamigen kleinen Platz gibt es da noch die bereits erwähnte Madama Lucrezia auf der Piazza di San Marco, Marforio im Palazzo Nuovo (Kapitolinische Museen), den Abate Luigi auf der Piazza Vidoni, Il Facchino in der Via Lata und Il Babuino in der nach ihm benannten Via del Babuino. Das »Sprechen« lief in der Praxis darauf hinaus, dass sie die Politik der Päpste in Rom kommentierten: In bissigen Versen, Satiren und Wortspielen wurden politische Kommentare und unverblümte Kritik auf die Statuen geklebt. Teils kam es sogar zu Dialogen zwischen den sprechenden Statuen.

Pasquino und Marforio sind die bekanntesten unter ihnen, aber auch der »Pavian«, Il Babuino, gab hin und wieder seinen Senf dazu. Wo jetzt die schnurgerade Via del Babuino liegt (zwischen der Piazza del Popolo und der Spanischen Treppe), verlief im fünfzehnten Jahrhundert ein nicht ganz so ordentlicher Weg. Die Straße war zweigeteilt. Der erste Teil wurde Via dell'Orto di Napoli genannt, weil sich dort eine kleine Kolonie neapolitanischer Emigranten niedergelassen hatte. Die zweite Hälfte des Weges jedoch trug einen finsteren Namen. Via del Cavalletto bezog sich nicht etwa auf die Staffelei eines Malers (*cavalletto*), sondern auf die Foltermethode, die hier auf päpstlichen Befehl hin angewandt wurde. Die Verurteilten mussten rittlings auf einer Art hölzernem »Pferdchen« sitzen, während an ihren beiden Beinen Gewichte befestigt wurden, deren Last der Schwere ihres Verbrechens entsprach.

Als die beiden Wege 1525 durch Papst Clemens VII. zusammengefügt wurden, verlieh er der neuen Straße stolz seinen eigenen Namen: Via Clementina. Es war Pius V. (1566–1572), der später einige Wasserleitungen zur Via Clementina, die inzwischen Via Paolina hieß, umleiten ließ, um dort einen Brunnen errichten zu können. Er ließ ein altes römisches Becken herbeischaffen und stellte darüber die antike Statue eines Silens auf – eines Fabelwesens aus der alten griechischen Mythologie. Diese Wesen wurden mit Wasserquellen assoziiert und als abstoßende, dickliche, häufig in ein Schaffell gehüllte haarige Gestalten dargestellt. In dieser Hinsicht war die Statue des Silens naturgetreu: ziemlich hässlich und struppig. Sie sei so hässlich, urteilten die Römer, dass sie nur mit einem Affen verglichen werden könne. Und so wurde daraus im Volksmund *Il Babuino* – der Pavian.

Dank der zahlreichen Scherze und spöttischen Bemerkungen wurde die Statue immer bekannter. Als der Ruhm von Il Babuino seinen Höhepunkt erreichte, begannen die Römer, *Babuinaden* zu verfassen (analog zu den »Pasquinaden«, jenem Namen, der sich für die Satiren des Pasquino eingebürgert hatte): kurze, anonyme, scharf formulierte politische Verse und Satiren, die auf Zetteln oder Pamphleten an der Statue zurückgelassen wurden. Oft richteten sie sich direkt an den Papst. Es dauerte nicht lange, bis Babuino mit Fug und Recht in den Congresso degli Arguti aufgenommen wurde.

Dass Rom den hässlichen Pavian endgültig ins Herz geschlossen hat, zeigte sich, als anhaltende Sympathiebekundungen und Proteste 1957 dazu führten, dass er an seinen gewohnten Platz an der Via del Babuino zurückkehrte und wieder mit seinem alten römischen Wasserbecken vereint wurde. Als der Palazzo von Alessandro Grandi, an den der Brunnen angebaut war, 1738 abgerissen worden war, um Platz für den Palazzo Boncompagni Cerasi zu schaffen, hatte man das Ensemble in eine Einbuchtung ein Stück weiter in derselben Straße versetzt. 1887 musste der Brunnen aus praktischen Gründen erneut umziehen, und zwar in den Innenhof des Palazzo Boncompagni Cerasi. Doch nur die Statue fand dort eine neue Bleibe, das alte römische Becken wurde zu einem anderen Brunnen an der Via Flaminia gebracht. Seit 1957 findet man nun beide wieder an ihrem ursprünglichen Platz.

XXXIII. PIAZZA NAVONA

AM FRÜHEN MORGEN versammeln sich in der Mitte des Platzes Maler und andere Künstler, die gegen eine nicht geringe Summe Geld für den Rest des Tages Karikaturen der Touristen und impressionistische Gemälde von Türen und Balkonen anfertigen. Rings um die Staffeleien liegen die Straßencafés, auf deren Terrassen Touristen zu astronomischen Preisen Cappuccino trinken. Touristen, Straßenkünstler, Passanten – sie alle blicken auf den Titanenkampf zwischen den beiden künstlerischen Großmeistern der Piazza Navona: Bernini und Borromini.

1647 beschloss Innozenz X., dass der bessere »Futtertrog«, wie er den Brunnen auf der Piazza Navona nannte, einem angemesseneren Nachfolger weichen solle. Girolamo Rainaldi war zu diesem Zeitpunkt an ebendiesem Platz schon dabei, den Palazzo Pamphili in einen Stadtpalast zu verwandeln, der Innozenz' jüngst erworbenem Papstamt würdig war. Die Piazza Navona, im Rom des Barock ein lebendiger Ort voller Marktbeschicker und flanierender Stadtbewohner, war also gewissermaßen der Hinterhof des Papstes. Um einen entsprechenden Brunnen für seinen Platz auszuwählen, lobte er einen Wettbewerb für die besten Künstler aus. Jeder namhafte Bildhauer wurde eingeladen, eine Skizze einzureichen. Jeder außer Bernini. Dass er der Favorit des Barberini-Papstes Urban VIII. gewesen war, kam ihn nun teuer zu stehen. Borromini hingegen beteiligte sich an dem Wettbewerb und entwarf einen Brunnen mit vier Flüssen. Dank eines guten Freundes mit Kontakten zum päpstlichen Hof, der Bernini ermutigte, trotzdem einen Entwurf anzufertigen und ihm ein Modell mitzugeben, bekam Innozenz X., ohne es zu wissen, doch noch einen Beitrag von Bernini zu sehen. Und er gab offen zu, dass er jetzt keine Wahl mehr habe: Berninis Entwurf – inklusive der vier Ströme, die er sich bei Borromini abgeschaut hatte – war eindeutig der beste. 1651 wurde mit dem Bau des Brunnens begonnen.

Bernini leitete zwar die Baumaßnahme, mit der praktischen Ausführung hatte er jedoch weniger zu tun. Die vier riesigen Figuren im Brunnen wurden, wenn auch nach seinen Entwürfen und unter Zuhilfenahme seines künstlerischen und technischen Sachverstands, alle von unterschiedlichen Künstlern ausgeführt. Sie verkörpern die vier größten Flüsse, die zu jener Zeit bekannt waren: den Ganges, die Donau, den Nil und den Rio de la Plata. Den gewaltigen Obelisken entdeckte Innozenz X. persönlich am 27. April bei einem Besuch der Basilika San Sebastiano fuori le Mura, wo er auf dem archäologischen Areal des Maxentius-Circus unbeachtet am Boden lag. Die Inschriften auf dem Obelisken nannten unter anderem den Namen von Kaiser Domitian, weshalb man annahm, dass er ursprünglich zu dessen Stadion gehört hatte, das unter der Piazza Navona liegt. Daher wurde der Obelisk auf die Spitze der Fontana dei Quattro Fiume gestellt, wo er sich seit dem 12. August 1649 befindet.

Eine beliebte Legende besagt, dass der Vierströmebrunnen allerlei versteckte Hinweise auf Berninis Abneigung gegen die gegenüberliegende Kirche Sant'Agnese enthält – die Kirche, deren Neubau Borromini im Auftrag des Papstes durchgeführt hatte. Der Schleier des Nils, die Haltung des Rio de la Plata: Sie scheinen in der Tat nichts von der Kirche sehen oder wissen zu wollen. Wenn man genau hinschaut, erkennt man vielleicht sogar Angst oder Abwehr in der Haltung des Rio de la Plata – als fürchte die Figur, die Kirche könne einstürzen. Wie gern man diese Geschichten heute auch glauben möchte, Bernini kann diese versteckten Hinweise unmöglich absichtlich in seinem Brunnen untergebracht haben. Mit dem Bau der Kirche wurde erst begonnen, als der Vierströmebrunnen schon fertig war.

Die allererste kleine Kirche am Standort von Sant'Agnese in Agone soll schon im Jahr 304 errichtet und Agnes, einem glücklosen, aber frommen Mädchen, geweiht worden sein. Die Kirche steht an der Stelle, an der sie ihr Martyrium erlitt, weil sie sich aufgrund ihrer selbst gewählten »Ehe mit Christus« geweigert hatte, einen vornehmen Römer zu heiraten. Als die Folterknechte ihr die Kleider vom Leib rissen, um sie zu vergewaltigen, begann Agnes' Haar auf wundersame Weise zu wachsen, bis es ihren Körper vollständig bedeckte. Der Mann, der versucht hatte, ihr die Unschuld zu rauben, fiel tot vor ihre Füße. Schließlich wurde Agnes doch noch umgebracht: Die Römer stachen ihr ein Schwert durch die Kehle. Der Zusatz *in Agone* ist jedoch kein Verweis auf die Schmerzen, die Agnes erleiden musste, sondern auf den Circus Agonalis, der sechs Meter unter dem heutigen Platz verborgen liegt. *Agones* hießen die sportlichen Wettkämpfe, die in diesem antiken Stadion des Domitian abgehalten wurden. Darauf lässt sich auch der heutige Name des Platzes zurückführen – in etwa über den folgenden Weg: *in agone* wurde zu *innagone* und das wiederum zu *navone*. Die Piazza Navona war geboren.

Vor den beiden anderen Brunnen auf der Piazza Navona halten die Besucher meist nicht so lange inne. Sie sind weniger groß, weniger eindrucksvoll, und es »passiert« weniger. Trotzdem sind beide Brunnen herrliche Beispiele der Bildhauerkunst, gefertigt von Giacomo della Porta (1532–1602). Am südlichen Ende des Platzes steht die Fontana del Moro mit vier Tritonen. Im Zentrum des Brunnens ist eine Figur in den Kampf mit einem Delfin verstrickt. Diese zentrale Statue, »il Moro«, war kein Bestandteil des ursprünglichen Entwurfs, sondern wurde von Bernini nachträglich hinzugefügt. Am nördlichen Ende der Piazza Navona findet man den Neptunbrunnen. Für diesen Brunnen entwarf della Porta lediglich das Becken – die Statuen folgten erst 1878.

Dass der Pamphili-Papst Innozenz X. die Piazza Navona sowohl zur Mehrung seines Ansehens als auch zur Verschönerung seiner Aussicht herrichten ließ, steht außer Frage. Gleichzeitig kann man sich heute kaum noch vorstellen, wie willkommen (und notwendig) Brunnen tatsächlich waren in einer Zeit, in der sauberes Trinkwasser noch nicht überall aus dem Wasserhahn floss. Als die antike Aqua Virgo, durch die das frische Quellwasser aus den Hügeln um Rom seinen Weg in die Stadt fand, im sechzehnten Jahrhundert saniert wurde, nutzte man daher gerne die Gelegenheit, Leitungen zum Marsfeld zu verlegen. Unmittelbar darauf wurde mit dem Bau der Brunnen auf der Piazza Navona begonnen, wo schon seit der zweiten Hälfte des fünfzehnten Jahrhunderts ein Markt abgehalten wurde. Darüber hinaus war der Platz ein beliebter Treffpunkt, und es sollte nicht lange dauern, bis auch allerlei Festlichkeiten und Prozessionen auf der Piazza Navona abgehalten wurden. Auf einer Reihe von Gemälden kann man noch sehen, wie der Platz zu solchen Anlässen hin und wieder buchstäblich unter Wasser gesetzt wurde – zur Belustigung und Abkühlung der Römer.

XXXIV. PIAZZA SAN PIETRO

BERNINIS GEWALTIGE ARME

DER KÜNSTLER, DESSEN Name wie kein zweiter unauflöslich mit der Stadt Rom verbunden ist, wurde zweiundachtzig Jahre alt. Es heißt, Bernini habe bis ins hohe Alter noch jeden Tag um sieben Uhr früh an Marmorblöcken herumgewerkelt. Wie sollte es auch anders sein – sein ganzes Leben lang hatte er nichts anderes getan als arbeiten, arbeiten, arbeiten. Der Strom der Aufträge, zumeist vom jeweils amtierenden Papst persönlich, riss nie ab. 1656 erhielt er, mittlerweile achtundfünfzig Jahre alt, einen besonderen Auftrag vom neuen Papst Alexander VII. (Fabio Chigi), der genau wie Maffeo Barberini als Förderer der großen Künstler seiner Zeit bekannt werden sollte. Die neue Petersbasilika war endlich fertig, und das lockte noch mehr Pilger nach Rom als zuvor. Hinzu kamen weitere Besucher: Seit der Renaissance reisten Humanisten und Künstler in die Ewige Stadt, um die Überreste der Antike zu bewundern oder Manuskripte zu konsultieren, und auch in den darauffolgenden Jahrhunderten zog es Studenten und Gelehrte nach Rom. Natürlich schauten sich viele von ihnen auch den Petersdom an. Vor der Kirche war ein schöner, weitläufiger Platz vonnöten, wo sich all die Besucher versammeln konnten. Von diesem neuen Platz aus mussten sie darüber hinaus auch einen guten Ausblick auf den vatikanischen Palast haben, von wo aus der Segen gesprochen wurde.

Die Peterskirche muss in den ersten Jahrhunderten ihres Bestehens ziemlich unauffällig gewesen sein. Sie begann als schlichtes Monument über dem vermeintlichen Grab des Apostels Petrus, inmitten einer Nekropole mit zahlreichen weiteren Grabstätten. Auf Initiative von Kaiser Konstantin wurde im vierten Jahrhundert eine neue, romanische Basilika gebaut, eine vergleichsweise bescheidene Kirche, die dennoch jahrhundertelang Bestand haben sollte. Die Jahrhundert um Jahrhundert herbeiströmenden Pilger sorgten für das übliche Gedränge im Borgo, wie das Viertel zu Füßen des Petersdoms seit dem Mittelalter heißt. Wie chaotisch es in einer derart dicht bevölkerten Gegend zugehen konnte, zeigt Raffaels *Incendio di Borgo*, auf dem er das verheerende Feuer dargestellt hat, das 847 im Borgo wütete. Der *Borgobrand* gehört zu den Fresken in der gleichnamigen Stanze, die einst als Speisezimmer des Papstes diente und inzwischen Teil der Vatikanischen Museen ist. Das Fresko enthält eine der wenigen Abbildungen der alten, mit Mosaiken geschmückten Petersbasilika, die Raffael im Hintergrund verewigt hat.

Der neue Petersdom, an dem so furchtbar lange gearbeitet worden war, stand noch immer mitten in einem dicht bevölkerten Wohnviertel. Eine der ersten Anweisungen, die Papst Alexander VII. nach seinem Amtsantritt erteilte, betraf den Abriss eines Teils des Areals, um dort Raum für einen großen, offenen Platz zu schaffen. Der Überlieferung zufolge soll er seine Wünsche bereits so präzise bedacht haben, dass er Bernini sogar die genauen Abmessungen des Platzes und der Säulenreihen mitgeteilt habe. Das Lob für den ovalen Platz mit seinen Kolonnaden gebührt natürlich dennoch Bernini. Jede Säule, die er für den Platz entwarf, hat einen Durchmesser von mehr als anderthalb Metern. Von diesen dicken Säulen ließ Bernini gleich 284 aufstellen, dazu 88 Stützpfeiler. Der Platz selbst wurde letztlich 240 Meter breit und 340 Meter tief. In jedem Fall erfüllte Bernini den Wunsch des Papstes, ausreichend Freiraum für die Pilger zu schaffen: Der Platz fasst bis zu 400 000 Gläubige.

Nachdem der Petersplatz fertig war, entstand schnell ein passender Spitzname für die Kolonnaden: Man nannte sie die *abbraccio berniniano*, die berninische Umarmung. Gleich vier Reihen dicker, imposanter Säulen umfangen die Fläche. Und doch scheint es manchmal, als sähe man dort nur eine einzige Säulenreihe. Nach einigem Blinzeln erscheinen dann wieder doppelte Reihen. Diese optische Täuschung hat Bernini ganz bewusst integriert. Wer genau erkennen will, was er beabsichtigte, muss auf dem Pflaster des Platzes die beiden Brennpunkte der Ellipse suchen – sie liegen zwischen dem Obelisken und den Brunnen. In einem marmornen Kreis entdeckt man dort die Worte CENTRO DEL COLONNATO, »Zentrum der Kolonnade«. Stellen Sie sich genau auf diesen Kreis und blicken Sie zu der Säulenreihe, der Sie am nächsten stehen. Hier werden Ihre Augen getäuscht: Statt der vier Säulenreihen, die dort stehen, sehen Sie nur eine einzige. Vergleichbare Trompe-l'Œil-Effekte hatte auch Borromini schon eingesetzt, beispielsweise in der Kuppel von San Carlino und in seiner berühmten *Prospettiva*, einem trügerischen Säulengang im Palazzo Spada. Illusionistische Effekte kamen in der Zeit des Barock zunehmend in Mode. Viel mehr als noch in der Renaissance zielte die Kunst darauf ab, den Betrachter zu überraschen. Das kam nicht nur bei Borromini und Bernini zum Ausdruck, sondern auch bei den Malern dieser Zeit – wie man sehr schön an der Decke der Kirche Sant'Ignazio di Loyola sehen kann, die Andrea Pozzo am Ende des siebzehnten Jahrhunderts mit einer illusionistischen Kuppel versah. Ein Maler jedoch schlug mit seinem eigenwilligen Stil eine ganz andere Richtung ein und sorgte so für erheblichen Aufruhr in der Ewigen Stadt.

XXXV. VICOLO DEL DIVINO AMORE

CARAVAGGIO IN ROM

AM 8. MAI des Jahres 1604 unterschrieb ein junger Künstler den Mietvertrag für eine Wohnung im Vicolo del Divino Amore (damals noch Vicolo San Biagio), einer schmalen Gasse im Zentrum von Rom. Michelangelo Merisi stammte aus dem norditalienischen Örtchen Caravaggio und war 1593 mit zweiundzwanzig nach Rom gekommen. In den ersten Jahren war er bei einem etablierten Künstler in die Lehre gegangen. Caravaggio, wie Michelangelo genannt wurde, bewegte sich zunehmend in den richtigen Kreisen, und dank des unverkennbaren Talents, das sich in frühen römischen Werken wie *Judith und Holofernes* zeigte, erregte er die Aufmerksamkeit potenzieller Auftraggeber. Durch sein wachsendes Netzwerk erhielt er nicht nur immer mehr Aufträge, sondern gelangte 1604 auch an die Wohnung in diesem frisch renovierten Mietshaus. Von diesem Umzug ist eine unglaubliche Fülle an Details überliefert. Die nahe gelegene Pfarrei von San Nicola dei Prefetti führte nämlich genau Buch darüber, wer so alles in die Nachbarschaft zog und sie wieder verließ.

Caravaggios erster großer öffentlicher Auftrag in Rom war

die Contarelli-Kapelle in San Luigi dei Francesi. Für diese Kapelle schuf er drei Gemälde mit Szenen aus dem Leben des heiligen Matthäus. Man erkennt auf den ersten Blick, in welchem Maße dieser junge, eigenwillige Maler in seinem Werk neue Wege einschlug. Statt ein klassisches Idealbild oder heroische Figuren darzustellen, malte Caravaggio, was er um sich herum sah: reale Menschen aus der realen Welt. Von verfaulendem Obst in Stillleben bis hin zu alten Frauen, schmutzigen Zehen und sanftmütigen Jünglingen – ungeachtet des (oft religiösen) Themas verlieh Caravaggio seinen Figuren auf der Leinwand etwas unverblümt Menschliches. Den dramatischen Eindruck seiner Werke steigerte er durch den besonderen Einsatz von Hell und Dunkel (*chiaroscuro*), einem Theaterregisseur gleich, der Scheinwerfer verwendet, um seine Motive mit einer natürlichen Perfektion zu beleuchten. Auf die Contarelli-Kapelle folgte 1600 ein Auftrag für die Cerasi-Kapelle in der Kirche Santa Maria del Popolo. Danach hatte sich Caravaggio in Rom einen Namen gemacht.

Die alten Archive von San Nicola dei Prefetti verzeichnen für die Jahre 1604–1606 nicht nur Caravaggio als Mieter. Auch sein Lehrling Francesco – mittlerweile konnte sich Caravaggio einen eigenen Helfer leisten – ist dort eingetragen. Caravaggio und sein Lehrling wohnten jedoch zur Untermiete bei der Hauptmieterin: Prudenzia Bruni. Mithilfe dieser Dokumente konnten Historiker rekonstruieren, dass Prudenzia Bruni von San Nicola dei Prefetti aus gesehen den ersten Palazzo auf der rechten Seite gemietet hatte. Dieselben Unterlagen vermelden in den Jahren 1601 bis 1604 einen Umbau und Renovierungsarbeiten in dem Gebäude.

Dabei wurde der verfügbare Wohnraum geteilt. Und so vermietete Bruni ab dem 8. Mai 1604 die eine Hälfte des Hauses an Caravaggio.

Es ist nicht schwer nachzuvollziehen, auf welchem Weg Caravaggio an diese Unterkunft gekommen ist. Der Eigentümer des Palazzos war Laerzio Cherubini, der ihm den Auftrag für den *Tod Mariens* erteilt hatte, ein Gemälde, das inzwischen im Pariser Louvre hängt. Aber es gibt auch andere Verbindungen Prudenzia und ihr Mann waren Bekannte von Pietropaolo Pellegrini, dem Gehilfen des örtlichen Friseurs Marco. Dieser Gehilfe wurde im Juli des Jahres 1597 im Zusammenhang mit einer Schlägerei von der Polizei befragt. Das Protokoll der Befragung ist erhalten geblieben, und der Junge behauptete, Caravaggio schon seit 1596 gut zu kennen.

In den Mietvertrag, den Caravaggio am 8. Mai unterschrieb, ließ er noch eine Ergänzung aufnehmen. Er wollte festgehalten haben, dass ihm offiziell erlaubt wurde, den durch ihn gemieteten Raum aufzubrechen. Bruni war damit einverstanden, unter der Bedingung, dass Caravaggio die Räume vor Ablauf des Mietverhältnisses auf eigene Kosten wieder in den ursprünglichen Zustand zurückversetzte. Die Interpretation von Caravaggios Ansinnen bleibt der Fantasie des Lesers überlassen: Wollte er einen Teil der Zimmerdecke aufbrechen lassen, um mehr Licht hereinzulassen, oder suchte er vielleicht nach einer Möglichkeit, an riesigen Leinwänden zu arbeiten? Wie dem auch sei, er muss das Haus vor allem als Atelier genutzt haben – Caravaggio blieb während seiner gesamten Zeit in Rom ausgesprochen produktiv, erst recht, nachdem sich der reiche Bankier und Kunstsammler Giustiniani zu seinem Patron und festen Auftraggeber aufschwang (*Amor Vincit Omnia* wurde zum berühmtesten Ergebnis dieser Beziehung). Der Name Prudenzia Bruni taucht in den offiziellen Archiven erneut auf, als sie ihren Untermieter ein Jahr später vor Gericht bringt. Bis Ende Januar 1605 bezahlte Caravaggio regelmäßig seine Miete, aber danach hörte er unvermittelt damit auf. Von Februar bis Juli sammelte er so einen beachtlichen Mietrückstand an. Bruni wandte sich Hilfe suchend an die Justiz und erhielt einen Zahlungsbefehl, der es ihr erlaubte, Caravaggios Sachen in dessen Wohnung rechtmäßig zu pfänden.

Es war nicht das einzige Mal, dass Caravaggio in Konflikt mit der Justiz geriet. Sein aufsehenerregendes Talent ging einher mit einem ebenso aufsehenerregenden Jähzorn. Immer wieder kam es in seinem kurzen Leben zu Zusammenstößen mit der Polizei. In den römischen Kneipen geriet er häufig in Schwierigkeiten, mehrmals endeten die Kneipenbesuche in gewaltsamen Auseinandersetzungen. Das böse Ende war vorprogrammiert: 1606 eskalierte ein Streit um Spielschulden oder eine Partie Tennis (oder um eine Frau, das weiß man nicht genau), und Caravaggio verletzte seinen Gegner tödlich. Auf den Kopf des Meisters des *chiaroscuro* wurde ein Preis ausgesetzt, und er musste aus Rom fliehen. Jahre später sollte er nach langen Wanderungen auf dem Weg zurück nach Rom mittellos sterben.

Der Vicolo del Divino Amore verdankt seinen Namen ganz offensichtlich nicht seinem berühmtesten Anwohner. Als Caravaggio dort seine Mietwohnung bezog, hieß die Gasse nach den Heiligen Cäcilia und Biagio, doch deren

Kirche wurde im achtzehnten Jahrhundert der Confraternita del Divino Amore übertragen. Und so ist die Straße trotz aller Skandale, die Caravaggio in die Nachbarschaft brachte, bis zum heutigen Tag nach den Brüdern der Göttlichen Liebe benannt.

XXXVI. PIAZZA DEL POPOLO

ROMS PRÄCHTIGES ENTREE

WENN JEMALS EINE Frau einen Triumphzug gen Rom durchführte, dann war es Christina, die selbsternannte Konvertitin und ehemalige Königin von Schweden. Reisende aus dem
Norden gelangten schon seit Jahrhunderten über die Via Flaminia nach Rom und setzten so an der Stelle den ersten Fuß
auf römischen Boden, die wir heute als die Piazza del Popolo
kennen. Der Platz lag auch damals schon am Kopf des Tri-
dente, des »Straßen-Dreizacks« aus Via del Babuino, Via del
Corso und Via di Ripetta. Nicht umsonst galten die Porta
del Popolo, die man als Erstes erblickte, wenn man über die
Via Flaminia nach Rom reiste, und die unmittelbar dahin-
ter gelegene Piazza del Popolo als das große Entree der Stadt.

Dies ist einer der Orte in Rom, an denen wir die Stadt
noch mit den Augen früherer Reisender sehen können, da
sich der Anblick hier in den vergangenen Jahrhunderten
relativ wenig verändert hat. Papst Pius IV. hatte Michelangelo mit der Gestaltung der Außenseite der Porta del Popolo
beauftragt. Michelangelo war jedoch zu diesem Zeitpunkt
bereits in fortgeschrittenem Alter und überließ den Auftrag Nanni di Baccio Bigio, der die Arbeiten zwischen 1562

und 1565 durchführte. Die Säulen, die man vor dem Bogen sieht, holte Michelangelo allerdings persönlich aus der alten Petersbasilika – immerhin vertraute man ihm auf der Baustelle des neuen Petersdoms.

Pius' Nachfolger Alexander VII. schließlich beauftragte seinen unangefochtenen Baumeister Bernini mit der Umgestaltung des »Empfangssaales« der Stadt, der Piazza del Popolo. Anlass für die Grunderneuerung von Roms großem Entree war die Ankunft der Frau aus dem Norden. Christina war die Königin der »Schweden, Goten und Vandalen« gewesen, eine unkonventionelle, unberechenbare, kunstsinnige Frau und Kämpferin für die freie Ausübung der Wissenschaften. In Schweden war sie nicht am rechten Platz: 1654 verzichtete sie offiziell auf den Thron und verließ inkognito ihre protestantische Heimat. Schon Jahre zuvor hatte sie den Wunsch geäußert, zum Katholizismus überzutreten, der in ihrem Land verboten war, und so war das Ziel ihrer Reise Rom.

Am 23. Dezember 1655 traf Christina von Schweden mit ihrem Gefolge in der Stadt ein. Alexander VII. hatte für einen triumphalen Empfang gesorgt: Die hochrangige Konvertitin sollte beim ersten Blick auf Rom hingerissen sein, daher wollte ihr der Papst einen unvergesslichen Anblick bieten. Die Innenseite der Porta del Popolo wurde von Bernini geschmückt und mit einer Inschrift versehen, und genau gegenüber dem Tor, jenseits des ägyptischen Obelisken, den Sixtus V. 1589 dort aufgestellt hatte, ließ Alexander VII. zwei Kirchen bauen: Santa Maria dei Miracoli und Santa Maria in Montesanto. Die beiden Kirchen in den Winkeln des Dreizacks, von wo aus die drei Hauptstraßen in das Herz von

Rom führen, sollten vollkommen identisch sein. So entstanden die sogenannten »Zwillingskirchen«, die zu Symbolen der Piazza del Popolo werden sollten. Dass nichts so ist, wie es scheint, wird deutlich, wenn man genauer hinsieht und entdeckt, dass sie so identisch gar nicht sind. Der Bau der Zwillingskirchen, an dem sowohl Bernini als auch Carlo Fontana beteiligt waren, wurde übrigens erst nach dem Tod Alexanders VII. vollendet.

Trotzdem wurde es am 23. Dezember 1655 ein eindrucksvoller Empfang. Als Christina die Piazza del Popolo erreichte, wurde sie nicht allein von der Pracht des Platzes überwältigt, sondern auch durch das Donnern eines Kanonenschusses, der von der Engelsburg aus abgefeuert wurde. Es folgte ein endloser Reigen von Festlichkeiten in der Stadt, von denen der feierliche Aufzug im Hof des Palazzo Barberini vor den Augen Tausender jubelnder Zuschauer die bekannteste ist. Man wies Christina Gemächer im prächtigen Palazzo Farnese zu. Am Weihnachtstag wurde sie durch Papst Alexander VII. offiziell getauft. Sie entschied, fortan als Christina Alexandra Maria durchs Leben zu gehen.

Der Name des Platzes, über den Christina so triumphal in Rom einzog, stammt von dem ältesten Gebäude, das man dort finden kann: der Kirche Santa Maria del Popolo (auf der nördlichen Seite). Die Gründungslegende der Kirche reicht in das elfte Jahrhundert zurück: Papst Paschalis II. hatte genug von den vielen Geschichten über den bösen Geist Neros, der an dieser Stelle umgehen sollte. Um den »Dämon« ein für allemal zu bannen, weihte er dort 1099 eine Kirche zu Ehren der heiligen Jungfrau Maria. Es heißt, der Bau sei gänzlich durch die Erhebung von Steuern finanziert worden. Da das Volk indirekt selbst dafür gezahlt hatte, wurde die Kirche Santa Maria del Popolo genannt. Die alte Kirche wurde in der zweiten Hälfte des fünfzehnten Jahrhunderts im Auftrag von Sixtus IV. von Grund auf erneuert.

Wenn sich Christina die Zeit genommen hätte, von ihrem Pferd zu steigen und Santa Maria del Popolo mit einem Besuch zu beehren, hätte die Ewige Stadt womöglich einen noch größeren Eindruck auf sie gemacht. Ein halbes Jahrhundert vor ihrem Eintreffen hatte Caravaggio für die Cerasi-Kapelle in der Kirche die beiden Gemälde *Die Bekehrung des heiligen Paulus* und *Die Kreuzigung des heiligen Petrus* geschaffen – zwei Meisterwerke, die auch heute noch an dem Ort zu bewundern sind, für den sie gemalt wurden. Seit Dan Brown der von Raffael entworfenen Chigi-Kapelle in Santa Maria del Popolo eine Rolle in seinem Roman *Illuminati* zugewiesen hat, kommen viele Besucher in die Kirche. Dabei vergessen sie jedoch allzu oft, auch einen Blick auf die Fresken des Renaissancemalers Pinturicchio und die beiden kunstvollen, von Andrea Sansovino geschaffenen Grabmäler im Chor zu werfen.

XXXVII. PIAZZA DI TREVI

DREI STRASSEN ZUM TREVI-BRUNNEN

ACHTZIG MILLIONEN LITER – so viel Wasser strömt Tag für Tag durch den Trevi-Brunnen in Rom. Und das nun schon seit gut zweihundertfünfzig Jahren: Am 22. Mai 1762 wurde der dramatische Brunnen durch Papst Clemens XIII. offiziell eingeweiht. Das überwältigende Bauwerk ist fast dreißig Meter hoch und gut zwanzig Meter breit, und um die Liste beeindruckender Zahlen komplett zu machen, pro Jahr werden etwa zehntausend Kilo Münzen hineingeworfen. Und das alles auf einem der kleinsten Plätze Roms. Es ist zweifellos der spektakulärste Ort, um das Wasser der Aqua Virgo, des alten römischen Aquädukts von 19 v. Chr., in Aktion zu erleben, obwohl die meisten Touristen vor allem deshalb auf die Piazza di Trevi kommen, um eine Münze in den Trevi-Brunnen zu werfen.

Der Platz und der Brunnen wurden nach einer Kreuzung dreier Straßen benannt, die heute am besten noch an der kleinen Piazza dei Crociferi zu erkennen ist. *Di Trejo*, so nannten die Römer den Platz und den Brunnen anfangs. *Trejo* ist eine Dialektform von *trivio* (was wiederum von *tre vie* abgeleitet ist): eine Kreuzung, in die drei Straßen münden. Von *trejo* zu *trevi* war es nur ein kleiner Schritt. Übrigens war mit dem Trevi-Brunnen nicht von Beginn an der gigantische Brunnen gemeint, den wir heute sehen. Am selben Platz stand einst ein bescheidener Vorgänger, ein kleiner Brunnen mit drei Becken, in die das frische Wasser der Aqua Virgo strömte. Dieses war so beliebt, dass im Mittelalter eigens Beamte eingestellt wurden, um das Wasser von Trevi zu bewachen. Im Auftrag der Stadtverwaltung machten sie Jagd auf Wasserdiebe, sogenannte *acquaroli*, die große Mengen des mit öffentlichen Geldern teuer bezahlten Wassers aus dem Brunnen stahlen, um es anschließend zu gewerblichen Preisen von Haus zu Haus weiterzuverkaufen.

Der Brunnen mit den drei Becken wurde im fünfzehnten Jahrhundert durch einen neuen Entwurf mit nur einem einzigen Becken ersetzt, auch wenn das Wasser immer noch aus drei Mündern floss. Genau wie bei dem neuen grandiosen, mitreißenden Brunnen, der wiederum später an derselben Stelle errichtet wurde und all seine Vorgänger in den Schatten stellt. Die ersten Entwürfe zu diesem neuen Trevi-Brunnen stammten von Bernini, noch im Auftrag des Barberini-Papstes Urban VIII. Doch Berninis Vorstellungen waren so teuer, dass der Papst sich genötigt sah, die Steuern auf Wein kräftig anzuheben. Pasquino, der während des Pontifikats des Barberini-Papstes regelmäßig Überstunden machte, konnte sich nicht zurückhalten und tat kund: »Auf Urbans Befehl bezahlten / die Bürger Steuern auf Wein. / Und im Gegenzug fließt nun Wasser / in diesen Brunnen hinein.«

Das Murren legte sich nicht und wurde sogar noch lauter, als bekannt wurde, dass Bernini – der schon einiges an Materialraub in der Stadt betrieben hatte – plante, sich an einem antiken Bauwerk zu vergreifen, um das Baumaterial für seinen neuen Brunnen zu besorgen: das Grabmal der Caecilia Metella an der Via Appia. Dies verursachte einen derartigen Aufruhr, dass Berninis Entwürfe in der Schublade verschwanden. Sowohl Papst Urban VIII. als auch Bernini starben, bevor endgültig mit dem Bau des Trevi-Brunnens begonnen wurde. Erst Anfang des achtzehnten Jahrhunderts wurde der Auftrag erneut ausgeschrieben, diesmal durch Papst Clemens XII. (1730–1740). Ein gewisser Nicola Salvi gewann die Ausschreibung und begann im Jahr 1735 mit dem Bau. Salvi hatte sich von Berninis Entwürfen inspirieren lassen und war, wie man auf den ersten Blick erkennen kann, wenn man auf der Piazza di Trevi steht, von Haus aus Bühnenbildner. Mit einem Gespür für dramatische Wirkung ließ er auf dem kleinen Platz den Meeresgott Oceanus auftauchen, der im Zentrum des Brunnens auf seiner riesigen Muschelschale steht, gezogen von zwei geflügelten Pferden, den Symbolen für raue und ruhige See.

Das italienische Kino machte den Trevi-Brunnen in den Sechzigerjahren des vergangenen Jahrhunderts auf einen Schlag weltberühmt. In *La Dolce Vita* ließ Federico Fellini Anita Ekberg und Marcello Mastroianni in den Brunnen steigen, eine Szene, die sich ins kollektive Gedächtnis der Filmfans eingebrannt hat. Später erwies der Regisseur Ettore Scola dieser ikonischen Szene in seinem Film *C'eravamo tanto amati* (*Wir waren so verliebt*) die Ehre: Ein paar junge Leute kommen in diesem Film genau in dem Moment am Trevi-Brunnen vorbei, als Fellini seine Szene dreht. Der Brauch, Münzen in den Brunnen zu werfen, stammt aus den Fünfzigerjahren, als der amerikanische Film *Three Coins in the Fountain (Drei Münzen im Brunnen)* in die Kinos kam. Seitdem lässt kaum ein Rom-Tourist dieses Ritual aus: sich mit dem Rücken zum Brunnen aufzustellen und, ohne hinzuschauen, mit der rechten Hand eine Münze über die linke Schulter zu werfen, um ganz sicher zu sein, dass man irgendwann wieder nach Rom zurückkommt.

XXXVIII. VIA DELLE CARROZZE

KUTSCHEN AUS GANZ EUROPA

IM ACHTZEHNTEN JAHRHUNDERT aus Westeuropa nach Rom zu reisen, muss eine fürchterliche Strapaze gewesen sein. Eine Seefahrt bot die üblichen Beschwerlichkeiten und Gesundheitsrisiken, aber auch das Reisen per Kutsche über Land war gefährlich. Und dennoch betreten wir in der Via delle Carrozze das Herz jenes Viertels, das im achtzehnten Jahrhundert wie kein zweites Zeuge des enormen Aufschwungs von Kulturtourismus in der Ewigen Stadt wurde. Ein Symbol dafür war das Atelier von Giovanni Battista Piranesi am Fuß der kurz zuvor angelegten Spanischen Treppe. Piranesi kratzte in der Mitte des achtzehnten Jahrhunderts im wahrsten Sinne des Wortes seinen Lebensunterhalt als Kupferstecher in Rom zusammen. Er war der Erste, der mit gewaltigem Erfolg großformatige Ansichten der wichtigsten Bauwerke der Stadt und ihrer Umgebung an ausländische Künstler und gebildete »Kulturtouristen« verkaufte.

Piranesi wurde als Sohn des Steinmetzen Angelo Piranesi in der Nähe von Venedig geboren. Der junge Piranesi träumte von einer Karriere als Architekt und kam 1740 zusammen mit dem venezianischen Gesandten Marco Foscarini zum ersten Mal nach Rom. Die Begegnung mit der Stadt und vor allem mit den Monumenten und Ruinen der Antike sollten ihn und seine Arbeit für immer verändern. Es war ein günstiger Zeitpunkt: Auf dem päpstlichen Thron saß Benedikt XIV., ein allseits beliebter Mann, der für seinen Intellekt und seine Liebe zu Kunst und Kultur bekannt war. Natürlich waren schon immer zahlreiche Besucher nach Rom gekommen, aber diese hatten häufig ein bestimmtes religiöses, diplomatisches, künstlerisches, juristisches oder wissenschaftliches Anliegen gehabt. Nun jedoch konnte sich die historische Hauptstadt Europas zu einer Wallfahrtsstätte für die intellektuelle Elite entwickeln. Viele begüterte Europäer hatten eine klassische Bildung genossen. Als Wohlstand und Infrastruktur es erlaubten, wurde es Mode, diese Bildung (und Erziehung) mit einer Studienreise zu den Ursprüngen der klassischen Kultur abzuschließen: Die *Grand Tour* war geboren. Ein Besuch der römischen Ruinen gehörte zu den Höhepunkten einer solchen Reise, die für die Entwicklung reicher junger Männer unerlässlich wurde.

Aus allen Winkeln Europas strömten wohlhabende Reisende nach Rom, und die Nachfrage nach großen Kupferstichen, die man als Souvenir mit nach Hause nehmen konnte, aber auch nach schönen, illustrierten Reiseführern wuchs. Das sollte Piranesi schier unerschöpfliche Arbeitsmöglichkeiten bieten. Im Laufe seiner jahrzehntelangen Laufbahn fertigte er Kupferstiche von so ziemlich allen Bauwerken und Ruinen in Rom an, aber die Motive, die in seinen *vedute* immer wiederkehren, zeigen, dass sich die beliebtesten Sehenswürdigkeiten damals gar nicht so sehr von den heutigen unterscheiden: Häufig wählte er das Kolosseum, das Forum Romanum, den Trevi-Brunnen oder das Pantheon als Sujet. Eher unfreiwillig – aber der kommerzielle Erfolg seiner Kupferstiche war nicht zu leugnen – ging Piranesi daher nicht als großer Architekt, sondern als begabter Kupferstecher in die Geschichte ein. Bei seinem Tod hinterließ er ein einziges Bauwerk (Santa Maria del Priorato, wo er auch begraben liegt) und mehr als tausend Kupferstiche.

Die Via delle Carrozze war eine der letzten Etappen der endlosen Kutschfahrt nach Rom, die für so manchen Franzosen oder Briten auf der Piazza di Spagna oder im umliegenden Viertel endete. Abgesehen von den wohlhabenden jungen Männern gab es noch keine Touristen, und die meisten Besucher blieben länger (Wochen, Monate), als ein durchschnittlicher Städtetrip heutzutage dauert. Es ist daher auch kein Wunder, dass man sich gegenseitig besuchte. So kam es, dass sich die Grand Touristen im Rom des achtzehnten Jahrhunderts in der Gegend um die Spanische Treppe sammelten – zwischenzeitlich gab es dort so viele Briten, dass man vom *ghetto degli inglesi* sprach. Das Viertel wurde nicht nur zu einem Begegnungsort, sondern durch seine gleichgesinnten, gebildeten Besucher auch zu einer Keimstätte der Kreativität und einem Ort, an dem Kulturen und Ideen ausgetauscht wurden.

Von der langen, unbequemen Kutschfahrt aus der Toskana oder anderen norditalienischen Regionen, die man auf der Grand Tour besuchte, ehe man nach Rom weiterfuhr, mussten sich nicht nur die Reisenden, sondern auch ihr Gefährt erst einmal erholen. Die Straßen, die zur Piazza di Spagna führten, waren zudem so schmal, dass die Kutschen dort häufig erhebliche Schäden davontrugen. So entstand ganz allmählich eine neue Form der Touristenindustrie: In der Nähe der Spanischen Treppe siedelten sich mehrere »Reparaturwerkstätten« von Kutschenmachern an. Vor allem in ein schmales Sträßchen brachte man die Fahrzeuge, wenn der Schaden schnell behoben werden sollte. Und noch immer erinnert der Name Via delle Carrozze, »Straße der Kutschen«, an die Zeit, als die lädierten Wagen dort an- und abfuhren.

XXXIX. PIAZZA DI SPAGNA

DIE STAMMGÄSTE DES CAFFÈ GRECO

1760 ÖFFNETE DER Grieche Nicola della Maddalena die
Türen seines Caffè Greco an der Via dei Condotti. In einem
der Räume dieses Cafés, dem Omnibus, bekommt die römische Grand Tour ein Gesicht. Oder besser gesagt: zahllose
bekannte Gesichter, denn am Stammtisch des Cafés nahmen
unter anderem Casanova, Goethe, Wagner, Schopenhauer,
Stendhal, Lord Byron und P.B. Shelley gern und oft Platz.
Mit anderen Worten: Das Caffè Greco war eine Begegnungs-
stätte der namhaftesten Vertreter der europäischen Kultur,
Literatur und Kunst, eine Welt im Bann der Romantik und
zweifellos Geburtsstätte neuer Ideen.

Der Name der Via dei Condotti, in der das berühmte
Café noch heute zu finden ist, war zu diesem Zeitpunkt noch
vergleichsweise neu. Er war entstanden, nachdem unter der
Via Trinitatis, wie die Straße zuvor geheißen hatte, Leitungen (*condutture*) verlegt worden waren, durch die das Wasser der Aqua Virgo künftig auch zum Marsfeld fließen sollte.
Der alte Straßenname, Via Trinitatis, stammte aus der Zeit
der Pontifikate von Paul III. und Julius III. und war eigentlich noch immer zutreffend, handelte es sich doch um eine

durch die beiden Päpste im sechzehnten Jahrhundert angelegte kerzengerade Straße zur Kirche Santa Trinità dei Monti (oder Santissima Trinità al Monte Pincio). Die alte Straße war übrigens ein Stück länger als ihre Nachfolgerin: Die Via Trinitatis umfasste auch die heutige Via della Fontanella di Borghese und die Via del Clementino.

Das Caffè Greco war eines der letzten gut besuchten Lokale an der Via dei Condotti, bevor die Reisenden die Piazza di Spagna erreichten. Die Fontana della Barcaccia, der »Barkassen-Brunnen«, der die Mitte des Platzes schmückt, wurde bereits 1629 im Auftrag des Barberini-Papstes Urban VIII. angelegt. Der Maler und Bildhauer Pietro Bernini erhielt den Auftrag dazu und entwarf zusammen mit seinem berühmten Sohn einen Brunnen, bei dem sie geschickt den niedrigen Wasserdruck nutzten, indem sie das Wasser über den Rand des Bootswracks laufen ließen. Von einer Treppe, die zur Kirche und dem davorstehenden Obelisken hinaufführen sollte, war damals noch nichts zu sehen. Die majestätische, breite Anlage wurde erst zwischen 1723 und 1726 im Auftrag von Papst Innozenz XIII. erbaut. Der Gedanke, den großen Höhenunterschied mithilfe einer Treppe zu überbrücken, war allerdings schon 1559 aufgekommen. Papst Gregor XIII. schwebte eine Treppe »wie die der Aracoeli« vor (jene Treppe, die zu Santa Maria in Aracoeli auf dem Kapitol hinaufführt).

Der endgültige Entwurf der Spanischen Treppe stammte schließlich von Francesco De Sanctis, der sich durch Skizzen eines nie verwirklichten Projekts von Bernini inspirieren ließ. Die Kirche und die Treppe sind symbolisch miteinander verbunden: Wie die Trinità dei Monti der Heiligen Drei faltigkeit geweiht ist, dem Vater, dem Sohn und dem Heiligen Geist, so besteht auch die monumentale Treppe aus drei Abschnitten. Kurz nach der Vollendung stürzte 1728 ein Teil der Spanischen Treppe wieder ein. Der Schaden wurde rasch behoben, aber der Architekt De Sanctis sollte in Rom keinen weiteren Auftrag mehr bekommen.

Der offizielle italienische Name der Spanischen Treppe lautet Scalinata di Trinità dei Monti. Der Name der monumentalen Freitreppe (*scalinata*) stammt also von der Kirche, die über ihr aufragt. Auch wenn die Treppe »spanisch« genannt wird, ruhen die über vierhundert Jahre alten Steine der Kirche auf einer französischen Vergangenheit. König Ludwig XII. stiftete die Santissima Trinità im frühen sechzehnten Jahrhundert, und sowohl Abtei als auch Kirche gehören offiziell immer noch dem französischen Staat. Die Bezeichnung »spanisch« verdanken die Treppe und der Platz (Piazza di Spagna) dem aus dem siebzehnten Jahrhundert stammenden Gebäude an der Piazza di Spagna 57, der spanischen Botschaft beim Heiligen Stuhl. Auch die Briten hinterließen ihr Erbe an der Piazza di Spagna: Das Keats-Shelley Memorial House ist in dem Gebäude untergebracht, in dem der Dichter John Keats fünfundzwanzigjährig starb, nachdem er auf Anraten der Ärzte eigens nach Rom gekommen war, um hier von seiner Tuberkulose zu genesen.

Keats wurde, genau wie sein Freund Percy Bysshe Shelley, an dem einzigen Ort in Rom beigesetzt, wo Protestanten begraben werden durften: dem Cimitero Acattolico. Dieses kleine Stück Land am Rande der Stadt im Schatten der Cestius-Pyramide hatte die Katholische Kirche speziell als Begräbnisstätte für Nicht-Katholiken zur Verfügung gestellt.

Der Campo Cestio, wie der Cimitero Acattolico inzwischen heißt, ist zu einem bescheidenen Wallfahrtsort für Fans und Bewunderer von Keats und Shelley geworden, den beiden berühmtesten und meistverehrten Dichtern der britischen Romantik, jener Strömung, die nach der rationalen Aufklärung und dem überschwänglichen Barock Ursprünglichkeit, Originalität sowie Kraft und Pracht der Natur einen zentralen Platz (zurück-)gab. Es war die Zeit von Goethe, Beethoven und Schubert. Und von Keats und Shelley. Beide waren als Dichter geradezu der Inbegriff des romantischen Winds, der am Ende des achtzehnten Jahrhunderts durch das kulturelle Europa wehte.

XL. PIAZZA DELLA CANCELLERIA

NAPOLEON, DER NEUE NERO

AM ANFANG DES neunzehnten Jahrhunderts meldete sich die sprechende Statue Pasquino mit einem rätselhaften Code zu Wort, jedoch nicht an ihrem eigenen Sockel, sondern an einer Mauer ein Stück von ihrem Standort entfernt. NNN stand eines Tages an den Palazzo Doria geschrieben, in dem zu diesem Zeitpunkt der französische General Miollis residierte. Verärgert setzte der Franzose eine Belohnung für denjenigen aus, der ihm verraten würde, was die drei Buchstaben zu bedeuten hatten. Einen Tag später konnte er die Erklärung darunter lesen: NAPOLEONE NUOVO NERONE (Napoleon, der neue Nero). Unmittelbar darunter stand noch: GRATIS – eine Belohnung fand Pasquino überflüssig.

Die europäische Politik ließ Rom am Ende des achtzehnten Jahrhunderts nicht unbehelligt. 1789 war das Jahr der Französischen Revolution, und in Rom saß Pius VI. (Giovanni Angelo Braschi) auf dem Papstthron. 1796 marschierte der junge französische General Napoleon Bonaparte in Italien ein. Pius VI. war ihm militärisch unterlegen, und Napoleon zwang den Papst zu einem für diesen zutiefst demütigenden Waffenstillstand. Dem Vatikan wurde dabei die Zahlung von mehreren zehn Millionen Scudi auferlegt. Um diese gewaltige Summe aufzubringen, plünderte Pius VI. sogar das Silber von Il Gesù, der Jesuitenkirche in Rom. Als die französischen Truppen Hunderte vatikanischer Kunstwerke als Kriegsbeute mit nach Frankreich nahmen, entspann sich zwischen den sprechenden Statuen Marforio und Pasquino ein satirischer Dialog: *È vero che i francesi sono tutti ladri? – Tutti no, ma buona parte.* Leider geht das Wortspiel in der Übersetzung verloren: »Stimmt es, dass alle Franzosen Räuber sind?« – »Nicht alle, aber ein Großteil (*buona parte – Bonaparte*) von ihnen.«

Napoleon war ein ausländischer Eroberer auf römischem Boden, und Pasquino machte keinen Hehl daraus, dass er die französischen Besatzer nicht duldete, aber inzwischen war der Geist der Französischen Revolution auch in die Straßen Roms vorgedrungen. Mit Unterstützung der Franzosen rebellierte das römische Volk gegen die absolute Macht des Papstes. Ein paar Monate später wurde ganz Rom von den Franzosen eingenommen und die Römische Republik ausgerufen. Es war eine Entscheidung mit Symbolkraft, das neue Tribunal dieser Republik im Palazzo della Cancelleria am gleichnamigen Platz in der Nähe des Campo de' Fiori unterzubringen. In diesem zwischen 1486 und 1513 erbauten Renaissancepalast hatte seit dem sechzehnten Jahrhundert die Kanzlei des Heiligen Stuhls ihren Sitz. Aber nun war Rom vom päpstlichen Joch befreit. Der mittlerweile achtzigjährige Pius VI. wurde aus dem Vatikan verbannt und sollte schließlich nach einmonatiger Haft im französischen Valence sterben.

Zum ersten Mal wurde ein neuer Papst, nämlich Pius VII., nicht in Rom, sondern in Venedig ausgerufen. Die meisten Kardinäle hatten in der Zwischenzeit in der Stadt Zuflucht gesucht, und es schien nur logisch, das Konklave von 1800 gleich dort abzuhalten. Pius VII. wurde von Pasquino beschimpft, weil er den diplomatischen Weg wählte . und an der Ausarbeitung des sogenannten Konkordats mitwirkte, eines Vertrags zwischen dem französischen Staat und Rom. 1804 wohnte er sogar Napoleons Kaiserkrönung bei. Diese nachgiebige Haltung konnte jedoch nicht verhindern, dass Pius VII. und Napoleon erneut in Konflikt gerieten. 1809 reduzierte Napoleon den Kirchenstaat mehr oder weniger zu einem französischen Satellitenstaat. Der Palazzo della Cancelleria wurde nun Eigentum des kaiserlichen Hofs und der Papst aus Rom verbannt. Keine fünf Jahre später hatte sich ganz Europa gegen Napoleon gewendet, der Kaiser selbst wurde in die Verbannung auf Elba geschickt. Pius VII. kehrte in den Vatikan zurück und unterstrich die Wiederherstellung der Ehre des Kirchenstaats, indem er eine neue, gelb-weiße Flagge entwerfen ließ. Außerdem ließ er in allen Straßen Roms marmorne Straßenschilder aufhängen. Der Palazzo della Cancelleria ging erneut in den Besitz des Heiligen Stuhls über und sollte dies – bis auf die kurze Phase des Wiederauflebens der Römischen Republik 1849 – bis zum heutigen Tage bleiben. Napoleon hingegen wurde 1815 bei Waterloo endgültig besiegt.

In Europa gab es kein Halten mehr: Überall entstanden revolutionäre Bewegungen. Das Revolutionsjahr 1848 ging auch an Rom nicht unbemerkt vorüber. Der Papst – inzwischen herrschte der neunte Pius im Vatikan – vertrat eine durchaus liberale Politik. Aber die überwiegend radikale Volksvertretung wollte sich mit nichts Geringerem zufriedengeben als der endgültigen Trennung von Kirche und Staat. Pellegrino Rossi, Minister des Kirchenstaates und Pius' Vorkämpfer, wurde von den Radikalen durch einen Dolchstoß auf den Treppen des Palazzo della Cancelleria ermordet. Zum zweiten Mal innerhalb von fünfzig Jahren wurde eine Römische Republik ausgerufen, aber auch diesmal war ihr kein langes Leben beschieden. 1849 eilten französische Truppen auf Befehl von Louis-Napoléon, der einige Jahre später als Napoleon III. zum Kaiser ausgerufen werden sollte, dem geflohenen Papst zu Hilfe, und Rom kehrte zurück unter die Herrschaft des Kirchenstaats. Pius IX. sollte das Papstamt ganze einunddreißig Jahre bekleiden, länger als jeder andere Papst vor ihm. Doch gleichzeitig bestimmten ihn das Schicksal und der Lauf der Geschichte dazu, in die Annalen einzugehen als der letzte souveräne Herrscher des Kirchenstaates.

XLI. PIAZZALE GARIBALDI

DIE GEBURT ITALIENS

VIELE STRASSENNAMEN IM alten Zentrum von Rom sind
einzigartig – es gibt sie nirgends sonst in Italien. Wo die
Namen römischer Straßen und Plätze mit denen in anderen italienischen Städten austauschbar werden, verweisen sie
auf die Zeit kurz vor und während eines neuen Kapitels in
der Historie des gesamten Landes: die italienische Einigung,
das sogenannte *Risorgimento*. Von nun an konnten Männer die (politische) Bühne betreten, die nicht nur in ihrem
eigenen Stadtstaat oder Königreich (Florenz, Venedig, Neapel oder Rom) wirkten, sondern zu Helden eines vereinten
Italiens wurden. In diesem Licht betrachtet, verwundert es
nicht, dass eine nach Garibaldi benannte Via oder Piazza in
so ziemlich jeder italienischen Stadt zu finden ist.

Freiheit, Gleichheit, Brüderlichkeit. Beeinflusst unter
anderem durch die politischen Ideale der Französischen
Revolution, entstand an verschiedenen Orten in Europa
ein gemeinsames Streben nach nationaler Unabhängigkeit. Italien war eigentlich noch nie ein wirkliches »Italien«
gewesen – bislang war der Stiefel stets in unzählige kleine
Staaten, Republiken und Königreiche zersplittert gewesen,

manchmal sogar mit ausländischen Herrschern. Mitte des neunzehnten Jahrhunderts betrauerten viele Intellektuelle öffentlich die italienische Zerrissenheit, und selbst Papst Pius IX. hegte in dieser Hinsicht fast schon liberale Ansichten – so gewährte er zum Beispiel ein gewisses Maß an Pressefreiheit. Das sprach viele Italiener an, die sich miteinander verbunden zu fühlen begannen, und ganz allmählich konnte sogar im zersplitterten Italien eine Einheitsbewegung entstehen. Pius' sanfter Liberalismus genügte nicht, um die sozialen und politischen Spannungen aufzulösen (er sollte sich im Laufe der Zeit auch immer stärker in sein Gegenteil verkehren). Und schnell wurde deutlich, wie weit die Radikalen zur Umsetzung ihrer Ideale zu gehen bereit waren.

Giuseppe Garibaldi führte die Nationalisten heldenhaft an, vor allem vom Gianicolo-Hügel aus, wo die heutige Piazzale Garibaldi liegt. Wer war dieser kampflustige, unerschrockene Garibaldi, und wo kam er her? Ironischerweise stammte Italiens berühmtester Einheitskämpfer ursprünglich gar nicht aus Italien: Er wurde 1807 in Nizza geboren. Erst als seine Heimatstadt 1814 an das Königreich Sardinien fiel, wurde er in gewissem Sinne Italiener – wenn auch in erster Linie Sarde. Er war nicht an einer Laufbahn als Arzt oder Priester interessiert, wie es seine Eltern gern gesehen hätten. Garibaldi verlangte es nach Abenteuern statt Studien, nach Idealen statt Dogmen. Als junger Mann reiste er auf Handelsschiffen um die Welt und fühlte sich sehr schnell von Giuseppe Mazzinis Nationalbewegung angezogen.

Ein früher Revolutionsversuch brachte Garibaldi ein Todesurteil ein, woraufhin er 1835 nach Südamerika floh und in die Armee eintrat. In Brasilien lernte er die achtzehnjährige Anita kennen, die mit vollem Namen Ana Maria hieß und bereits verheiratet war. Die Geschichten über die Begegnung zwischen Anita und Garibaldi haben mit der Zeit beinahe mythische Dimensionen angenommen, sicher ist jedoch, dass sie sich rettungslos ineinander verliebten, und es dauerte nicht lange, bis Anita Garibaldi den Vorzug vor dem Mann gab, an den sie sich bereits gebunden hatte. Als sich die Ereignisse des Revolutionsjahres 1848 ankündigten, gab es zwei Dinge, an denen Garibaldi keine Sekunde lang zweifelte: dass er das erste Schiff zurück nach Italien nehmen würde und dass Anita mit ihm an Bord dieses Schiffes gehen würde.

In Rom schloss sich Garibaldi der revolutionären Bewegung an, die jedoch von den französischen Truppen Louis-Napoléons niedergeschlagen wurde. Garibaldi und seinen Männern blieb nichts anderes übrig, als in den Bergen vor der Stadt Zuflucht zu suchen. Noch heute erinnert eine Kanonenkugel in der Mauer von San Pietro in Montorio auf dem Gianicolo an den blutigen Kampf im Jahr 1849. Trotz des murrenden Kirchenstaats wuchs die Einheitsbewegung in Italien unaufhörlich an. »*Viva Verdi!*«, erklang es langsam, aber sicher im gesamten Stiefel. Das war der Lieblingscode der revolutionären Nationalisten, eine Abkürzung von *Viva Vittorio Emanuele, Re D'Italia* – »Hoch lebe Viktor Emanuel, König von Italien!«

1861 wurde die Beharrlichkeit der Einheitskämpfer belohnt: Das Königreich Italien wurde ausgerufen, Viktor Emanuel II. von Sardinien-Piemont wurde König und Florenz die Hauptstadt. Pius IX. – und in seinem Namen der Kirchenstaat – akzeptierte die neue Situation stillschweigend.

Sicherheitshalber vertraute er aber auch weiterhin auf den Schutz der französischen Soldaten.

Das hätte er angesichts der politischen Lage in Europa besser nicht getan. 1870 brach der Deutsch-Französische Krieg aus, und die Truppen, die Kirche und Papst beschützen sollten, wurden andernorts gebraucht. Das war die Gelegenheit, auf die die Nationalisten gewartet hatten. Am 20. September 1870 standen Viktor Emanuels Truppen vor den Toren Roms. Bei der Porta Pia gelang es ihnen, eine Bresche in die Stadtmauer zu schlagen. Pius IX. wusste, dass sein Schicksal besiegelt und der Tag gekommen war, den er seit Jahrzehnten gefürchtet hatte. *Consummatum est*, soll er gemurmelt haben, nachdem er den gewaltigen Knall gehört hatte – »Es ist vollbracht«. Die weiße Fahne wehte über dem Vatikan. Bald darauf durften die Römer an die Wahlurnen, wo sie sich in Scharen für den Anschluss der Stadt an das neue, vereinigte Italien aussprachen. Nach jahrhundertelanger vatikanischer Herrschaft erlosch damit die päpstliche Macht, der Kirchenstaat. Auch Pasquino sollte von nun an schweigen – hatte er doch seinen größten Widersacher verloren.

Angeführt durch Viktor Emanuel II. machten die italienischen Nationalisten den Papst zum »Gefangenen im Vatikan«. Es sollte noch mehr als ein halbes Jahrhundert dauern, bis Papst und Kirche die Gunst des italienischen Staates wiedererlangten und die Souveränität des Vatikanstaats anerkannt wurde. 1870 wurde Rom zur neuen Hauptstadt des vereinten Italien, und eine der ersten Maßnahmen der neuen Herrscher bestand darin, Architekten und Ingenieure einzustellen, um die Stadt von Grund auf sanieren zu lassen. Die Kuppe des Gianicolo-Hügels wandelte sich vom Kampfschauplatz in einen Volkspark – und das ist sie bis zum heutigen Tag geblieben. Auf dem Piazzale Garibaldi entdecken wir, neben einem unvergleichlichen Ausblick auf Rom, ein Reiterstandbild Garibaldis. Auf dem Sockel stehen die Worte ROMA O MORTE – »Rom oder der Tod«, einer von Garibaldis bevorzugten Schlachtrufen. 1932 schenkte Brasilien der Stadt Rom ein Reiterstandbild von Anita (im Damensitz). Auch sie fand ihren Platz auf dem Gianicolo – wie es einer guten Frau geziemt im Schatten ihres Mannes.

Eines der auffälligsten und einschneidendsten Architekturprojekte der neuen Hauptstadt war das Monument für Viktor Emanuel II., den ersten König von Italien. Nach seinem Tod 1878 entstand unter der Führung seines Nachfolgers Umberto I. die Idee, dem »Vater des Vaterlands« ein Denkmal zu errichten, bei dem mithilfe allegorischer und symbolischer Dekoration gleichzeitig auch der Geist des Risorgimento in Ehren gehalten werden konnte. 1880 wurde ein Wettbewerb für den Entwurf ausgeschrieben, doch erst 1911 sollte das Vittoriano oder der Altare della Patria, wie das kolossale weiße Monument an der heutigen Piazza Venezia auf Italienisch heißt, vollendet und durch Viktor Emanuel III. eingeweiht werden. Es ist noch immer das mit Abstand auffälligste Bauwerk in Rom und hat im Laufe der Jahre die üblichen, nicht allzu schmeichelhaften Spottnamen gesammelt: die Schreibmaschine, das Gebiss, die Hochzeitstorte … Die offizielle Einweihung des Vittoriano fiel mit dem fünfzigsten Jahrestag der italienischen Einigung zusammen, und um die Fertigstellung zu feiern, wurde im bronzenen Bauch des Reiterstandbilds von Viktor Emanuel II. feierlich im kleinen Kreis diniert.

XLII. PIAZZA COLONNA

DIE RÖMISCHE BELLE ÉPOQUE

ROM WURDE 1870 ziemlich unvermittelt zur Hauptstadt des vereinten Italien. Von einer kulturellen Weltstadt konnte man zu diesem Zeitpunkt nicht gerade sprechen: Papst und Bürger hatten unentwegt Konflikte miteinander ausgefochten, und solange die Kirche das Sagen gehabt hatte, war die Stadt eher isoliert gewesen. Daher wurden im September des Jahres 1870 sehr schnell große Pläne für die Zukunft Roms geschmiedet, geprägt von zahlreichen urbanen Erneuerungen, die vor allem im Zeichen von Gesundheit, Sicherheit und Komfort standen.

Verbesserte Lebensumstände sorgten dafür, dass sich die Bevölkerungszahl in vergleichsweise kurzer Zeit verdoppelte. Ein neuer, selbstbewusster Bürgerstand bewohnte die Stadt, die sich nun, genau wie einige andere europäische Hauptstädte, zu einem gesellschaftlichen und kulturellen Zentrum entwickeln konnte, in dem – scheinbar – die Protagonisten jeder Phase der römischen Geschichte einen Platz fanden: von Geistlichen bis hin zu Aristokraten, von Intellektuellen und Wissenschaftlern bis hin zu Künstlern, von Journalisten bis hin zu Beamten. Rom erlebte seine eigene Variante der französischen *belle époque*, eine Phase relativer Sorglosigkeit, auf die man kurz nach dem Ersten Weltkrieg mit Wehmut zurückblicken sollte.

Wie die Grand Touristen des achtzehnten Jahrhunderts im Caffè Greco und dessen Umgebung an der Piazza di Spagna zusammenkamen, so trafen sich die Reisenden am Ende des neunzehnten und dem Beginn des zwanzigsten Jahrhunderts vorzugsweise in den Cafés rund um die Piazza Colonna – benannt nach der antiken Säule (*colonna*) des Marc Aurel, die in ihrer Mitte steht. Nicht zufällig wurden gerade auf diesem Platz schon 1866 die ersten Versuche mit elektrischer Straßenbeleuchtung durchgeführt. Der Begriff »Flanieren« fand Eingang in das römische Straßenbild, nachdem Baudelaire den »Flaneur« des neunzehnten Jahrhunderts als literarischen Typus geschaffen hatte. Es ist durchaus denkbar, dass sich genau auf diesem Platz etwa die Wege von Gabriele D'Annunzio, dem engagiertesten und politisch einflussreichsten Schriftsteller und Dichter der italienischen Geschichte, und des Den Haager Autors Louis Couperus kreuzten – zweier ausgesprochener Dandys, die das intellektuelle Klima ihrer Zeit verkörperten. Couperus lebte eine Weile in Rom und Florenz und fühlte sich nach eigenem Bekunden wie ein »reinkarnierter Römer aus der Kaiserzeit«.

Zwischen Februar und Mai 1894 wurden fast alle »Reiseimpressionen«, in denen Couperus seine Erlebnisse, unter anderem auch in Rom, beschreibt, in der Zeitschrift *De Gids* veröffentlicht. Vom nordöstlich des Zentrums gelegenen Pincio-Hügel aus über die Stadt blickend, zeichnete er beispielsweise ein Bild des römischen Kuppelteppichs, das man noch heute wiedererkennen kann: »Unterhalb der Viali und Terrassen des Pincio kuppelt die große Stadt. Als Erstes, weitläufig und direkt unter uns, die Piazza del Popolo. […] Links an der Piazza del Popolo die Kuppeln ihrer beiden Kirchen – Santa Maria rechts – und hinter diesen Kuppeln, weiter und weiter in die Ferne weichend, Kuppeln um Kuppeln, die runden und die ovalen und die flacheren Kuppeln, das Meer der kuppelnden Kirchen …«

Aufbruchsstimmung wehte durch das Europa von D'Annunzio und Couperus. In Paris ragte seit Kurzem der Eiffelturm als stolzes Symbol des Fortschritts in die Höhe, und die Dampfeisenbahn erlebte ihr goldenes Zeitalter. Nach dem Vorbild Berlins fuhren die ersten elektrischen Straßenbahnen durch Rom. Aus Paris und Amerika schwappte das Konzept »Warenhaus« herüber, und die neue selbstbewusste Bourgeoisie (sowohl Männer als auch Frauen) folgte der Mode auf dem Fuß. Doch wie im Rest Europas fand die Welt der Schaufenster, der Flaneure und der Sorglosigkeit im August 1914 auch in Rom ein abruptes Ende. Couperus blieb während des Ersten Weltkriegs unter anderem in Florenz, D'Annunzio in Rom, wo er sich vom literarischen Dandy zum Kriegshelden wandelte. Mit seinem fanatischen Nationalismus und seinen aufwieglerischen Reden sollte D'Annunzio – unbeabsichtigt, er selbst sprach abfällig und vorwurfsvoll von einem Plagiat – zu einer Inspirationsquelle für den Mann werden, dessen Stern in Italien gerade erst im Aufgehen begriffen war: Benito Mussolini.

XLIII. VIA DEI FORI IMPERIALI

MUSSOLINIS NEUER WEG

LANGSAM HABEN WIR das Rom des zwanzigsten Jahrhunderts erreicht. Der Erste Weltkrieg hatte in ganz Europa tiefe Wunden geschlagen. Nach 1918 schauten die Menschen verständlicherweise lieber nach vorn als zurück. Rasch hatte der Geist des Fortschritts Rom wieder erfasst, und seit den ersten Jahrzehnten des zwanzigsten Jahrhunderts standen zahlreiche städtebauliche Erneuerungen auf dem Programm. So wurde der 1886 angelegte Corso Vittorio Emanuele II. durch den neuen Largo di Torre Argentina mit der Via Arenula verbunden. Über das Schicksal der archäologischen Überreste, die bei den Arbeiten an diesem Platz in den Zwanzigerjahren ans Licht kamen, entschied Benito Mussolini. Sein Interesse an der Sache war jedoch eher politischer denn persönlicher Natur: Wie sich im Laufe der Zeit herausstellen sollte, nahm das antike Rom einen bedeutenden Platz in Mussolinis großen Plänen für die Hauptstadt des jungen Nationalstaates Italien ein.

Mussolinis neuer Weg führte wortwörtlich über die Kaiserforen von Trajan, Augustus, Julius Caesar und Nerva. Diese großen Namen aus der (frühen) römischen Kaiserzeit säumen in Gestalt unzähliger Säulen, Trümmer und Tempelreste die breite Verkehrsader, die die Piazza Venezia mit der Piazza del Colosseo verbindet und somit das Vittoriano mit dem Kolosseum: die Via dei Fori Imperiali. Die Straße selbst ist kein antikes, sondern ein faschistisches Erbe. Sie wurde im Auftrag Mussolinis angelegt, der sich selbst in die Fußstapfen der großen römischen Kaiser treten sah.

Der Marsch auf Rom im Oktober 1922, bei dem seine Schwarzhemden in die Stadt einzogen, markiert den Beginn eines neuen Zeitalters. Die faschistische Bewegung nahm unter der Leitung Mussolinis die Zügel in die Hand. Der *Duce* hatte große Pläne für Italien und speziell für Rom. Am 21. April 1924 sprach der talentierte Redner und fähige Propagandist auf dem Campidoglio öffentlich über die »Probleme Roms« und über die Notwendigkeit, die »Größe« des alten Roms durch die *liberazione* (die »Befreiung«) der antiken Monumente wieder zu Ehren zu bringen. Mit anderen Worten, die römischen Ruinen mussten so weit wie möglich ihrer späteren Hinzufügungen entledigt werden. Mussolinis Botschaft war unmissverständlich: Zum ersten Mal seit dem Goldenen Zeitalter von Kaiser Augustus war Italien wieder genauso groß wie zu Zeiten des Römischen Reichs.

Mussolinis faschistische Ideologie und Theorie wurden im römischen Stadtbild umgesetzt. Die Bauvorhaben brachten infrastrukturelle Vorteile, hatten jedoch auch einen nicht zu unterschätzenden ideologischen Aspekt und zielten für gewöhnlich darauf ab, einen direkten Bezug zwischen dem alten Rom und der faschistischen Gegenwart herzustellen. Nichts ist so gegenwärtig wie die Vergangenheit: Mussolini schöpfte selektiv aus der Historie und fügte in seiner Propaganda exakt die Elemente zusammen, die in seine eigene Geschichte passten und seine Botschaft unterstützten. Die Vergangenheit wurde dabei aus ihrem ursprünglichen Zusammenhang gerissen und erhielt im Kontext des zwanzigsten Jahrhunderts ein neues Leben und eine neue Bedeutung. Mussolinis Umgang mit dem antiken Rom wurde nicht umsonst gründlich studiert – er verrät einiges über die Vorstellungen des Duce und die sozialen, politischen und gesellschaftlichen Entwicklungen im faschistischen Italien.

Mussolini träumte von einem neuen italienischen Reich, und seine Visionen waren ehrgeizig. Rom sollte das Symbol seiner imperialen Ambitionen und seines Gedankenguts werden, dem er unter anderem durch den Bau zweier neuer Straßen Gestalt verleihen wollte. Eine davon war die Via del Mare: eine neue Verbindung, die von der Piazza Venezia geradewegs in die alte römische Hafenstadt Ostia führen sollte. Darüber hinaus wurde 1932 mit dem Bau der Via dell'Impero begonnen. Mit *impero* war in diesem Fall das neue italienische Reich gemeint. Mussolini hatte den Palazzo Venezia am gleichnamigen Platz zu Füßen des Vittoriano zu seinem Regierungssitz gemacht. Durch den Bau der breiten Straße, die die Piazza Venezia mit dem Kolosseum verband, bot sich ihm aus seinem Arbeitszimmer der Blick auf das eindrucksvolle Bauwerk des antiken Roms. Zudem war Mussolini als Kind seiner Zeit verrückt nach Militärparaden. Und dafür wäre der neue Boulevard perfekt geeignet.

Man könnte sich kaum vorstellen, wie viele Durchbrüche und Abrisse für den Bau der Via dell'Impero notwendig waren, hätten wir nicht inzwischen die Ära von Fotografie und der bewegten Bilder erreicht, sodass ein Teil der Arbeiten dokumentiert wurde. Angeblich standen die städtischen Archäologen beinahe täglich vor Mussolinis Tür. Es zeigte sich jedoch schnell, dass er den römischen Überresten keineswegs einen eigenständigen Wert zuschrieb: Bei dem Vorhaben war Eile geboten, und die Baugruben wurden zum Teil wieder zugeschüttet, bevor die Archäologen auch nur die Möglichkeit hatten, einen Blick darauf zu werfen. Den wenigsten Römern bereitete dies schlaflose Nächte. Wie zuvor die Via Giulia von Papst Julius II. sollte die neue Via dell'Impero »die schönste Straße der Welt« und – buchstäblich – ein Paradestück der Stadt werden. Ein Spaziergang über die neue Straße sollte vom Grabmal des Unbekannten Soldaten, das am 4. November 1921 unter dem Standbild der Dea Roma (der Göttin Roma als Personifikation der Stadt) im Vittoriano eingeweiht worden war, bis hin zur majestätischen Ruine des Kolosseums mit symbolischer Bedeutung aufgeladen sein. Und die Via dell'Impero selbst, das Symbol der neuen Ordnung des faschistischen Regimes, war die Achse, die all diese Elemente der römischen Geschichte unauflöslich mit dem Rom Mussolinis verband.

Als Adolf Hitler 1938 Rom besuchte, war Mussolini froh, dass er sich mit dem Bau seines Boulevards so beeilt hatte. Zu Hitlers Ehren wurden beeindruckende Militärparaden abgehalten, die das Ansehen des Duce beim Führer steigern sollten. Mussolinis Faschismus hatte den Nationalsozialisten vielleicht hier und da als Inspiration gedient, aber letztlich waren auch die Italiener in Hitlers Augen prinzipiell minderwertig, höher angesiedelt zwar als Slawen, Zigeuner oder Juden, aber dennoch der Herrenrasse untergeordnet. Also musste Eindruck geschunden werden. Mussolinis erträumte

Parade war viel grandioser, als es die Realität erlaubte. Er kämpfte mit einem Mangel an Soldaten und soll heimlich immer dieselben Truppen über die Via dell'Impero geschickt haben. Diese liefen eine Runde um das Kolosseum, wo sie hastig eine andere Uniform anzogen. Einige der mitgeführten Waffen bestanden aus Pappe, und wo die Via dell'Impero noch nicht ganz fertig war und von verfallenen Häusern gesäumt wurde, ließ Mussolini Kulissen errichten.

Ebenfalls aus Anlass von Hitlers Besuch ließ Mussolini fünf riesige steinerne Landkarten an der zur Via dell'Impero gelegenen Außenwand der Maxentiusbasilika anbringen, von denen heute noch vier zu sehen sind. Dort soll schon in der Antike ein marmorner Stadtplan von Rom gehangen haben, von dem man heute noch Teile in den Kapitolinischen Museen bewundern kann (die bereits erwähnte Forma Urbis Romae). Die Karten des Duce zeigen die Entwicklung und geografische Ausdehnung des Römischen Reichs. Die fünfte Karte war die des faschistischen italienischen Reichs, Mussolinis *Impero*, dem 1936 Äthiopien hinzugefügt werden konnte. Schon seit 1882 hielt Italien Eritrea besetzt und seit 1889 Somalia. Das dazwischen liegende Abessinien von Kaiser Haile Selassie (das heutige Äthiopien) wurde nach einem in höchstem Maße ungleichen Kampf von den faschistischen Soldaten überrannt und dem italienischen Reich einverleibt. Nach dem Zweiten Weltkrieg ließ die Stadt Rom diese fünfte Karte entfernen. Und der Name von Mussolinis Paradestraße wurde durch denjenigen ersetzt, den sie bis zum heutigen Tage trägt: Via dei Fori Imperiali, die Straße der Kaiserforen.

XLIV. VIA DELLA CONCILIAZIONE

DIE STRASSE DER VERSÖHNUNG

DER GIGANTISCHE SCHNEEWEISSE Altare della Patria wurde 1911 zu Ehren der Einigung Italiens eingeweiht. Mit dieser ging ein weiteres historisches Ereignis einher, das Italien und insbesondere Rom dramatisch veränderte: das Ende der weltlichen Macht der Päpste. Erst 1929 versöhnten sich der italienische Staat und der Vatikan wieder, als in den Lateranverträgen die territoriale Unabhängigkeit und der souveräne Status des Vatikans von den Faschisten anerkannt wurde, während im Gegenzug ihr eigenes Regime – trotz der Tatsache, dass einzelne faschistische Standpunkte mit den Grundsätzen der katholischen Kirche unvereinbar waren – künftig auf die Anerkennung durch den Papst zählen konnte. Nach dieser großen Versöhnung (*conciliazione*) wurde die 1936 angelegte Verbindungsstraße zwischen dem Ponte Sant'Angelo und dem Petersplatz benannt: die Via della Conciliazione.

Deren Verlauf war in der Antike als Via Cornelia bekannt, eine Straße unmittelbar vor der Stadtmauer, die von zahlreichen Gräbern gesäumt wurde und erst Anfang des zwanzigsten Jahrhunderts wieder in den Fokus des Interesses rücken sollte. Als Papst Pius XI. (1922–1939) den Wunsch äußerte, nach seinem Tod so nah wie möglich beim Grab des Petrus beigesetzt zu werden, entschied man, die Krypta unter dem Hauptaltar des Petersdoms weiter auszuschachten. Schließlich sollte das Grab des Petrus ja genau unter Berninis Baldachin liegen. Zum ersten Mal in der Moderne wurden an diesem geschichtsträchtigen Ort Ausgrabungen durchgeführt, und schon sehr bald stieß man dabei auf die Überreste von Gräbern aus römischer Zeit. Auch die Reste der älteren Basilika und des allerersten Monuments, das über dem Grab errichtet worden war, fand man wieder.

In den Jahren 1940 bis 1949 wurden die archäologischen Arbeiten unter dem Petersdom und damit die Suche nach dem ursprünglichen Petrusgrab ausgeweitet. 1950 entdeckten die vatikanischen Forscher endlich, wonach sie gesucht hatten. Es war nicht mehr als eine kleine Kiste, die bei ihrer Öffnung ein paar Knochen und Stofffransen preisgab. Bei einer gründlichen Untersuchung der Gebeine stellte man fest, dass sie von einem älteren Mann stammten. Die Stofffetzen gehörten zu einem golddurchwirkten purpurfarbenen Gewand. Durch die vatikanischen Katakomben geistert sogar die (unglaubliche) Geschichte, die kleine Kiste habe das gesamte Skelett eines Mannes enthalten, nur nicht die Füße. Wenn Petrus tatsächlich kopfüber am Kreuz gehangen habe, so die Argumentation, müssten seine Totengräber die Füße abgehackt haben, um den Leichnam vom Kreuz abzunehmen. Trotz des Widerstands aus wissenschaftlichen Kreisen gab Papst Paul VI. 1968 der Öffentlichkeit bekannt, dass das Grab des einst an der Via Cornelia bestatteten Apostels Petrus gefunden sei.

Um das Petrusgrab ging es Mussolini 1936 ganz sicher nicht. Bis zu diesem Zeitpunkt hatten sich Pilger und sonstige Romreisende einen mehr oder weniger mäandernden Weg durch die Straßen des Bezirks Borgo gebahnt, um danach ziemlich unvermittelt direkt vor dem Petersdom zu stehen. Durch den Bau der Via della Conciliazione wurde eine symmetrische Perspektive mit einem Fluchtpunkt geschaffen, sodass Besucher dem Platz und der Basilika künftig schon aus großer Entfernung ehrfürchtig entgegentreten konnten. Zum ersten Mal hatte sich Mussolini bei einem Projekt von der nationalsozialistischen Architektur Albert Speers inspirieren lassen, während die Bauvorhaben, an denen schon seit mehreren Jahren gearbeitet wurde, noch kaum Ähnlichkeiten dazu aufwiesen. Das Foro Mussolini im Norden der Stadt etwa (das heutige Foro Italico), zu dem unter anderem das Stadio dei Marmi gehört, und das Viertel EUR (Esposizione Universale di Roma), eine Art zweite Stadt im Süden Roms mit dem »viereckigen Kolosseum«, sind eher der Architektur der Moderne zuzuordnen. Doch in den Dreißigerjahren war Hitlers Einfluss auf Mussolinis Denken und Handeln gewachsen. Obwohl die Rassentheorie im Gedankengut der italienischen Faschisten kaum eine Rolle gespielt hatte, wurden zwei Jahre nach dem Bau der Via della Conciliazione römische Varianten der Nürnberger Gesetze eingeführt: Juden erhielten Berufsverbot und verloren ihre Bürgerrechte. Nach Hitlers Einmarsch in Polen war der Zweite Weltkrieg Realität geworden. Durch Mussolinis Kriegserklärung an die Vereinigten Staaten die italienische Beteiligung daran ebenfalls.

XLV. VIA NICOLA ZABAGLIA

DER LETZTE FACKELTRÄGER

QUER ÜBER DIE schwarzen Seiten der römischen Geschichte der Faschisten verläuft ein kleiner, unbedeutender Erzählstrang. Es ist eine Geschichte an der Seitenlinie der großen Ereignisse, die nicht mehr oft erzählt wird und im Licht der unzähligen Toten des Weltkriegs, der kurz darauf ausbrechen sollte, auch kaum der Rede wert scheint. Trotzdem muss es für die Umstehenden ein dramatisches Erlebnis gewesen sein, als 1938 jemand von der Kuppel des Petersdoms fiel.

Die eigentlichen Protagonisten dieser kleinen Geschichte sind die dunkelgrauen, abgerundeten Basaltpflastersteine, über die man in den Straßen und auf den Plätzen Roms schlendert. Sie haben sogar einen eigenen Namen: *sampietrini*. Touristen werden vor den kleinen Steinen vor allem gewarnt: Wenn es geregnet hat, können sie tückisch glatt sein. Einige Romführer verraten uns darüber hinaus noch, dass sie ihren Namen deshalb tragen, weil sie zum ersten Mal bei der Pflasterung des Petersplatzes verwendet wurden. Wie es heißt, geschah dies im Jahr 1725, nachdem Papst Benedikt XIII. um ein Haar aus seiner Kutsche gefallen wäre – das Pflaster war uneben und der gesamte Platz mit gefährlichen

Löchern übersät. Er beauftragte den aus Siena stammenden Lodovico Segardi, den Platz mit einem neuen Pflaster zu versehen, wozu dieser das örtliche Vulkangestein verwendete, das später ganz Rom prägen sollte.

Der Ursprung des Wortes »sampietrini« reicht jedoch weiter zurück. Es verweist auf die Confraternita dei Sampietrini, eine Bruderschaft von Maurern und Bauarbeitern, die in Diensten der Fabbrica di San Pietro standen, der Dombauhütte der großen Petersbasilika, die seit Jahr und Tag Arbeitgeber aller Arbeiter, Künstler und Restauratoren war, die an Sankt Peter beschäftigt waren. Lodovico Segardi etwa, der den Petersplatz neu pflastern sollte, war zwischen 1713 und 1726 Aufseher bei der Fabbrica di San Pietro. Die Fabbrica existiert auch heute noch, und zu den Aufgaben der Sampietrini gehörte es noch vor nicht einmal hundert Jahren, an kirchlichen Feiertagen und zu sonstigen Feierlichkeiten alle Fackeln auf dem Petersdom anzuzünden. 1938, im Jahr von Hitlers Besuch in Rom, rutschte eines der Mitglieder der Confraternita dei Sampietrini beim Anzünden der Fackeln rings um die Kuppel aus und stürzte rettungslos in den Tod. Daraufhin ließ Pius XII. die Fackeln endgültig durch elektrische Lampen ersetzen.

Nur ein einziger Sampietrino wurde in Rom mit einem Straßennamen geehrt. 1686 trat Nicola Zabaglia in den Dienst der Fabbrica di San Pietro. Zabaglia (1664–1750) begann als einfacher Maurer, konnte sich jedoch schnell hocharbeiten, vor allem dank seines Talents für das Entwerfen von Baumaschinen und Gerüsten, die bei Konstruktions- und Ausbesserungsarbeiten natürlich sehr hilfreich waren. Sein technisches Geschick und die scheinbar grenzenlosen

Möglichkeiten, die ihm als Erfinder und Ingenieur vorschwebten, trugen ihm im Rom des frühen siebzehnten Jahrhunderts gebührende Bewunderung ein und wurden unter anderem in dem 1743 erschienenen Buch *Castelli e ponti di Maestro Nicola Zabaglia* verewigt.

Zabaglia war so gut, dass man ihm einen eigenen Arbeitsraum auf dem »Speicher« von Sankt Peter zuwies, genau über dem Mittelschiff der Basilika. Von dort aus hatte er die Instandhaltungsarbeiten der Steinmetze, Maurer und Zimmerleute im Blick, die inzwischen seiner Aufsicht unterstanden. Weil er eine große Zahl von Arbeitern um sich geschart hatte und über ein hervorragendes Organisationstalent und Pragmatismus verfügte, gilt Nicola auch als einer der Begründer der Confraternita dei Sampietrini. Die Fabbrica selbst bestand da schon mindestens ein Jahrhundert lang (auch Michelangelo hatte für die und mit der Fabbrica di San Pietro gearbeitet), aber es war Nicola Zabaglia, der den Sampietrini ein klar umrissenes Aufgabenfeld gab, der sie von einfachen Arbeitern in weithin gerühmte, talentierte Baufachleute verwandelte und nach dem eine Straße im Testaccio-Viertel benannt wurde.

XLVI. LARGO 16 OTTOBRE 1943

DIE »RÄUMUNG« DES JÜDISCHEN GHETTOS

DASS MUSSOLINI ANFANGS nur wenig für Hitlers Rassentheorie übrig hatte, war unverkennbar. Zu den Mitgliedern der Faschistischen Partei gehörten auch Juden, und der Duce hatte öffentlich verkündet, dass das gesamte Konzept »Rasse« größtenteils eine menschliche Erfindung sei und Juden schon seit den frühesten Anfängen der Stadt in Rom lebten. Es gibt noch immer Römer, die die heutigen jüdischen Einwohner als die »ältesten Bewohner Roms« betrachten – gewissermaßen die einzig übrig gebliebenen »echten« Römer.

Wer Spuren davon sucht, wo die jüdische Geschichte die römische Vergangenheit kreuzt, gelangt etwa zum Titusbogen auf dem Forum Romanum am Anfang der Via Sacra. Der marmorne Ehrenbogen wurde um 81 n. Chr. zur Feier des Sieges errichtet, den Titus und Vespasian 70 n. Chr. in Jerusalem errungen hatten. Dabei wurde der Tempel von Jerusalem vollständig zerstört und geplündert. Die Eroberung Jerusalems beendete eine lange Zeit des Krieges in Judäa. Eine berühmte Szene auf einem der beiden Pfeiler des mit Reliefs bedeckten Bogens zeigt, wie römische Soldaten den Tempel von Jerusalem ausrauben – der siebenarmige Leuchter ist noch immer deutlich zu erkennen. Bis zur Gründung des Staates Israel im Jahr 1948 weigerten sich daher viele Juden, unter dem zu einem Symbol für Erniedrigung und Diaspora gewordenen Bogen hindurchzugehen (mittlerweile ist das ohnehin nicht mehr möglich).

Etwa fünfzehn Jahrhunderte später brachen für die jüdische Gemeinde von Rom dunkle Zeiten an: Papst Paul IV. bestimmte am 14. Juli 1555 in einer Bulle, dass die Juden in Rom aufgrund ihrer »Vergehen« von Gott zu »ewiger Knechtschaft« verdammt seien. Innerhalb von nicht einmal drei Monaten ließ er Mauern und Tore errichten, um das sogenannte jüdische Ghetto abzuriegeln. Zunächst gab es zwei, später fünf Tore, die dafür sorgen sollten, dass die jüdischen Bewohner das Viertel zwar tagsüber verlassen, aber abends eingeschlossen werden konnten. Der Portico d'Ottavia, etwa 27 v. Chr. im Auftrag von Kaiser Augustus erbaut und nach seiner Schwester Octavia Minor benannt, wurde als eines dieser Tore einer neuen Nutzung zugeführt. Ein zweites Tor befand sich in der Nähe des Ponte Fabricio, der ältesten heute noch genutzten Brücke Roms, die das Tiberufer mit der Insel verbindet. Die drei anderen Tore lagen an der Via della Fiumara und der Piazza Giudea. Heute ist kaum noch etwas von der Ummauerung und den Toren erhalten, aber in dem Bereich, der von ihnen umschlossen wurde, liegt immer noch das Zentrum der jüdischen Gemeinde von Rom, wo man in unzähligen Restaurants das Beste der jüdisch-römischen Küche genießen kann.

Heute ist die Via del Portico d'Ottavia das Herz des jüdischen Viertels. Ungefähr dort, wo von ihr die Via Catalana abzweigt, findet man ein Straßenschild mit der Aufschrift

LARGO 16 OTTOBRE 1943. Warum dieses Samstags gedacht wird, ist eine weitere tiefschwarze Seite aus der Geschichte der jüdischen Gemeinde von Rom. Am 16. Oktober 1943 wurde die Via del Portico d'Ottavia bei Tagesanbruch von der SS gestürmt. Herbert Kappler, Befehlshaber der Sicherheitspolizei und des Sicherheitsdienstes in Rom, hatte schon am 25. September aus Berlin den Befehl zur »Räumung« des Ghettos erhalten. Seltsamerweise hatte er ihn nicht gleich ausgeführt. Stattdessen ließ er an jenem Tag Ugo Foà, den Vorsteher der jüdischen Gemeinde von Rom, und Dante Almansi, den Vorsitzenden der Union jüdischer Gemeinden in Italien, rufen, um sich von ihnen bestechen zu lassen. Kappler selbst war bei diesem Treffen nicht anwesend, sondern schickte einen Unteroffizier. Man hatte auf deutscher Seite ohnehin schon entschieden, den Befehl nicht sofort umzusetzen, aber da die jüdischen Abgesandten davon nichts ahnten, war es ihnen eine große Menge Gold wert, ihre Gemeinde zu retten.

Das Gold wurde übergeben, und die jüdische Gemeinde konnte sich für kurze Zeit (vergleichsweise) sicher fühlen. Im Oktober wurde der deutsche SS-Offizier Theodor Dannecker nach Rom geschickt, um die Razzia doch noch durchzuführen. Und Dannecker setzte den Befehl blind um. Tausendvierundzwanzig Menschen, darunter mindestens zweihundert Kinder, wurden am frühen Morgen des 16. Oktober im Ghetto verhaftet. Die Frage, ob der Vatikan bei dieser dramatischen Episode der römischen Geschichte schweigend zusah, lässt sich nur schwer beantworten. In jedem Fall stellte sich später heraus, dass auch Papst Pius XII. unter erheblichen Druck gesetzt wurde. Mehr als achthundert Juden hielten sich zu diesem Zeitpunkt in Kirchen und Klöstern in ganz Europa versteckt, das 1943 zum größten Teil von den Nationalsozialisten besetzt war. Das römische Ghetto wurde seinem Schicksal überlassen. Die tausendvierundzwanzig verhafteten Juden wurden zum Bahnhof Tiburtina gebracht und in den Zug nach Auschwitz gesteckt, wo sie sechs Tage später ankamen. Fünfzehn Männer und eine Frau kehrten nach dem Krieg aus Polen zurück, alle anderen hatten nicht überlebt.

XLVII. VIA RASELLA

FÜR JEDEN DEUTSCHEN ZEHN ITALIENER

AN EINEM KÜHLEN Januarmorgen 2012 versammeln sich einige Menschen vor dem Haus in der Via Urbana 2. Ein Stolperstein (»pietro d'inciampo«) wird offiziell dem Gedenken an Pietro Pappagallo gewidmet, jenem Priester, der hier gelebt und während der deutschen Besatzung allen Zuflucht geboten hatte, die diese benötigten. Knapp achtundsechzig Jahre zuvor, am 24. März 1944, wurde Pappagallo durch einen deutschen Spion verraten und in den sogenannten Ardeatinischen Höhlen erschossen. Dieser Stolperstein ist der erste in einer ganzen Reihe, mit der nach und nach an alle Opfer der berüchtigten Massenhinrichtung erinnert werden soll.

Wie überall in Europa waren die Straßen Roms am 23. März 1944 voll von deutschen Soldaten. In der Via Rasella, nordöstlich des Trevi-Brunnens, herrschte an diesem Tag eine angespannte Stimmung. Während ein Bataillon der deutschen Ordnungspolizei vorbeimarschierte, explodierte eine Bombe. Dreiunddreißig Angehörige des Polizeiregiments »Bozen« kamen bei dem Anschlag ums Leben. Zu dem Attentat bekannten sich die Partisanen der

Gruppi di Azione Patriottica (der »Patriotischen Aktionsgruppen«), einer Widerstandsbewegung, die den Nationalsozialismus und den Faschismus mit Gewalt zu bekämpfen versuchte.

Schockiert und zutiefst empört meldete der deutsche Stadtkommandant Kurt Mälzer den Angriff. Die Nachricht erreichte Hitler persönlich, woraufhin dieser vor Wut zu toben begann. Angeblich soll er den grausamen Befehl erteilt haben, binnen vierundzwanzig Stunden für jeden gefallenen Deutschen hundert Italiener hinzurichten. Sicher ist jedoch, dass SS-Obersturmbannführer Herbert Kappler schließlich zehn Italiener für jeden Deutschen als Strafmaß festlegte. Es folgte eine Razzia in der Via Rasella; eine bereits zuvor erstellte Liste politischer Gefangener wurde um willkürlich aufgegriffene Juden und Passanten ergänzt, um eine Gesamtzahl von 330 zu erreichen. Unter ihnen war auch Don Pietro Pappagallo.

Eine grauenvolle Episode markiert das Ende der Ereignisse, die sich binnen nicht einmal eines Tages abspielten. Die 335 (in der Eile wurden fünf Personen zu viel ausgewählt) zum Tode Verurteilten wurden zu den Ardeatinischen Höhlen gebracht, einer Art Höhlensystem südlich des Zentrums von Rom. Die Gefangenen wurden in Fünfergruppen aneinandergefesselt und vom Erschießungskommando in die Höhlen geführt. Dort mussten die Männer niederknien und wurden durch einen Genickschuss getötet. Jede neue Gruppe wurde gezwungen, auf ihren Vorgängern zu knien, sodass die Stapel immer weiter in die Höhe wuchsen. Als alle 335 Italiener tot waren, wurde beim Eingang der Höhle eine Ladung Dynamit zur Explosion gebracht, um den Zugang zu versperren. Die Massenhinrichtung wurde nur dreiundzwanzig Stunden nach dem Anschlag in der Via Rasella durchgeführt, natürlich ohne jegliche Form von Prozess oder öffentlicher Ankündigung. Nach dem Krieg wurde die Via Adolfo Hitler, die die Porta San Paolo mit der eigens für Hitlers Besuch gebauten Stazione Ostiense verband, in Viale delle Cave Ardeatine umbenannt.

Herbert Kappler wurde 1948 zu lebenslanger Haft verurteilt. In den Siebzigerjahren erkrankte er an Krebs, weswegen er sich im Militärkrankenhaus auf dem Celio-Hügel in Rom einer Behandlung unterzog. Am 15. August 1977, einem Feiertag in ganz Italien, gelang es Kappler mit Hilfe seiner Frau, aus dem Krankenhaus zu fliehen. Über die Art der Flucht kursieren wilde Gerüchte. So soll der kranke und mittlerweile siebzig Jahre alte Kappler sich wahlweise aus dem Fenster abgeseilt haben oder gar von seiner Frau in einem Koffer aus dem Krankenhaus getragen worden sein – aufgrund seiner Krankheit wog er nicht einmal mehr fünfzig Kilo. Vielleicht spazierten die beiden auch ganz einfach zur Tür hinaus.

Ein paar Tage später traf Kappler im Haus seiner Ehefrau in Deutschland ein, wo Freunde dem Paar einen herzlichen Empfang bereiteten. Kappler gab sogar einige Interviews. Italien verlangte von der Bundesrepublik Deutschland, Kappler wegen seiner Kriegsverbrechen auszuliefern, aber die Deutschen weigerten sich. Ihnen zufolge konnte sich Kappler auf sein Recht zur Flucht berufen. Am 28. Februar des darauffolgenden Jahres starb Kappler. Er wurde auf dem örtlichen Friedhof in Soltau beigesetzt, wo mehrere hundert Freunde und Bewunderer ihm den Hitlergruß darbrachten.

Bei den Ardeatinischen Höhlen wurde nach dem Krieg eine nationale Gedenkstätte eingerichtet. Jedes Jahr wird hier am 24. März der Ereignisse gedacht, die auf die Explosion der Bombe in der Via Rasella folgten. Stille Zeugen vor Ort sind die Einschusslöcher in einem der Häuser an der Via Rasella auf Höhe der Kreuzung Via del Boccaccio.

XLVIII. VIA VITTORIO VENETO

EINE STRASSE ALS FILMSET, EIN FILMSET ALS STRASSE

WENIGE GASSEN IM Zentrum von Rom verströmen so viel Bohème-Flair wie die Via Margutta. Nur einen Steinwurf vom wuselnden Gedränge entfernt, herrscht hier, wundersam genug, fast immer eine überwältigende Ruhe. Lebendig wird die Straße durch die Ateliers und Werkstätten, die sich im Laufe der Zeit in diesem Künstlersträßchen angesiedelt haben. Gleich neben der Werkstatt von *er marmoraro*, dem Marmorschnitzer der Via Margutta, steht das Gebäude, das die Straße weltberühmt machte: Nummer 51, Joes Haus aus dem Film *Roman Holiday (Ein Herz und eine Krone)* von 1953. Und in einem der ältesten Gebäude in der Via Margutta, der Nummer 110, lebte einst der Mann, der das Rom der Nachkriegszeit bekannt gemacht hat wie kein zweiter: Federico Fellini.

1945 wurde Mussolini bei der Flucht ins Ausland von kommunistischen Partisanen aufgegriffen und zusammen mit seiner Geliebten erschossen. Kopfüber an Fleischerhaken aufgehängt, wurden die Leichen in Mailand beschimpft und geschändet. Der Krieg war vorbei, die Italiener waren von den deutschen Besatzern und Mussolinis faschistischem

Regime erlöst. Vor Europa lag einmal mehr eine Zeit des Wundenleckens, der Erholung und des Wiederaufbaus. Es grenzt an ein Wunder, doch das historische Erbe Roms hatte die Rückeroberung der Stadt trotz alliierter Bombenabwürfe weitgehend unbeschadet überstanden. Eine neue kulturelle und künstlerische Blüte erwuchs buchstäblich auf faschistischem Boden: Der 1937 von Mussolini gegründete Filmstudio-Komplex Cinecittà entwickelte sich in den Fünfziger- und Sechzigerjahren zu einer Art Hollywood am Tiber. Auf den Trümmerhaufen des Krieges entstand eine ganz andere Welt der Filmstars und des Jetset. Und das Zentrum des italienischen Kinojetsets bildete ab der Mitte des zwanzigsten Jahrhunderts die elegante, mondäne Via Vittorio Veneto.

In den römischen Filmstudios der Cinecittà zu filmen war so reizvoll, dass sowohl Italiener als auch Amerikaner (unter anderem Fellini, Coppola und Scorsese) dort gern drehten. Die Produktionskosten waren vergleichsweise niedrig, und natürlich lockte auch immer die unwiderstehliche Anziehungskraft der Ewigen Stadt als Kulisse und Aufenthaltsort. Zu Klassikern gewordene internationale Produktionen wie *Ben Hur* (1959) und *Kleopatra* (1963) wurden ebenso in der Cinecittà gedreht wie die jüngere BBC-Erfolgsserie *Rom*. Studio 5 war das Herz und das Paradies von Fellinis Fantasiewelt: »Ein Raum, den ich fülle, eine Welt, die ich erschaffen kann«, sagte er. Er drehte seine berühmtesten Filme im Studio 5, darunter auch *La Dolce Vita* (1960). Und der Schauplatz dieses Films war – wie passend – die Via Vittorio Veneto, die Fellini vollständig nachbauen ließ.

La Dolce Vita gilt als einer von Fellinis »zugänglichsten« Filmen. Neben der Via Veneto spielen der Boulevardreporter

Marcello Rubini (Marcello Mastroianni) und der ausländische Filmstar Sylvia (Anita Ekberg) die Hauptrollen. Rubini träumt in dem Film von einer Karriere als Schriftsteller, doch vorläufig verdient er sein Geld noch als Sensationsjournalist. Auf der Jagd nach Klatsch und Tratsch aus den Kreisen der Stars treibt er sich ständig in der Via Veneto herum, dem Epizentrum des »süßen Lebens«, wo sich die eleganten Italiener im Café de Paris trafen, während mondäne Amerikaner auf der Terrasse des Doney saßen. Fellinis eigentümliche Ironie sorgte dafür, dass genau die Straße, in der die Schauspieler des Films auch in Wirklichkeit nach einem Drehtag in der Cinecittà zusammenkamen, um sich zu amüsieren, zur Kulisse für seinen Film über die neue Welt der Filmstars wurde.

Zusammen mit Phänomenen wie Stars und Jetset tauchten im Kosmos des italienischen und internationalen Films auch die Fotografen auf, die sie auf Schritt und Tritt verfolgen. Während wir in *La Dolce Vita* Marcello Rubini dabei zusehen, wie er sich immer wieder aufs Neue einen Weg durch die Scharen aufdringlicher Fotografen bahnen muss, lernen wir auch den energischsten von ihnen kennen, nämlich Paparazzo. Und bis heute bezeichnet man penetrante Fotografen auf der ganzen Welt mit dem Namen dieser Filmfigur.

Die bekannteste und ikonischste Szene aus *La Dolce Vita* spielt jedoch nicht in der Via Vittorio Veneto, die im Studio 5 der Cinecittà so detailgetreu nachgebaut wurde. Der berühmte Ausschnitt, in dem Anita Ekberg in den Trevi-Brunnen steigt (gefolgt von einem verzauberten Mastroianni), wurde als einziger im Zentrum von Rom gedreht.

Das von Fellini auf Zelluloid gebannte *dolce vita* ist lange verflogen. Es gehört mittlerweile schon eine gehörige Portion Fantasie dazu, in der Via Veneto – geschweige denn am Trevi-Brunnen – noch einen Hauch der mondänen Vergangenheit zu erhaschen.

XLIX. VIA MICHELANGELO CAETANI

DIE BLEIERNEN JAHRE

AM 12. DEZEMBER 1969 explodiert nachmittags um fünf vor fünf in der Via Vittorio Veneto eine Bombe. Keine halbe Stunde später detonieren zwei weitere Sprengsätze beim Altare della Patria. Gleichzeitig treffen die ersten Nachrichten aus Mailand ein: Zwei Anschläge kosteten dort kurz nach halb fünf siebzehn Italiener das Leben. Mit fünf gewaltigen Donnerschlägen in den beiden wichtigsten Städten Italiens beginnen so die *anni di piombo,* »die bleiernen Jahre«, die zehn Jahre dauern sollten.

Während sich Rom nach dem Zweiten Weltkrieg zu einer Art Hollywood am Tiber entwickelt hatte, hielt der Kalte Krieg Europa immer fester in seinem Griff. In dem von den Vereinigten Staaten angeführten Kampf gegen den Kommunismus gehörte das Italien der Sechziger- und Siebzigerjahre zum politischen Spielfeld. Obwohl die amerikanischen Truppen alles dafür getan hatten, im durch sie befreiten Italien den Christdemokraten in den Sattel zu helfen, hatte die Kommunistische Partei dort vergleichsweise viele Anhänger. In ihrem Bemühen, die Christdemokratische Partei an der Macht zu halten, setzten die Vereinigten Staaten auf eine

»Strategie der Spannung«. Eine Untersuchungskommission kam Jahre später zu dem Schluss, dass die faschistische Terrorgruppe, die für die Anschläge von 1969 verantwortlich war, dabei von der CIA unterstützt worden war. Das eigentliche Ziel bestand darin, die linksextremen Kommunisten zu einer Reaktion zu provozieren.

Und diese Reaktion erfolgte in Gestalt eines Anschlags, zu dem sich die 1970 gegründeten Roten Brigaden (*Brigate Rosse*) bekannten. Während der nun folgenden *anni di piombo* gerieten die Italiener buchstäblich zwischen die Fronten der rechten und linken Extremisten. Die Terroranschläge, Morde und Entführungen, die auf den Dezember 1969 folgten, forderten Hunderte Todesopfer. Das bekannteste von ihnen war der Vorsitzende der Christdemokraten und ehemalige Ministerpräsident, der sich – bitter genug – gerade um eine Annäherung an die Kommunisten bemüht hatte: Aldo Moro. Am 16. März 1978 wurde er in Rom am helllichten Tag auf dem Weg ins Parlament entführt. Seine fünf Leibwächter wurden bei der Geiselnahme getötet.

Es folgten fünfundfünfzig Tage Gefangenschaft, während derer unter anderem das berühmte Foto von Aldo Moro vor der Fahne der Roten Brigaden freigegeben wurde. Damit war den Entführern die Aufmerksamkeit der Medien sicher. Obwohl Moro einer der wichtigsten Politiker seiner Zeit war, wird durchaus gemutmaßt, dass man sich auf staatlicher Seite nicht allzu viel Mühe gegeben habe, ihn aus den Händen der Terroristen zu befreien. Nicht nur die Kommunistische Partei, sondern auch einige seiner eigenen christdemokratischen Parteifreunde sollen bereit gewesen sein, Moro zu opfern. Wie auch immer, trotz flehender Briefe von Moro weigerte man sich standhaft, mit den Geiselnehmern zu verhandeln.

Am 9. Mai 1978 wurde die Via Michelangelo Caetani zum Schauplatz des entsetzlichen Endes der Affäre Moro. Wer diese Straße, die nach einem Politiker aus dem neunzehnten Jahrhundert benannt wurde und durch den entführten Politiker des zwanzigsten Jahrhunderts weltberühmt wurde, entlanggeht, bemerkt etwa auf halbem Wege, schräg gegenüber dem Eingang zum Palazzo Mattei di Giove, Moros bronzenes Porträt. Eine Tafel erklärt, warum es ausgerechnet hier hängt: Es zeigt die Stelle an, wo der rote Renault 4 gefunden wurde, in dessen Kofferraum Aldo Moros von Kugeln durchsiebter Leichnam lag. Die Symbolik des Ortes, an dem Moro zurückgelassen wurde – er liegt genau gleich weit vom Parteigebäude der Christdemokraten an der Piazza del Gesù wie dem der Kommunistischen Partei in der Via delle Botteghe Oscure entfernt –, konnte im Rom des Jahres 1978 niemand übersehen.

Aldo Moros Porträt in der Via Caetani erinnert noch heute an sein gewaltsames Ende, das man mehr oder weniger als den Anfang vom Ende der *anni di piombo* betrachten kann. Das blutigste Jahr, 1980, in dem über hundert Menschen getötet wurden, war zugleich das letzte der bleiernen Jahre. Es sollte nicht mehr lange dauern, bis die führenden Köpfe der Roten Brigaden hinter Schloss und Riegel saßen. Dank der Aussagen inhaftierter Aussteiger (*pentiti*) sowohl rechtsextremer Gruppierungen als auch der Roten Brigaden und krimineller Vereinigungen wie der Magliana-Bande sind im Laufe der Jahre immer mehr Details über die Affäre Moro ans Licht gekommen. Aber lange noch nicht alles.

L. PIAZZA AUGUSTO IMPERATORE (II)

EINE TANKSTELLE IM HERZEN ROMS

FELLINIS FANTASIE UND Kinoerfolge wie *Ein Herz und eine Krone* hatten Rom in den Fünfziger- und Sechzigerjahren des vergangenen Jahrhunderts wieder in den europäischen Fokus gerückt. Als Ende der Achtzigerjahre die Berliner Mauer und der Eiserne Vorhang fielen, war die »Strategie der Spannung« der *anni di piombo* endgültig Vergangenheit. Der Massentourismus kam in Gang: Symbole der Stadt wie das Kolosseum, der Petersdom und der Trevi-Brunnen übten eine immer stärkere Anziehungskraft auf Reisende aller Art aus. Die Stadt wurde moderner, aber seit Mussolini war im alten Zentrum nicht ein einziges modernes Bauprojekt mehr in Angriff genommen worden. Erst um die Jahrtausendwende sollte sich daran etwas ändern. Und ganz im Geiste der Zeit kam diese Neuerung aus Amerika.

Wie andere Städte auch hatte Rom zunehmend mit modernen Problemen zu kämpfen. In den Neunzigerjahren des vergangenen Jahrhunderts erkannte man, dass Abgase und Temperaturanstieg eine ernsthafte Gefahr für die Ara Pacis, den jahrhundertealten Friedensaltar des Augustus, darstellten. 1995 beschloss die Stadt Rom, dass es Zeit (und definitiv notwendig) wurde, das alte Gebäude um den Altar zu ersetzen. Dieses bestand bislang aus einem Dach und einer Ummauerung nach einem Entwurf des Architekten Vittorio Ballio Morpurgo. Zwischen Juni und September 1938 hatte er das Puzzle der Trümmer der Ara Pacis wieder zusammengesetzt, sie auf einen Sockel gestellt und mit einer Portikus umgeben. Dabei ließ er auf einer der Wände den gesamten Text der *Res Gestae*, des öffentlichen Testaments von Kaiser Augustus, anbringen. Die (Wieder-)Einweihung des Monuments fand um der Symbolik willen am 23. September statt, Augustus' Geburtstag. Die Wiederaufstellung der Ara Pacis war Teil des »Befreiungsprojekts« Piazza Augusto Imperatore, für das Mussolini ein ganzes Stadtviertel dem Erdboden gleichmachen ließ. Der Platz wurde rings um das von Gestrüpp überwucherte Mausoleum des Augustus angelegt. Die Galerien, von denen er an drei Seiten eingefasst ist, sind typische Beispiele der strengen faschistischen Architektur. An einer der Fassaden findet sich immer noch die Inschrift, die Mussolinis Bauprojekt verherrlicht, flankiert von zwei Victoria-Reliefs mit den *fasces* in den Händen, den Rutenbündeln, die das Symbol der Faschisten waren.

Trotz Mussolinis Bemühungen wurden die Monumente aus der Zeit des Augustus nach dem Ende der faschistischen Ära allmählich baufällig. Die Piazza Augusto Imperatore wandelte sich zu einem heruntergekommenen Platz, den man abends lieber mied. Hätte Augustus sich in seinem Grab umdrehen können (seine sterblichen Überreste lagen dort schon lange nicht mehr), dann hätte er um sich herum vor allem Obdachlose, Prostituierte und Drogensüchtige gesehen. Ein wenig kaiserlicher Anblick. Das

Neubauprojekt, mit dem Ende der Neunzigerjahre begonnen wurde, entsprang reiner Notwendigkeit. Und doch wurde es zwangsläufig wieder zu einem historisch konnotierten, symbolträchtigen Kapitel in der faszinierenden Baugeschichte der Piazza Augusto Imperatore.

Der Auftrag für den Entwurf der neuen Ara-Pacis-Behausung ging an Richard Meier, einen berühmten amerikanischen Architekten, der unter anderem das Getty Center in Los Angeles entworfen hat. Der damalige römische Bürgermeister Francesco Rutelli, der für das Projekt verantwortlich zeichnete, muss gewusst haben, dass die Wahl eines nichtitalienischen Architekten mit einem Faible für moderne, geradlinige, transparente Konstruktionen für Aufruhr sorgen würde. Mehr als ein halbes Jahrhundert lang war im historischen Zentrum von Rom kein einziges modernes Gebäude mehr errichtet worden – und jetzt machte sich am Symbol der *pax romana* ausgerechnet ein Vertreter der *pax americana* zu schaffen. Trotzdem wurde der Plan gebilligt, und Rutellis Nachfolger Walter Veltroni hatte die Ehre, das neue Museum am 21. April 2005 (dem 2758sten Geburtstag Roms) offiziell zu eröffnen. Viele Römer fanden das Gebäude vor allem hässlich. Intellektuelle wie Giorgio Muratore (Professor für Architekturgeschichte) und Antonio Tamburino (Dozent für Städtebau) nannten das gesamte Unterfangen »den schlechtestmöglichen Eingriff«. Politik spielte – wie immer – ebenfalls eine Rolle: Da die Initiative für das »Projekt Meier« von der äußerst links angesiedelten römischen Stadtregierung kam, waren die rechten Parteien von vornherein dagegen. Silvio Berlusconi nannte das Museum »*una mostruosità*«, »eine Monstrosität«.

Der Bau des neuen Ara-Pacis-Museums wurde gleich viermal unterbrochen. Ein hochrangiger Beamter trat in Hungerstreik, um das gesamte Projekt zu stoppen, und im Oktober 2005 schickten mehrere Architekten einen offenen Brief an die italienische Zeitung *Corriere della Sera*, in dem sie vor einer »Invasion ausländischer Architekten« warnten. Die Diskussion hat sich mittlerweile beruhigt, doch Gegner sprechen immer noch verächtlich von »der Tankstelle«, wenn sie das Museum der Ara Pacis auf der Piazza Augusto Imperatore im Herzen Roms meinen.

NACHWORT

DER WEG IN DIE ZUKUNFT

WER BEHAUPTET, IN Rom fände man nur einen Haufen alter Steine, muss blind sein. Die Stadt ist ewig, aber auch ewig in Bewegung. 2014 wurde der zweitausendste Todestag von Kaiser Augustus ausgiebig gefeiert: Spektakuläre Laser-shows auf dem Augustusforum sorgten tagelang für Aufsehen, und das Wohnhaus des Kaisers auf dem Palatin wurde zum ersten Mal der Öffentlichkeit zugänglich gemacht. Die heutige italienische Regierung steht unter dem Druck, das kulturelle Erbe nicht nur zu bewahren, sondern auch produktiv zu nutzen. Pläne, das Kolosseum wieder mit einem Arenaboden zu versehen, auf dem Vorstellungen stattfinden können, wurden mittlerweile genehmigt. Im Dezember 2015 öffnete Papst Franziskus anlässlich des »Außerordentlichen Heiligen Jahres der Barmherzigkeit« die Heilige Pforte des Petersdoms. Rom bereitete sich auf den Empfang von Millionen Pilgern vor.

Auch im einundzwanzigsten Jahrhundert sind es immer noch Päpste und Kaiser, die Rom den Weg in die Zukunft weisen. Die Feiern römischer Jubiläen, wie etwa Augustus' Geburts- und Todestag, geben dem antiken Erbe der Stadt immer wieder neue Impulse. Heilige Jahre bieten schon seit zwei Jahrtausenden Anlass zur Ausbesserung und Verbreiterung der römischen Straßen, und das Jubeljahr 2016 war darin keine Ausnahme.

Aber wer kann sagen, ob die Straßen in diesem Buch in hundert Jahren noch da sein werden? Die Straßen Roms verändern sich ständig, stets im Gefolge der mäandernden Geschichte. Wie gut ich mich mittlerweile auch in der Ewigen Stadt auskenne, durch ihre Straßen und ihre Geschichte zu streifen wird mir nie langweilig werden. Das Miliarium Aureum (der Goldene Meilenstein), eine mit Gold verkleidete Säule auf dem Forum Romanum, die den Ausgangspunkt aller Straßen bildete, die von Rom aus in das gewaltige Römische Reich führten, verkörpert einen Gedanken, der vielleicht nicht mehr wortwörtlich zu nehmen ist, aber in übertragenem Sinne noch immer Gültigkeit hat: Alle Wege führen nach Rom.

DIE GESCHICHTE ROMS
IN FÜNF SPAZIERGÄNGEN

DIE REIHENFOLGE DER Straßen in diesem Buch entspricht der Geschichte der Stadt, nicht dem logischsten Spazierweg. Wenn Sie jedoch mit dem Buch in der Hand durch Rom schlendern wollen, können Sie sich an diesen fünf historischen Routen orientieren, die Sie durch einen Großteil der fünfzig Straßen führen werden.

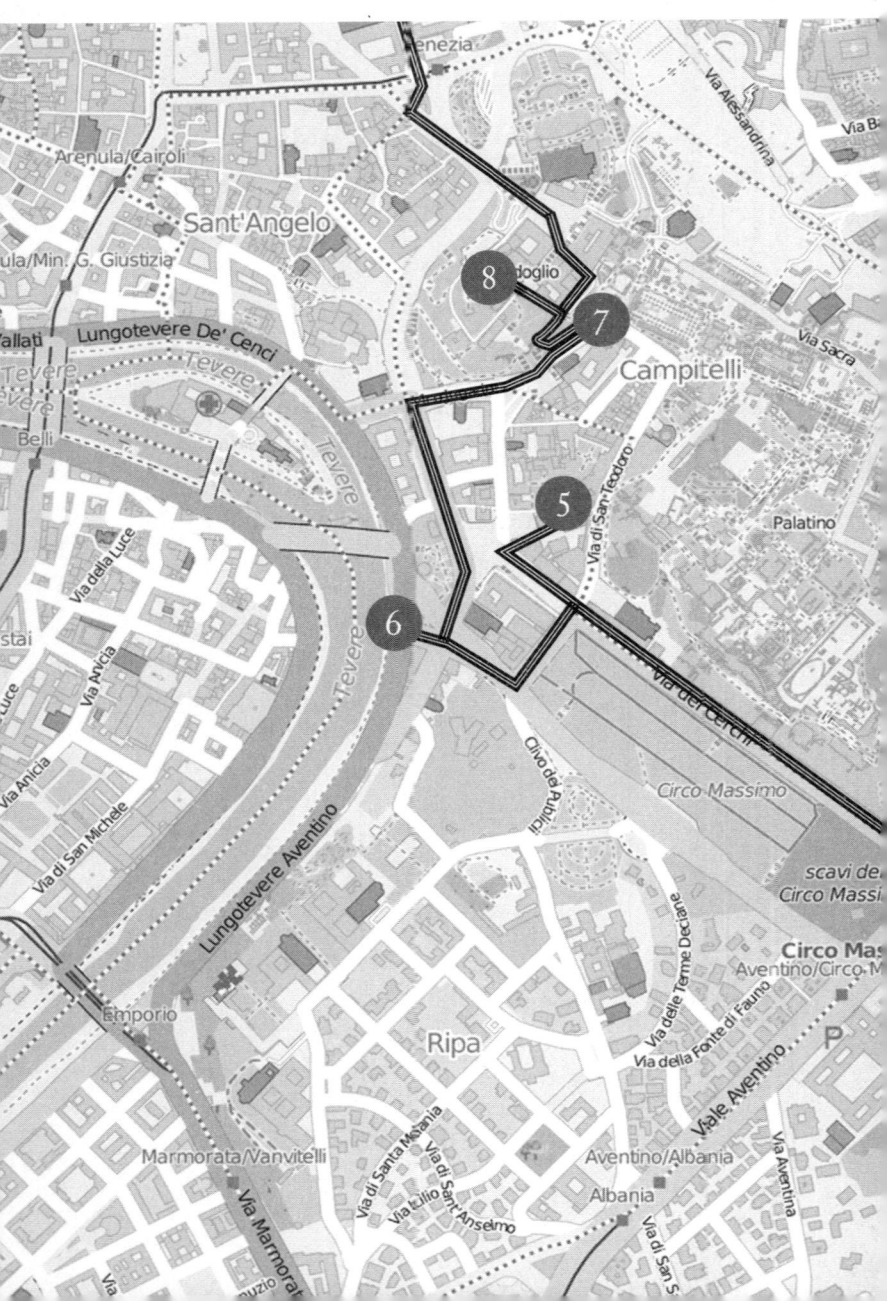

Sehenswürdigkeiten entlang
der Strecke:
Kolosseum
Forum Romanum
Caracalla-Thermen
Kapitol
Kapitolinische Museen
Tiberinsel

Ebenfalls in der Nähe
der Route liegen:
Via Mecenate (XIV)
Via della VII Coorte (XV)
Piazza dei Cavalieri di Malta (XXIII)
Piazza del Campidoglio (XXVIII)

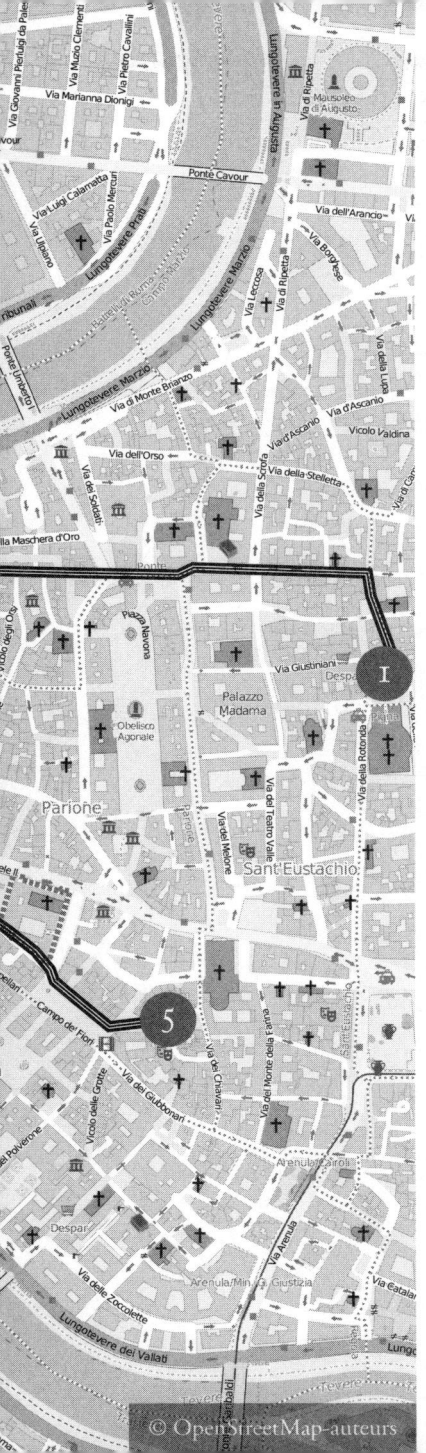

Sehenswürdigkeiten entlang
der Strecke:
Pantheon
Engelsburg
Vatikan
Vatikanische Museen
Campo de' Fiori

Ebenfalls in der Nähe
dieser Route liegen:
Via del Corso (XXV)
Piazza del Teatro di Pompeo (IX)
Via Cola di Rienzo (XXIV)
Piazza Navona (XXXIII)
Via della Conciliazione (XLIV)
Passetto di Borgo (XXII)
Piazza dei Protomartiri (XVII)

SPAZIERGANG 3

AUF DEN SPUREN BERNINIS UND DES BAROCK

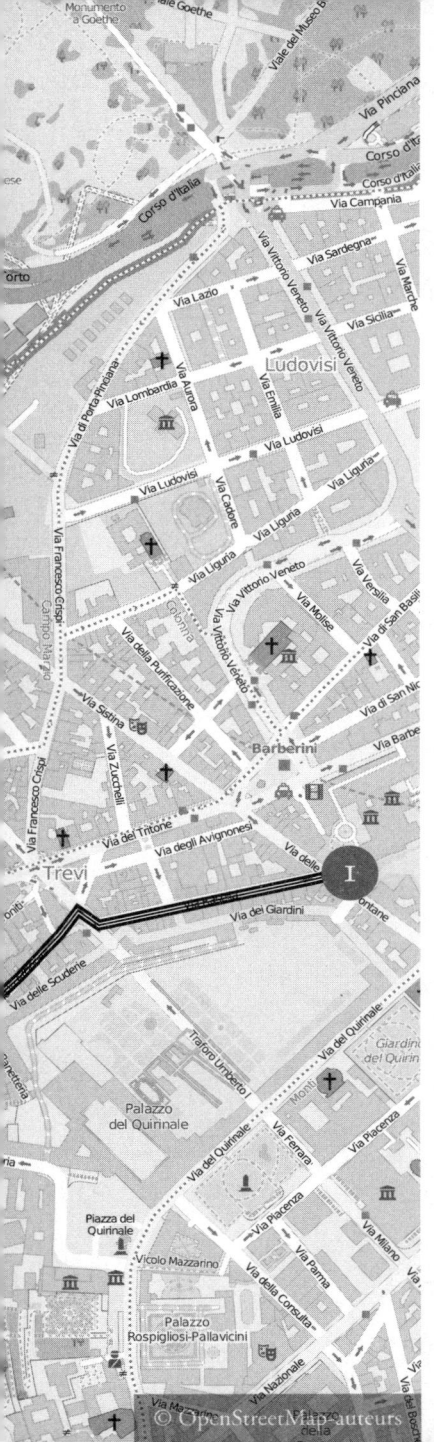

Sehenswürdigkeiten entlang
der Strecke:
Trevi-Brunnen
Spanische Treppe
Barcaccia-Brunnen
Piazza del Popolo
Mausoleum des Augustus
Ara Pacis
Piazza Navona

Ebenfalls in der Nähe
dieser Route liegen:
Piazza San Pietro (XXXIV)
Piazza di Spagna (XXXIX)
Via del Corso (XXV)
Via Rasella (XLVII)
Piazza Augusto Imperatore (XIII, L)

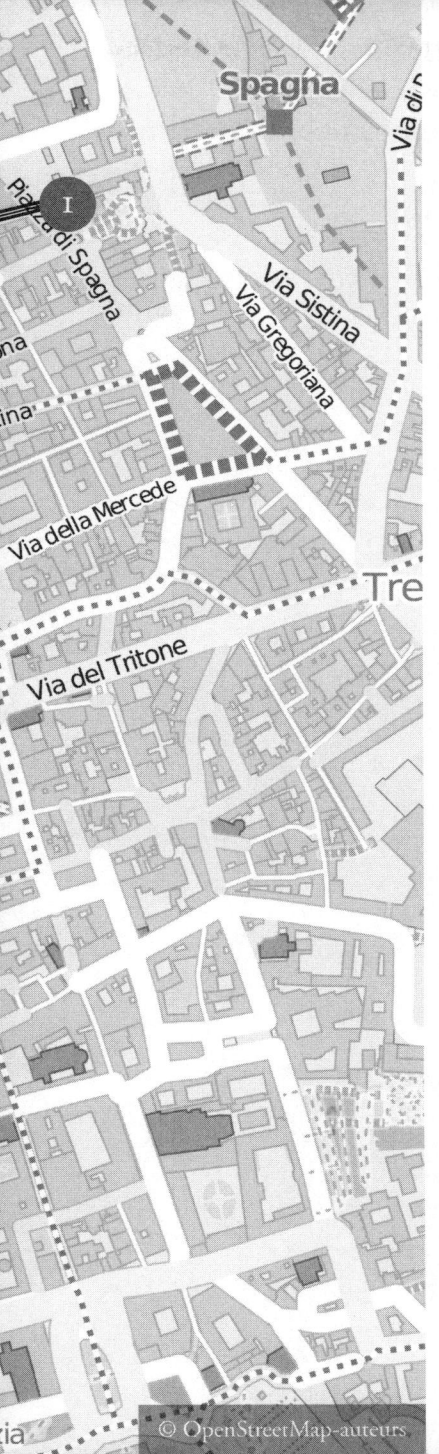

Sehenswürdigkeiten entlang
der Strecke:
Spanische Treppe
Säule des Marc Aurel
Pantheon
Campo de' Fiori

Ebenfalls in der Nähe
dieser Route liegen:
Piazza del Teatro di Pompeo (IX)
Piazza Sallustio (XI)
Via del Corso (XXV)
Campo de' Fiori (XXIX)
Piazza della Rotonda (XXXI)
Via del Babuino (XXXII)
Piazza Navona (XXXIII)
Via Vittorio Veneto (XLVIII)

1. Largo 16 Ottobre 1943 / XLVI
2. Via dei Fori Imperiali / XLIII
3. Via Rasella / XLVII
4. Piazza Augusto Imperatore / XIII, L

Sehenswürdigkeiten entlang
der Strecke:
Jüdisches Ghetto
Kaiserforen
Mausoleum des Augustus
Ara-Pacis-Museum

Ebenfalls in der Nähe
dieser Route liegen:
Piazza del Teatro di Pompeo (IX)
Piazza del Campidoglio (XXVIII)
Campo de' Fiori (XXIX)
Via delle Quattro Fontane (XXX)
Via delle Carrozze (XXXVIII)
Piazza di Spagna (XXXIX)

INHALT